《민족일보》 연구

나남출판

김민환

고려대 신문방송학과 졸업
고려대 대학원 석사, 박사
고려대 신문방송학과 교수

〈저서〉
《한국언론사》
《개화기 민족지의 사회사상》
《일제하 문화적 민족주의》(역)
《동아시아의 근대신문 지체요인》
《한국근대사회의 변화와 언론》(공저)
《미군정기 신문의 사회사상》
《언론문장연습》 외 다수

나남신서 · 1156

《민족일보》 연구

2006년 7월 5일 발행
2007년 8월 5일 2쇄

저자···金珉煥
발행자···趙相浩
편집···방순영·양정우
디자인···이필숙
발행처···(주)나남
주소···413-756 경기도 파주시 교하읍
출판도시 518-4
전화···031) 955-4600(代)
FAX···031) 955-4555
등록···제 1-71호(79. 5. 12)
홈페이지···www.nanam.net
전자우편···post@nanam.net

ISBN 978-89-300-8156-6
ISBN 978-89-300-8001-9(세트)
책값은 뒤표지에 있습니다.

나남신서 1156

《민족일보》 연구

김 민 환

NANAM
나남출판

A Contextual Content : Analysis of the MINJOK ILBO

by

Kim, Min Hwan

NANAM

NANAM Publishing House

《민족일보》 사장 조용수(1930년생)는 이북 괴뢰집단의 활동을 고무·동조했다는 이유로 1961년 12월 21일 처형되었다.

民族日報

經濟自立性을 冒瀆·侵害

批准同意與否의 판가리

張內閣運命건 重大한外交論爭

우리마음속에 空白있다

革命課業完遂에 우물쭈물 말라

二個月內 頂上會合?

韓國民에對한 重大侮辱

待遇保障등 闘爭

꽃은 아직…

304070

1961년 2월 13일자 《민족일보》 창간호.
조용수 사장은 '《민족일보》 창간에 즈음하여'라는 글을 통해 《민족일보》의 성격을 "국토의 양단, 민족의 사상적 분열, 생활의 도탄, 사회악의 창궐을 광정(匡正)하려는 것"이라고 밝혔다.

1961년 8월 28일 《민족일보》 사건으로 혁명재판에 회부되어 법정에 들어가는 조용수, 송지영, 이종률(왼쪽부터).

머리말

2006년 2월 13일 흥사단 강당에서 《민족일보》 창간 45주년 기념식이 열렸다. 이 자리에 참석한 이들은 거의 60대 후반 이후의 노년층이었다. 기념식의 1부에서 기념사나 축사, 회고담 등을 듣고 2부에서는 외람되게도 내가 특강을 하게 되어 있었다. 1부와 2부 사이에 잠깐 쉬는 시간이 있었는데, 이때 노래패가 나와 운동가를 몇 곡 불렀다. 남녀 한 쌍의 노래패는 요즘 노래를 두어 곡 부른 뒤 옛날 운동가를 선창했다. 그러자 강당에 모인 1백여 명의 노인들이 노래를 따라 불렀다. 웅얼거리는 분도 있었지만 소리를 높여 부르는 이도 있었고, 어떤 분은 손을 휘저으며 불렀다. 그들이 함께 부르는 운동가를 들으며 나는 그들의 좌절한 꿈을 보았다. 대표적인 좌절이 바로 《민족일보》의 발행인 조용수의 사례였다. 그는 젊은 나이에 신문사 사장이 되어 96일간 열심히 살다 군사쿠데타가 나자 잡혀 처형당했다.

이른바 《민족일보》 사건은 한국언론사 가운데 가장 가혹한 언론통제 사례다. 1883년 《한성순보》가 나온 이래 많은 사람이 필화를 겪었지만 신문이 폐간되고 그 신문의 발행인이 처형당한 예는 《민족일보》 사건뿐이다. 그런데도 이 사건에 관하여는 그 동안 별다른 학문적 관심이 기울여지지 않았다. 왜일까? 언론사 전문연구자가 적은데도 기인하겠지만 《민족일보》를 제대로 조명하는 데 제약이 따를 수밖에 없었던 그 동안의 정치상황에서 그 원인을 찾아야 할 것이다.

비운의 《민족일보》를 연구하기 위한 사회적 분위기는 아직 갖춰지지 않았다고 보는 것이 옳다. 진보주의를 대상으로 하는 연구를 아무런 편견 없이 읽어줄 사람이 몇이나 될까? 나는 이 물음에 긍정적인 답을 내놓을 수 없다. 그러나 연구의 필요성은 어느 때보다 절실하다. 이제 진보주의자에 대해 사회가 진 빚은 무엇이고 진보주의자가 유의해야 할 일은 무엇인지를 조용히 그러나 진지하게 이야기할 시점에 이르렀다. 연구여건이 성숙하지 않았는데도 연구를 시도한 소이연(所以然)이 바로 거기에 있다.

나는 나의 마지막 연구년인 2005년의 두 학기를 《민족일보》를 읽고 관련자료를 찾는 데 바쳤다. 자료수집을 위해 나는 보스턴에 있는 케네디 기념도서관을 찾기도 하였다. 거기서 며칠을 머물고도 귀한 자료를 얻는 데는 실패했지만 도서관 옆의 바닷가를 걸으며 생각을 정리할 수 있었던 것은 소득이었다. 사회는 진보주의자에 좀더 관용을 베풀 필요가 있고, 진보주의자들은 더 유연하고 합리적일 필요가 있다. 폭력으로 저항하고 폭력으로 다스리는 시대는 이제 끝났다. 좌(左)와 우(右)가 지향할 바는 길항(拮抗)이 아니라 통합이다. 주류언론은 통합을 지향하는 공론장 그 한가운데 자리잡고 있어야 하며, 다양하고도 품격 있는 대안언론이 공론장을 풍성한 공개시장으로 만들어야 한다. 바로 이런 것이 거기서 내가 정리한 바다.

이 연구에 오롯이 1년을 쏟을 수 있도록 여건을 마련해준 고려대에 새삼 고마움을 느낀다. 자료를 찾고 복사하는 데 도움을 준 김문종 박사, 책을 내주는 나남출판 조상호 사장과 편집국 방순영, 양정우, 이필숙 님들께도 감사를 드린다.

2006년 7월 1일

金 珉 煥

나남신서 · 1156

《민족일보》 연구

차 례

제 1 장

서 론

1. 《민족일보》에 관한 기존 연구

정진석이 지적한 바와 같이, 한말에 시작된 우리나라 언론의 역사는 일제치하를 거쳐 해방 후 오늘에 이르는 동안 수많은 필화사건을 기록하고 있지만, 언론인이 사형까지 당한 것은 《민족일보》 사건뿐이다.[1] 한 신문사가 폐간 처분되고 그 발행인이 처형된 이 미증유(未曾有)의 언론탄압은 응당 학문적 관심의 대상이 될 법하다. 그러나 이 신문이나 사건에 관한 학술적 연구는 미진하기 짝이 없다.

1985년 8월호 《신동아》에 언론인 이상우가 "민족일보 · 인혁당 사건의 전말"[2]이라는 글을 통해 《민족일보》 사건의 경위를 자세히 기술한 바 있다. 또한 여러 언론매체에서 《민족일보》나 그 발행인 조용수(趙鏞壽) 등에 대해 조명한 것도 사실이다. 대표적인 것으로 《한겨레신문》,[3] 《말》,[4] 《신동아》,[5] 《노동사회》[6] 등에 실린 글을 들

1) 정진석, "민족일보와 혁신계 언론의 필화사건", 《신문연구》 1990년 여름호, p. 109.

2) 이상우, "민족일보 인혁당 사건의 전말", 《신동아》 1985년 6월호.

수 있다. 그러나 이상의 글들은 정기간행물의 기사에 해당할 뿐 학술 논문으로 간주할 수는 없다.

《민족일보》에 관한 최초의 학술논문은 《민족일보》 사건이 난 지 거의 30년이 흐른 뒤인 1990년에 《신문연구》에 게재한 정진석의 논문 "민족일보와 혁신계 언론의 필화사건"[7] 이다. 정진석은 이 논문에서 《민족일보》의 창간에서 폐간 및 재판에 이르는 전 과정을 치밀한 사료조사를 바탕으로 체계적으로 정리하였으며, 곁들여 통일사회당 사건, 《국제신보》 필화사건에 대해서도 기술하였다. 정진석은 이에 앞서 우리나라의 필화의 역사를 정리하면서 《민족일보》 사건에 대해서도 간단히 소개한 바 있다.[8]

그 후 김자동도 단행본의 한 장에서 《민족일보》의 발간배경과 성격을 기술하였다.[9] 또한 원희복은 1995년에 《민족일보 사장 조용수 평전》[10] 을 낸 데 이어 2004년에는 이를 보완하여 《조용수와 민족일보》[11] 를 냈다. 2001년 12월 《민족일보》 사건 진상규명위원회 주최로 열린 조용수 사장 40주기 추념 학술회의에서는 원희복의 "민족언론인 조용수 선생", 홍석률의 "4월혁명 정국과 민족일보", 한상범의

---

3) 《한겨레신문》 1990년 2월 2일자 13면, "한국현대사 인물 12: 형장이슬로 사라진 민족일보의 꿈".

4) 정문화, "자주통일의 꿈, 민족일보와 조용수", 《말》 1992년 2월호.

5) 박윤석, "현대사 인물 재조명: 민족일보 사장 조용수", 《신동아》 1999년 2월호.

6) 이주환, "혁명의 열정 청년의 패기, 민족일보 사장 조용수", 《노동사회》 2004년 1월호.

7) 정진석, 위의 논문.

8) 정진석, "언론필화 40년", 《한국현대언론사론》(전예원, 1985), pp. 243~330.

9) 김자동, "언론운동으로서의 민족일보의 성격", 《한국사회 변혁운동과 4월혁명》(한길사, 1993).

10) 원희복, 《민족일보 사장 조용수 평전》(전국언론노동조합연맹, 언노련총서 002, 1995년 2월).

11) 원희복, 《조용수와 민족일보》(새누리, 2004).

"민족일보 사건 재판의 법률적 조명" 등이 발표되었다.[12]

이들과는 달리 김유원은 《관훈저널》 2000년 겨울호에 게재한 그의 논문[13]에서 《민족일보》에 실린 43편의 남북통일에 관한 논설을 분석하였다. 내용에 관한 연구로는 이것이 최초이다. 김유원은 결론적으로 이 신문의 통일논조는 2000년대 시각에서 바라보면 상식적이고 당연한 주장이었다고 평가하였다.

그러나 《민족일보》나 해당사건에 관한 연구로서, 권위 있는 학술지에 실린 논문은 한 편도 없다. 그런 의미에서 《민족일보》는 아직 본격적인 학술적 연구대상이 되지 못한 것을 알 수 있다. 이 신문에 대한 연구가 미진한 것은 전문적인 언론사 연구자가 적은 데도 기인하겠지만 그보다는 《민족일보》를 제대로 분석하거나 비판하는 데 많은 제약이 따를 수밖에 없었던 그 동안의 정치상황에서 그 원인을 찾아야 할 것이다.

---

12) 발표논문은 '민족일보 조용수 사장 40주기 추념 학술회의' 자료집에 수록되어 있다.

13) 김유원, "민족일보의 노선", 《관훈저널》 2000년 겨울호.

2. 이 연구의 서술체계

이 연구는《민족일보》의 성격을 포괄적으로 이해하는 데 목표를 두고 있다. 따라서 이 연구에서는《민족일보》의 역사에 대해 간추린 다음, 이 신문의 내용에 관한 다각적 분석을 시도하고자 한다. 즉, 신문의 성격이 가장 잘 드러나는 논설과 1면 머리기사를 대상으로 유목별 관심도를 알아보고 이 신문이 다룬 의제가 다른 신문이 다룬 의제와 어느 정도로 일치하는지를 살펴본 뒤, 아울러 1면 머리기사의 제목만을 대상으로 그 특성을 분석하기로 한다. 이 두 분석은《민족일보》의 편집전략을 이해하는 데 초점을 맞추고자 한다.

다음으로 이 신문의 미국에 대한 인식과 남북통일 문제에 대한 인식을 차례로 살펴보고, 또한 재판부가 이적성을 인정한 논설, 기고, 기사를 대상으로 이 신문이 과연 북괴를 고무, 동조했다고 판단할 수 있겠는지 검토할 것이다. 이 신문의 중립화 통일론이 사법적 판단의 핵심쟁점이었다는 점에서 남북문제 인식에 관한 설명과 사법적 제재에 대한 재검토의 일부내용이 중복되는 것을 피할 수가 없다. 그래서 각 장의 독립성을 최대한 유지키로 하였다. 이 연구에서는 마지막으로《민족일보》사건의 언론학적 함의가 무엇인지에 대해 논할 것이다.

제2장

《민족일보》의 짧은 역사

1. 창간배경

1960년에 일어난 4·19 혁명으로 이승만 정권이 무너진 뒤 국회는 그 해 6월 15일에 내각제 개헌안을, 6월 22일에는 선거법 개정안을 통과시켰다. 개정 헌법에 따라 새로 구성할 참의원 선거를 민의원 선거와 별도로 시행하는 방안도 거론되었으나 민·참의원을 함께 뽑는 동시선거를 실시하기로 결론이 나고, 선거일도 7월 29일로 확정되었다. 정국은 곧 정치의 새 판을 짜는 선거국면으로 돌입하였다.

7·29 총선에서는 두 가지 큰 변화가 눈길을 끌었다. 첫째가 자유당의 현격한 퇴조였다. 이승만 체제를 떠받치는 여당이던 자유당은 민의원의 전체 지역구 233개 가운데 52개에 후보자를 공천하는 데 그쳤다. 둘째는 이른바 혁신계의 급격한 부상이었다.[1] 민의원 총선에

1) '혁신'이라는 용어는 1950년대 일본에서 사회당을 혁신정당이라고 지칭한 예를 따라 조봉암이 1956년 대통령선거에서 진보당을 혁신정당이라고 일컬은 데서 연유한다(유재일, "4월혁명 직후 민자통의 통일운동", 《사회와 사상》 1989년 5월호, p. 301).

서 지역구 233개 가운데 사회대중당이 121개, 한국사회당이 18개, 혁신동지총연맹이 13개 선거구에 후보를 내세웠다.[2)]

총선에서 민의의 심판은 자유당은 물론 혁신계에도 냉혹했다. 민의원 선거에서 자유당 후보는 단 2명이 당선했으며, 혁신계 정당 가운데서는 사회대중당 4명, 한국사회당 1명, 통일당 1명의 후보가 뽑혔을 뿐이다. 민의원 지역구 233개 가운데 민주당이 175개를 휩쓸었다.

총선에서 참패한 혁신계 인사들은 총선 후 두 가지 과제가 절실하다는 데 의견을 모았다. 하나는 오래된 분열을 지양하여 한 당으로 뭉치는 것이고, 다른 하나는 혁신계를 대변할 신문을 창간하는 일이었다. 민의원 선거에 나섰다가 패배한 조용수(趙鏞壽)는 두 과제 가운데 신문 만드는 일에 관심을 쏟았다.

조용수는 특이한 경력을 가진 이였다. 그는 1930년 경남 진양에서 태어났다. 자유당 시절에 국회 부의장을 지낸 족청계(族靑系) 인사 조경규(趙瓊圭)의 조카인 그는 진주중학을 다니다 자퇴한 뒤 대구로 가 대륜중학에 편입하여 이 학교를 졸업하고 1950년 연희대 정경학부에 입학하였다.[3)] 그러나 재학중에 6·25 전쟁이 나자 대학을 그만두고 경남 경찰국 경사[4)]로 근무하다 1951년 9월 일본으로 건너갔다. 6·25 전쟁에 참전한 뒤 귀환하는 재일교포 학생의용군을 싣고 가는 배를 타고 밀항한 것이다. 일본에 간 그는 곧 메이지〔明治〕대학 정경학부 2학년에 편입하여 3학년을 수료한 뒤 거류민단에 들어갔다. 거기서 조직부 차장을 거쳐 민단계 기관지인 《민주신문》의 편집부장과

---

2) 김민하, 《한국혁신정당론》(중앙대학교 출판부, 1999) p. 454.

3) 정문화, 위의 글 p. 138, 《한겨레신문》 1990년 2월 2일 13면.

4) 당시 국회의원은 비서관 1명과 호위 경관 1명을 둘 수 있었는데 조용수는 국회의원이자 외삼촌인 하만복 의원을 경호하는 경남경찰국 소속 경사가 되었다. 당시 국회의원 경호경찰은 군대에 가지 않아도 되었다〔원희복, 《조용수와 민족일보》(새누리, 2004), pp. 48~49〕.

논설위원으로 일했다. 그는 1960년에 한국에서 4·19 혁명이 일어나 이승만 정권이 무너지자 6월에 귀국하여 7월 29일의 민의원 총선거에 사회대중당 공천을 받아 경북 청송에서 출마했으나 낙선하였다.[5)]

조용수는 신문을 창간하기 위해서는 무엇보다 재원이 필요하다고 보고 재일교포를 대상으로 모금활동을 벌이기로 작정하였다. 그는 1960년 11월 일본으로 건너가 거류민단 인사들에게 신문 창간의 필요성을 말하고 자금지원을 요청하였다. 민단계 안에서 제일의 재력가로 꼽히던 박용구(朴容久 또는 朴龍九) 등을 중심으로 많은 교포가 이에 호응하였다. 1심 재판부의 판결 이유서에 드러난 바에 따르면 재일교포로부터 받은 자금은 모두 3천 8백만 환(圜)에 이르렀다.[6)]

《민족일보》의 창간자금을 모으는 데는 재일교포를 대상으로 한 모금 외에 지국설치 보증금도 큰 몫을 했다. 진보적인 새로운 신문을 내는 데 관심이 높아, 많은 사람들이 지국을 경영하겠다고 나섰다. 그래서 당시 다른 신문사의 지국보증금은 많아야 1, 2백만 환이었지만 《민족일보》는 그 몇 배를 받았고, 서울이나 부산 등 대도시에서는 1천만 환에 가까운 보증금을 받기도 하였다.[7)]

창간자금이 어느 정도 확보되자 혁신계 내부에서 새 신문의 경영권을 둘러싸고 한때 미묘한 갈등이 일었다. 일부는 한국사회당 당수인 최근우(崔謹愚)를 사장으로 추천하는가 하면, 다른 정파에서는 다른 인사를 사장으로 추천하였다. 정파간의 견제로 사장을 결정하지 못하다가 혁신계 인사들은 자금을 모으는 데 결정적 역할을 한 조용수가 사장을 맡는 것으로 결론을 내렸다. 특정파벌에 기울지 않고 참신

---

5) 《한겨레신문》 1990년 2월 2일 13면, 정문화, 위의 글 pp. 138~139, 정진석, "민족일보와 혁신계 언론 필화사건", 《신문연구》 1990년 여름호, p. 121.

6) 한국혁명재판사 편찬위원회의, "민족일보 사건", 《한국혁명재판사》 3집(서울, 동아출판사, 1962), p. 17.

7) 정문화, "자주통일의 꿈, 민족일보와 조용수", 《말》 1992년 2월호, p. 140.

하고도 유능하다는 점을 배려한 결정이었다.[8)]

사장을 맡은 조용수는 1961년 초 서울 정동 소재 월간잡지 《희망》의 건물과 시설을 인수하였다. 그는 1961년 1월 25일 자본금 5천만 환으로 주식회사 민족일보사 설립등기를 마치고 사장에 취임하였다. 주당 액면가는 5천 환으로 조용수가 5천 2백 주, 서상일·최근우·윤길중이 각 1천 주, 고정훈·이종률·안신규가 각 5백 주, 안훈(安勳)[9)]이 3백 주를 보유하였다.[10)]

한국사회에 낯선 조용수는 서상일(徐相日), 고정훈(高貞勳), 최근우(崔謹愚), 윤길중(尹吉重) 등 당대의 혁신계 거물들을 취체역으로 옹립하였다. 서상일과 윤길중은 통일사회당의 핵심이었고, 고정훈은 혁신당의 당수, 최근우는 한국사회당의 당수였다. 이들 외에 민족자주통일 중앙협의회(민자통)의 통일방안 심의위원회 정치분과위원인 이종률(李鍾律)도 취체역으로 참여해 주필 겸 편집국장을 맡았다. 취재담당 부국장 겸 사회부장으로는 《경향신문》 사회부장 출신의 오소백(吳蘇白)을, 편집책임 부국장으로는 《서울신문》 편집국장 출신의 권일하(權一河)를 영입하였다. 기자는 일단 기존 신문사의 경력기자로 충원하고 빠른 시일 안에 공채하기로 했다. 대우는 기존 신문사와 별 차이가 없었다. 창간 당시의 기자는 다음과 같다.[11)]

- 편집부: 공석하(부장), 이상용, 이진형, 김지희, 백인수, 하승주
- 정치부: 김명구(부장), 김자동, 전무배, 한병걸, 이재문, 정현순, 김종하, 장석구
- 경제부: 최상순, 이호일

---

8) 정문화, "자주통일의 꿈, 민족일보와 조용수", 《말》 1992년 2월호 참조.
9) 안훈은 안신규의 다른 이름으로 안신규는 모두 8백 주를 보유한 셈이다.
10) 원희복, 《조용수와 민족일보》(새누리, 2004), p. 98.
11) 원희복, 위의 책, pp. 120~121.

- 사회부: 양기수(부장), 김재형(차장), 문계준, 정의석, 규성일, 이원종, 권재열, 김영광
- 문화부: 유 성(부장), 이종석, 차 철, 이 호, 이종배
- 조사부: 전원중(부장), 정삼성, 김혜숙, 신현복(준사원)
- 교정부: 김기웅(부장), 신동백, 김유동
- 사진부: 최희연(부장), 이락선, 유창열, 김종옥

민족일보사는 2월 10일 합동통신과 통신 전재계약을, 서울신문사와 인쇄계약을 맺었다. 민족일보사가 인수한《희망》잡지사에도 인쇄시설이 있었으나 평판이었으므로 실제로 신문을 인쇄할 때는 다른 신문사의 윤전기를 이용할 수밖에 없었다.[12] 민족일보사는 이런 일련의 준비작업을 모두 마치고 2월 13일 드디어 창간호를 내기에 이르렀다.《민족일보》는 신문이 지향하는 바를 다음 네 가지로 정리하여 1호부터 종간호까지 1면 상단 좌측에 명기하였다.

민족일보는 민족의 진로를 가리키는 신문
민족일보는 부정과 부패를 고발하는 신문
민족일보는 근로대중의 권익을 옹호하는 신문
민족일보는 양단된 조국의 비애를 호소하는 신문

《민족일보》는《동아일보》와《조선일보》등 보수지 일색이던 신문업계에서 신선한 바람을 불러일으켰다. 특히 독자들의 관심을 끄는 데 크게 이바지한 것이《민족일보》의 독특한 편집전략이었다. 이 신문은 그날그날 일어난 사건 가운데 기사가치(*news value*)가 높은 것을 보도하고 논평하는 보수지의 일반적 관행을 따르지 않고 통일문제, 한미 경제협정문제, 반공법 문제 등 중요도가 높은 의제를 선택

---

12) 김자동, "언론운동으로서의 민족일보의 성격",《한국사회 변혁운동과 4월혁명》(한길사, 1993), p. 133.

하여 집중적이고도 집요하게 파고들었다. '선택과 집중'이라는 말로 요약할 수 있는 이런 편집전략에 힘입어 《민족일보》는 단숨에 많은 독자를 확보하는 데 성공하였다.

《민족일보》는 처음에는 2만 부를 발행했으나 곧 4만 5천 부까지 인쇄하였다.[13] 특히 《민족일보》는 가판판매에 두각을 나타내 4만여 부가 가두에서 '불티나게'[14] 팔렸다. 이 정도의 발행부수는 《동아일보》, 《조선일보》, 《한국일보》, 《경향신문》에는 미치지 못하지만 《서울신문》의 발행부수와 비슷한 것으로 짧은 시일을 감안하면 괄목할 만한 것이다. 1963년 1월 현재 공보부가 집계한 전국 일간지 발행부수는 〈표 2-1〉과 같다.

13) 1심 재판부의 판결 이유서에 따르면 이 신문은 3만 5천 부 가량을 발행했다.

14) 《오마이뉴스》 2005년 7월 5일, 조용수 민족일보 사장의 친동생 조용준 씨 인터뷰, "조용수 사건 배후는 박정희의 레드컴플렉스".

〈표 2-1〉 전국 신문보급 실태[15)]

전국 일간지	발행부수
조선일보	108,349
동아일보	183,510
경향신문	68,890
한국일보	140,776
서울신문	48,740
대한일보	17,532
코리안 리퍼블릭	2,740
코리아 타임스	2,526
기타 중앙지	9,923
각 지방지	193,651
일요신문	11,553
외국신문(일)	864
외국신문(외)	1,207
계	790,301

출처: 《합동연감》 합동통신사, 1964, p. 37.

15) 한국신문협회가 추산한 1960년 1월 현재 전국의 총 신문발행 부수는 80여만 부로 3년 동안 별다른 변화를 보이지 않은 것으로 볼 수 있다(한국신문협회, 《한국신문협회 20년사》 1982, p. 193).

2. 점철된 수난

《민족일보》는 창간 직전 국회에서 자금출처에 대한 의문이 제기되는가 하면, 얼마 가지 않아 인쇄를 맡고 있던 서울신문사가 돌연 인쇄를 거부해 3일간 신문을 내지 못하였다. 1961년 5월 16일 쿠데타를 통해 집권한 박정희 군사정권은 이 신문을 폐간조치하고 조용수 사장 등 임원과 편집 관련자를 대거 구속하였다. 이에 따라 《민족일보》는 1961년 5월 19일 92호를 내고 역사 속으로 사라졌다. 이 신문이 겪은 고초는 다음과 같이 간추릴 수 있다.

1) 자금출처 시비

조용수가 1961년 1월 25일 민족일보사를 설립하자 곧바로 국회에서 이 신문사의 자금출처에 대한 의혹이 제기되었다. 1월 30일 국회에서 여당인 민주당 소속 김준섭(金俊燮) 의원은 "진보당 사건으로 대법원에서 사형선고를 받고 처형된 조봉암(曺奉岩)의 비서로서 다년간 활약한 이영근(李榮根)이 5년형을 선고받은 뒤 일본으로 밀항해 《통일조선신문》을 경영했는데, 4·19 혁명 후 그로부터 수억 원이 국내에 들어왔으며, 그 자금이 특정정파의 정치활동과 일간신문 창간을 지원하는 데 쓰이고 있다"고 주장하였다.[16] 김 의원은 《민족일보》의 취체역인 윤길중 의원을 겨냥해 "어떤 국회의원이 창간 준비중인 일간신문과 관련되어 있다"고도 말하였다.[17]

---

16) 국회 민의원 회의록 14호 1961년 1월 30일자, 정진석, 위의 논문 p. 114.
17) 위의 회의록, 정진석, 위의 논문 pp. 112~113.

이튿날 통일사회당의 윤길중 의원은 국회에서 신상발언을 통해 《민족일보》의 창간자금을 일본 공산당이나 조총련계로부터 들여온 것인 양 뒤집어씌우려는 음모를 감행하고 있다고 반박하고, 신문발행을 준비하는 조용수는 민단에서 활약한 청년으로서 재일교포 북송반대운동에 앞장 선 사람이라고 해명하였다.[18]

곽상훈(郭尙勳) 국회의장은 이 문제가 국회에서 거론된 이상 사법당국이 그대로 넘어가지 않을 것이라고 논쟁을 마무리하였다. 그 뒤 국회 내무위원회에서 이 문제가 다시 제기되자 내무부장관은 답변을 통해 김준섭 의원의 주장에 일부 공감하였다.[19] 서울시경찰국 정보과도 2월 1일 조총련계의 자금이 《민족일보》에 흘러들어간 단서를 입수하고 수사자료를 치안국에 넘겼다고 밝혔다.[20] 이튿날에도 국회 본회의에서 김준섭 의원과 윤길중 의원 사이에 이 문제를 둘러싸고 논쟁이 붙었다.[21]

《민족일보》측은 취체역 회장인 서상일과 취체역 사장인 조용수의 공동명의로 1월 30일 《한국일보》 등에 광고를 내 통일문제에 가장 열렬히 정력을 바칠 것이라는 《민족일보》의 취지를 천명했으나,[22] 국회에서 창간자금에 대한 의혹이 제기되자 1월 31일자 일간지에는 "민족일보를 모함함에 반박하여"라는 제목의 광고를 내 《민족일보》의 자금이 조총련계로부터 들어왔다는 김준섭 의원의 발언은 "허무맹랑한 망발"이라고 반박하고 신문사 창간자금은 거류민단 및 그 주변의 양심적 기업가들한테 받았다고 해명하였다.[23] 3월 6일 치안국장은

18) 위의 회의록 1월 31일자, 정진석, 위의 논문 p. 113.
19) 위의 회의록 1961년 2월 2일자, 정진석, 위의 논문 p. 113.
20) 정진석, 위의 논문 p. 113.
21) 정진석, 위의 논문 p. 113.
22) 《한국일보》 1961년 1월 31일자 1면, 정진석, 위의 논문 p. 112~113.
23) 《한국일보》 1961년 2월 2일자 1면, 원희복, 위의 책 pp. 112~114, 정진석, 위의 논문 p. 114.

정례 기자회견에서 한 기자가 조총련계 자금의 《민족일보》 유입설에 대해 묻자 "자금이 조련계로부터 유입되었다는 데 대해 아는 바 없다"고 답변하였다.[24]

2) 서울신문사의 인쇄 거부

《민족일보》는 창간 직후 서울신문사가 인쇄를 거부함으로써 3일간 신문을 내지 못하는 어려움을 겪었다. 인쇄시설이 없는 민족일보사로서는 서울신문사와 계약을 맺어 《민족일보》 프랭키트판 4면 인쇄를 서울신문사에 맡기고, 1개월 단위로 계약하되 어느 한 편이 해약을 원할 경우 5일 전에 이를 상대 신문에 통고하고, 해약통고가 없는 한 다음 달로 계약을 자동연장하는 것으로 간주키로 하였다.

그러나 정부의 정헌주(鄭憲柱) 국무원 사무처장은 2월 하순 국무원 사무처 공보국 보도과장을 서울신문사에 보내 《민족일보》 인쇄를 중단하도록 압력을 넣은 데 이어 그 달 28일에는 서울신문사에 공문을 보내 《민족일보》 인쇄를 즉각 중지하라고 지시하였다.[25] 서울신문사는 3월 2일 오후 5시쯤 《민족일보》의 문선과 조판을 진행하다 인쇄작업을 중단하였다.[26] 민족일보사는 제작중인 3일자 신문만이라도 작업을 마쳐달라고 요구했으나 서울신문사는 이를 거부하였다. 민족일보사는 휴간을 결정하고 이런 경위를 다른 신문에 광고하는 한편 성명서를 인쇄한 전단(16절지 8만 장)을 만들어 전국 지사 지국을 통해 독자에게 돌리고 일부는 가두에서 행인들에게 나눠주었다.[27]

---

24) 《민족일보》 1961년 3월 7일자 1면 기사 "조련계설 모른다".
25) 위의 신문 1961년 3월 6일 1면.
26) 정진석, 위의 논문 p. 116.
27) 《민족일보》 1961년 3월 7일자 1면 기사 "어린 신문은 이렇게 짓밟혔다".

民族日報는 民族의 進路를 가리키는 新聞
民族日報는 不正과 腐敗를 告發하는 新聞
民族日報는 勤勞大衆의 權益을 擁護하는 新聞
民族日報는 兩斷된 祖國의 統一을 絶叫하는 新聞

1961年 3月 6日

民族日報

第二共和國 言論自由彈壓 第1號!

절대자유 보장하겠다던 張內閣 집권반년만에 국민기본권유린

本紙印刷에中止措置

作業中인 「서울신문社」에壓力

國內各界에서 驚愕과憤激

萬難을 무릅쓰고 毅然續刊!

契約알바없다

張總理 彈壓아니라고强辯

"陰性的인妨害같다"

保守政權의本態

國監서糾明될터

壓迫意識

인쇄거부를 지시한 정부를 비판한 《민족일보》의 1961년 3월 6일자 1면.

민족일보사는 3일 동안 발행을 중단한 뒤 서울역 앞에 있던 산업경제신문사로 인쇄처를 옮겨 3월 6일자 지령 19호부터 속간하였다.[28] 이날 《민족일보》는 1면에 "제 2공화국 언론자유 탄압 제 1호, 절대자유 보장하겠다던 장 내각 집권 반년 만에 국민기본권 유린"이라는 제목의 기사를 싣고 단편소설과 사설란을 제외한 1면 전체를 관련기사로 채웠으며, 1면에 실은 사설을 통해서도 정부당국을 힐책하였다.

3월 9일 실시된 국회 법사위원회의 국무원 사무처에 대한 감사에서도 이 문제가 거론되었다. 일부 의원이 서울신문사가 《민족일보》의 인쇄를 중단한 것이 부당하다고 추궁하였으나 정헌주 사무처장은 "특수지 성격을 띤 《민족일보》에 대한 인쇄를 중단한 조치는 정부의 기본방침"이라고 답하였다.[29] 서울신문사는 3월 20일 공장장 명의로 '서울신문사는 주간신문 및 일간신문의 조판인쇄에 최대한의 편의를 제공한다'는 안내장을 곳곳에 돌렸으나 《민족일보》의 인쇄만은 끝내 맡지 않았다.[30]

민족일보사는 일련의 경위를 밝히는 서한을 국제신문협회(IPI)에 보내는 한편 서울신문사 사장 오종식(吳宗植)을 대상으로 사기혐의로 서울지방검찰청에 민형사 고소를 제기하였다. 민족일보사는 아울러 서울신문사가 민족일보사로부터 받은 인쇄료 선불금과 손해배상금을 합친 2,567만 8,335 환의 손해배상을 청구하였다.[31] 그러나 이 소송은 5·16 군사정변 직후 《민족일보》가 폐간되고 조용수 등이 구속됨으로써 흐지부지되고 말았다.

---

28) 정진석, 위의 논문 p. 116.

29) 《민족일보》 1961년 3월 11일자 1면 기사 "민족일보는 특수지다", 정진석, 위의 논문 p. 117.

30) 위의 신문 1961년 3월 21일자 1면 기사 "신문인쇄 맡겠다", 정진석, 위의 논문 p. 117.

31) 위의 신문 1961년 3월 7일자 1면, 정진석, 위의 논문 p. 117.

3) 대일 수출 불허

《민족일보》의 자금출처에 관한 논란이 진정되자 이번에는 국무원 사무처가 이 신문의 대일수출을 허가하지 않아 항의하는 사건이 발생하였다. 민족일보사는 일본 도쿄에 지사를 설치하고 우선 250부를 일본에 수출하기 위해 서울세관에 조회하였으나 세관은 신문을 수출하고자 할 경우 1960년 11월 30일자 재무부장관의 지시에 따라 국무원 사무처의 신문수출 승인을 얻어야 한다고 통고하였다. 이에 1961년 4월 13일 국무원 사무처에 신문수출 승인을 신청하였으나 국무원 사무처는 재일교포에게 《민족일보》가 보급되면 악영향을 미칠 것을 우려, 승인신청을 부결하였다.[32] 이에 대해 통사당 소속 박권희(朴權熙) 의원은 1961년 4월 26일 민의원에서 "국무원 사무처 김경옥 공보국장이 유독 《민족일보》에 한해서 일본 수출을 불허하였다"고 주장하고 이의 시정을 요청하였다. 박 의원은 "재일 거류민단원들이 《민족일보》 구독을 열망하고 있으나 정부에 대한 비판적 내용이 기재되어 있다는 이유로 일본 수출을 승인하지 않는 것은 언론의 자유를 억압하는 것"이라고 주장하였다.[33]

4) 폐간처분과 관련자 사법제재

《민족일보》가 독자의 호응을 얻어 뿌리를 내릴 무렵인 1961년 5월 16일 박정희 육군소장이 주도한 군사정변이 일어났다. 바로 이틀 뒤인 5월 18일 민족일보사로 수사관들이 들이닥쳐 조용수 등 간부 9명

---

32) 위의 신문 1961년 4월 23일자 1면 기사 "또 하나의 언론탄압".
33) 위의 신문 1961년 4월 27일자 3면 기사 "언론자유를 탄압, 박의원 본지 대일 수출 불허를 규탄".

을 연행하였다.[34)]

군사혁명위원회 장도영(張都暎) 위원장은 5월 19일 반국가단체 활동을 엄단하겠다는 내용의 포고령 18호를 발표하였다. 반국가단체란 '공산당 또는 이에 동조한다고 인정되는 단체'를 말하는 것으로 혁신계를 겨냥한 것이었다. 이 포고령에서 엄중처벌을 경고한 대상은 다음과 같다.

1. 반국가단체의 구성 및 이에 가입 또는 가입하려 하거나 타인에게 가입할 것을 권유한 자
2. 반국가단체나 그 활동을 찬양 고무 또는 동조한 자
3. 반국가단체 및 그 구성원 또는 그 지령을 받은 자와 제1항 및 제2항의 죄를 협의 선동 또는 선전한 자
4. 반국가단체를 지지할 목적으로 제2항의 행위에 제공하기 위한 문서 도서 기타의 표현물을 제작, 복사 ,은닉, 운반 또는 소지한 자
5. 반국가단체와 연락된 국외단체의 지령을 받기 위하여 탈출하거나 또는 그 지령을 받고 잠입한 자
6. 전 각 항의 죄를 범한 자에 대하여 모든 편의를 제공하거나 이롭게 한 자
7. 전 각 항의 죄를 범한 자를 인지하고도 수사기관에 신고하지 아니한 자
8. 공산계열이라고 인정되는 단체 또는 개인으로부터 자금제공을 받은 자

이 포고령을 발표한 당일인 5월 19일 《민족일보》는 사실상 폐간조치를 당하였다. 공보처 장관은 5월 27일 정식으로 폐간을 통고하였다. 치안국은 22일 〈민족일보와 동사 사장 조용수 일당들의 죄상 및

34) 원희복, 위의 책 pp. 210~217.

그 배후관계〉라는 문건을 발표하였다. 당시 신문들은 5월 23일자에 치안국의 발표문을 글자 하나 고치지 않고 그대로 보도하였다. 《동아일보》가 보도한 내용은 다음과 같다.

> 22일 靑 치안국장은 민족일보와 동사 사장 조용수 외 일당들의 죄상 및 그 배후관계를 다음과 같이 발표하였다.
>
> 전기 趙외 일당은 지난 61년 1월에 간첩사건으로 병 보석중 일본으로 도피한 바 있던 전 靑奉岩 비서관 李榮根(47) (본적, 忠北 淸原郡 江內面 多東里)의 지령 하에 평화통일방안을 주창하면서 혁신계 지도자와 혁신계 정당 및 기관지 발간에 열중해왔다.
>
> 전기 이영근은 일본 조총련계로부터 소위 정치자금 약 2억 환을 국내에 도입하여 혁신계 지도자인 張建相 등에게 자금을 공급하여 괴뢰집단에서 주장하는 평화통일을 선전하여 사회주의 노선을 밟도록 국내 혁신세력을 규합해왔다. 특히 혁신정당 기관지인 민족일보사를 94년 2월 십1일 발간하고 약 12억 환의 불법 도입자금으로 전기 조용수(민족일보 사장)와 安新圭(민족일보 감사역) 등이 주동이 되어 국내 혁신계 정당의 기관지 발간을 계획하고 민족일보사의 논설위원 모 외 수명과 야합하여 괴뢰집단이 지향하는 목적 수행에 활약해왔다. 이들 일당 중 장건상과 조용수 안신규와 海星物産 사장 尹桂星, 南方物産 전무 馬英鎬 등은 이미 체포하고 나머지 미체포한 자는 계속 체포에 노력할 것이다.[35]

혁명검찰부(검찰관 吳在玉)는 7월 23일 《민족일보》 관련자 13명을 특수범죄처벌에 관한 특별법[36] 6조 위반 등의 혐의로 구속하였다.

---

35) 이 기사에서 91년은 단기 4291년으로 서기 1958년을, 94년은 단기 4294년으로 서기 1961년에 해당한다. 신문의 기사내용은 다 같지만 표제는 각기 달랐다. 예를 들자면 《동아일보》는 "正體 드러난 民族日報, 朝聯서 資本 投入"이라는 표제를 달았지만 《조선일보》는 "치안국, 민족일보 배후관계 발표, 조련서 2억 투입"이라는 표제를 달았다.

기소된 13명은 다음과 같다.

조용수 (32, 민족일보 사장)
송지영 (46, 한국전통 사장)
이종률 (52, 상무취체역, 전 부산대 교수)
안신규 (43, 상임감사역)
정규근 (32, 상무취체역)
양수정 (42, 편집국장)
전승택 (41, 총무국 부국장)
김영달 (49, 업무국장)
조규진 (39, 기획부 사원)
이상두 (30, 논설위원, 경북대 강사)
이건호 (45, 논설위원, 고려대 교수)
양실근 (30, 선원)
장윤근 (41, 재일 이영근의 처)

공소장에 따르면, 조용수는 일본에 있는 이영근이 재일 혁신계 조소수(趙小壽)를 통하여 송금한 공작금을 자신의 민의원 선거자금으로 사용하였고 나머지 금액을 윤길중에게 선거 및 정치자금으로 전달하였으며, 《민족일보》를 창간한 뒤로도 이영근이 보내온 자금으로 신문사 운영자금을 충당하였으며, 이른바 2대 악법 반대투쟁을 벌이

36) 특수범죄처벌을 위한 특별법은 1961년 6월 22일 법률 633호로 공포한 것으로 국가재건 비상조치법에 근거를 둔 것이다. 이 특별법은 선거에 관한 살인, 상해 등, 특수밀수, 국사 또는 군사에 관한 독직, 반혁명행위, 특수 반국가행위, 단체적 폭력행위 등 여섯 가지 유형의 위반자를 처벌하기 위해 제정했다. 이 법은 공포한 날로부터 3년 6개월 전의 행위에 대해서까지 적용 가능하게 한 소급입법이다. 혁명재판소가 이 법에 의거해 다룬 87건의 사건 가운데 48건이 6조 특수 반국가행위 혐의 사건이었으며, 혁신계 사건은 대부분 6조 위반으로 기소되었다.

고 있는 학생 등에 자금을 제공하였고, 혁신계 통합을 위한 정치자금으로도 사용하였다는 것이다. 공소장은 또한《민족일보》를 창간한 다음에는 "북한 괴뢰집단에서 주장하는 것과 동일한 또는 그 기본방향이 동일한 위장 평화 남북통일방안을 비롯하여 남북협상, 경제 문화 서신교류, 학생회담 등 대한민국의 국시를 무시하고 오히려 반국가단체의 목적사항을 선전, 선동함으로써 동 단체의 활동을 고무, 동조"[37] 했다고 지적하였다.

또한 혁명검찰은 공소장에서 송지영, 안신규, 이건호가 일본에 있는 이영근과 직접 접촉하였으며 그의 지시에 따라《민족일보》를 창설하고 이 신문을 통해서 반국가단체인 북한의 활동을 고무, 동조 또는 그 목적 수행을 위한 행위를 하였으며, 편집국장을 지낸 이종률과 양수정, 논설위원 이상두는 이영근을 만난 적은 없지만《민족일보》가 북한의 주장에 동조하고 있음을 충분히 알면서도 이 신문에 참여하여 북한의 목적을 고무했다고 주장하였다. 이와 아울러 혁명검찰은 정규근, 전승택, 김영달, 조규진이 업무 또는 기획 분야에서 앞의 피의자들과 같은 활동을 벌였으며, 양실근은 '제 1유양호' 선원을 가장하여 일본을 내왕하면서 이영근과 안신규의 연락을 맡았고, 장윤근은 남편 이영근이 보낸 자금을 조용수, 안신규 등에게 대여하여 이들의 반국가행위를 방조했다고 주장하였다.

《민족일보》 사건에 대한 혁명재판의 첫 공판은 1961년 7월 29일에 열렸다.[38] 재판장은 김홍규(金弘圭) 대령, 관여 검찰관은 오재옥(吳

37) 한국혁명재판사 편찬위원회, "민족일보 사건",《한국혁명재판사》3집(동아출판사, 1962), p. 198.

38) 이날 혁명재판소는 5개 법정에서 최인규(崔仁圭) 등 부정선거 관련 사건, 신도환(辛道煥) 등 4·18 고대 시위대 습격사건, 임흥순(任興淳) 등 부정선거 공무원자금 조달사건, 이정재(李丁載) 등 단체적 폭력행위사건 등을 비롯한 7건에 관한 공판을 동시에 개정했다.

在玉) 중령이었다. 8월 12일 열린 8회 공판에서 검찰관은 조용수 등 4명에게 사형, 이상두에게 징역 15년, 나머지 8명에게 5년을 구형하였다. 8월 22일 열린 선고공판에서 재판장 김홍규 대령은 조용수, 송지영, 안신규 등에 대해 "이북 괴뢰집단의 주장내용과 상응한, 한국의 중립화와 정치적 평화통일에 앞선 남북협상, 경제, 서신, 문화교류 및 학생회담 등을 적극 찬동, 추진한다는 지(旨)로 사설, 논설, 기사 등을 게재, 발간케 하여 이를 선전, 선동함으로써 반국가단체인 이북 괴뢰집단의 활동을 고무, 동조"[39] 했음을 인정하여 극형을 선고하고, 이들의 범행을 적극 방조한 혐의로 이상두 등에게 15년에서 5년까지의 중형을 선고하였다. 재판부의 선고내용은 다음과 같다(괄호 안은 구형).

사형: 조용수 (사형), 안신규 (사형), 송지영 (사형)
15년: 이상두 (15년)
10년: 양수정 (5년), 이건호 (5년)
5년: 정규근 (5년), 양실근(사형)
무죄: 이종률 (5년), 전승택(5년), 김영달 (5년), 조규진 (5년), 장윤근 (5년)

1심 판결이 나자 이종률에 대한 판결에는 검찰이, 나머지 유죄선고를 받은 피고인에 대한 판결에는 해당 피고인들이 상소하였다. 2심 공판은 10월 25일부터 진행되었다. 재판장은 육군 대령 전우영(全禹榮), 검찰관은 검사 이종원(李鍾元)이었다. 재판부는 10월 31일 선고공판을 열어 조용수 등 6명에 대하여는 상소기각, 이건호 등 4명의 피고인에 대하여는 원심을 파기하고 재판하였다. 이에 따라 조용수,

39) 1심 판결문(한국혁명재판사 편찬위원회, 《한국혁명재판사》 3집, 동아출판사, 1962, pp. 207~208).

송지영, 안신규의 사형이 확정되고, 1심에서 무죄를 선고받은 이종률에게는 징역 10년, 징역 15년의 이상두에게는 10년, 징역 10년의 이건호와 양수정에게는 5년형이 확정되었다. 2심 판결내용은 아래와 같다(괄호 안은 1심 선고).

상소기각: 조용수 (사형), 안신규 (사형), 송지영 (사형),
정규근 (5년), 양실근(5년), 조규진 (무죄)
원판결 파기 징역 10년: 이상두 (15년), 이종률 (무죄)
원판결 파기 징역 5년: 양수정 (10년), 이건호 (10년)

1심 판결이 진행될 때부터 국제사회에서 재판의 부당성에 대해 항의하고 사형수들의 감형을 주장하는 운동이 일어났다. 일본에서는 언론과 문화계가 즉각적인 반응을 보였다. 《아사히신문》과 《마이니치신문》 등 유력한 신문사가 감형을 주장하였고, 평론가, 작가, 문인 등은 '3명의 한국언론인 구출동지회'를 결성해 서명운동을 벌였다. 런던에 본부를 둔 국제펜클럽과 취리히의 국제신문인협회(IPI)는 박정희 의장에게 항의문을 보냈으며 국제사면위원회(Amnesty International)도 석방운동을 벌였다.

사형선고를 받은 조용수와 그의 가족들은 조용수에 대해 사형이 집행되리라고는 생각하지 않았다.[40] 그러나 박정희 최고회의 의장은

---

40) 조용수는 박정희가 좌익전력이 있으며, 박정희의 친형인 박상희가 대구에서 공산주의 활동을 하다 경찰에 총살당했고, 2인자인 김종필이 박상희의 사위라는 사실 등으로 미루어 혁명세력이 혁신계 인사에 대해 가혹한 행위는 하지 않을 것이라고 생각하고 있었다. 조용수는 종로서에서 중부서로 이감되어 있을 때 구속되어 있던 참의원 최달희가 탈장증세를 보이자 간수도 따르지 않은 상황에서 그를 직접 업고 병원으로 가 치료를 받게 한 후 중부서로 다시 돌아오기도 했다(《오마이뉴스》 인터뷰, "조용수 민족일보 사장의 친동생 조용준 씨", 2005년 7월 15일).

송지영, 안신규에 대하여는 무기징역으로 감형하였으나 국제사회의 반발에도 불구하고 1961년 12월 21일 조용수를 처형하였다. 사회당 조직부장 최백근, 3·15 부정선거 책임자 최인규, 자유당 정치깡패 이정재 등도 같은 날 서대문형무소에서 처형되었다.

사실 조용수는 혁신세력의 분파주의에 식상한 데다 젊은 나이에 《민족일보》를 도맡아 운영하기에는 벅차다고 생각하던 중 미국의 한 대학교수로 있던 사촌형이 유학을 권유하자 한국사회당 당수이며 《민족일보》 취체역인 최근우에게 사장직을 넘기기로 하고 여권이 나오기를 기다리다가 혁명검찰에 구속 기소되어 결국 사형까지 당하였다.[41] 일부 인사들은 이영근이 사후에 우리 정부로부터 훈장을 받았을 뿐만 아니라[42] 《민족일보》 창간에 간여한 윤길중,[43] 송지영,[44] 고정훈,[45] 이건호[46] 등이 군부정권 하에서 요직을 맡은 사실

41) 정문화, 위의 글 p. 141.

42) 이영근은 1960년대 말 김영선(金永善)이 주일대사로 있을 때 한국정부와 손을 잡았으며 1973년 9월 15일부터는 《통일조선신문》을 《통일일보》로 개재해 발행하며 친한·반공노선을 분명히 하였다. 조총련계 동포의 고국방문 사업을 처음으로 구상한 것도 그였다고 한다. 1990년 5월 이영근이 71세로 사망하자 정부는 《통일일보》를 발행하여 재일동포의 단합과 권익신장에 기여한 공로로 국민훈장 무궁화장을 추서하였다.

43) 윤길중은 1916년에 함경남도 북청에서 출생하였다. 1937년 경성대 법정학부를 졸업했다. 1939년 일본대학 전문부 법학과를 졸업하고 1941년 강진군수가 되었으며 무안군수를 거쳐 해방 직전에는 총독부 상무국 사무관으로 근무했다. 1946년 국민대 초대학장을 지낸 뒤, 1950년 강원도 원주에서 2대 국회의원에 당선하였으며 1952년에는 진보당 조봉암 대통령후보 선거사무장을, 1955년에는 진보당 간사장을, 1960년에는 사회대중당 간사장을 거쳐 새로 출범한 통일사회당의 총무를 맡았다. 1961년 군사혁명 직후 특수범죄처벌에 관한 특별법 위반혐의로 투옥되어 7년간 수감생활을 하다 1968년 출소하였다. 1969년 야당인 신민당의 정무위원으로 정치에 복귀해 1971년 8대 국회의원에 당선하였다. 윤길중은 1980년 오랜 야당생활을 접고 신군부의 입법회의 의원, 민정당 창당 발기인이 되었으며 1981년 이후 11, 12, 13대 국회의원을 지내고 1983~1985년에는 국회 부의장을, 1988년에는 여당인 민정당의 대표위원을 지냈다. 2001년 사망하였다.

이야말로, 조용수의 처형이 사법살인(司法殺人)임을 방증(傍證)하는 것이라고 주장하고 있다.

---

44) 송지영은 1916년 평안북도 박천에서 출생하였다. 1943년 중국 남경 중앙대 3년을 수료하고 1935년 이후 동아일보 기자, 국제신문 주필, 태양신문 주필 겸 편집국장, 조선일보 편집국장 등을 역임하였다. 혁명검찰의 공소장에 따르면 송지영은 1941년 중국 상해에서 치안유지법 위반으로 징역 3년형을 받고 일본 나가사키〔長崎〕형무소에서 복역하여 만기 출옥하였다. 송지영은 《민족일보》 사건으로 사형선고를 받았으나 네 차례의 감형을 받아 1969년 출소했다. 박정희 대통령 시절인 1979년 한국문화예술진흥원 원장에 발탁되어 1984년까지 재임한 뒤 신군부 등장 이후에는 입법회의 의원, 11대 국회의원(민정당, 전국구)을 역임하였고, 1981년 한국방송공사(KBS) 이사장으로 임명되었다. 1989년 사망하였다.

45) 고정훈은 1920년 평안남도 진남포에서 출생하였다. 1938년 일본 청산학원 영문과를 수료한 뒤 1941년 만주 하얼빈으로 가 북만학원 노문과에서 수학하였다. 해방되자 귀국하여 1947년 미소 공동위원회의 미국측 통역관으로 일하다 1948년 육사에 진학, 7기 특별반을 졸업하고 육본 정보국 차장 등을 역임한 뒤 1950년 중령으로 예편하였다. 1954년 코리아리퍼블릭 편집국장, 1955년 조선일보 논설위원으로 언론계에서 활동하다 1956년 정계에 뛰어들어 진보당 추진위 선전부 간사, 민혁당 선전국장 등을 지냈으며 4월혁명 뒤인 1961년에는 통사당 선전국장, 민족일보 논설위원, 중통련 주비위원 등을 맡았다. 군사혁명 후 특별법 위반으로 10년 형을 받고 복역하다 감형되어 1965년 출옥하였다. 1980년 신군부가 등장하자 고정훈은 입법회의 의원으로 참여하였다. 그는 1981년 민주사회당 당수를 맡았으며 11대 의원(신사당, 강남)으로 국회에 들어갔다. 1982년에는 신정사회당을 창당해 총재가 되었다. 1988년 사망하였다.

46) 이건호는 1917년 서울에서 출생하였다. 1941년 일본 동북제국대를 졸업한 뒤 1946년부터 1961년까지 고려대 법대 교수로 재직하였다. 1961년 《민족일보》 사건으로 징역 5년을 선고받고 복역하다 출소했다. 이건호는 1966년 《중앙일보》 논설위원을 지낸 뒤 성균관대 교수로 학계에 복귀하여 1968년 이화여대로 전직했으나 1981년 신군부가 등장한 뒤 민주정의당 전국구로 11대 국회의원이 되었다.

제 3 장

《민족일보》의 편집전략: 지식인 지향의 '선택과 집중'

논설과 1면 머리기사의 유목별 관심도와 의제 일치율 분석

1. 문제제기

4·19 혁명으로 이승만 독재가 무너진 뒤 시민사회의 성장과 활동을 가로막던 다양한 제도적 장치가 속속 제거되었다. 먼저 1960년 5월 29일 집회 및 시위에 관한 법률이 대폭 개정되어 허가제가 신고제로 바뀌었다. 다음으로 신문 및 정기간행물 등의 등록에 관한 법률도 7월 1일자로 허가제에서 등록제로 변경되었다. 가장 중요한 것은 국가보안법 개정이었다. 4대 국회는 선량한 국민의 자유와 권리를 침해할 소지가 있는 조항, 존치할 필요가 없거나 그 실익이 없는 조항, 필요하기는 하나 형법, 국방경비법 등으로 다룰 수 있는 사항 등 이른바 독소조항을 모두 제거하였다.

이런 상황에서 혁신세력의 대변지로 《민족일보》가 창간되었다. 1961년 2월 13일 첫호를 낸 이 신문은 자본력이나 편집인력에서 당시의 대표적인 신문인 《동아일보》나 《조선일보》와는 비견할 수 없을 만큼 열악했지만 단시일에 많은 독자를 확보하는 데 성공하였다. 이 신문은 특히 가판판매에서 두각을 나타내 전체 발행부수 4만 5천여 부 가운데 4만여 부를 가판을 통해 소화하였다.[1] 창간하자마자 4만 부를 웃도는 발행부수를 기록한 것은 놀라운 일이다. 《민족일보》는 발행부수에 관한 한 단숨에 《동아일보》, 《조선일보》, 《경향신문》, 《한국일보》, 《서울신문》에 이은 6대 신문으로 자리잡았다. 당시 정부의 기관지였던 《서울신문》의 발행부수는 4만 8천여 부로 《민족일보》가 간발의 차로 그 뒤를 좇고 있었다.

《민족일보》가 신문시장에서 초기에 회오리바람을 일으킨 것은 무엇 때문일까? 물론 상대적으로 오랜 역사를 지닌 보수신문이 여론시장을 과점하고 있는 상황에서 새로운 이념을 지닌 성향의 신문이 나오자 독자들이 이 신문을 적극 성원하였을 개연성이 있다. 바로 이것이 외적 요인이었다면 내적 요인, 즉 편집전략도 《민족일보》의 성공에 기여했을 것이다.

이 장에서는 《민족일보》의 편집전략의 특성을 파악하기 위해 우선 이 신문이 어떤 주제에 어느 정도의 관심을 보였는지, 이런 관심도가 다른 보수신문과 어떤 차이가 있는지를 차례로 살펴보기로 한다. 논설과 1면 머리기사로 다룬 주제의 유목별 관심도를 알아보고, 《민족일보》가 논설이나 1면 머리기사로 다룬 주제를 《동아일보》나 《조선일보》가 동시에 다룬 의제(*agenda*) 일치율이 어느 정도인지를 밝힘으로써 《민족일보》의 편집전략에 관한 시사를 얻을 수 있을 것이다.

---

1) 《오마이뉴스》 2005년 7월 15일자, 구영식, 인터뷰 "조용수 민족일보 사장 친동생 조용준씨, 조용수사건 배후는 박정희의 레드 콤플렉스".

2. 연구문제 및 연구방법

1) 연구문제

《민족일보》의 편집전략을 파악하기 위해서는 우선 이 신문이 어떤 주제에 대해 어느 정도의 관심을 보였으며, 유목별 관심도가 다른 신문과는 어떻게 차이가 나는지를 체계적으로 분석할 필요가 있다. 이 연구에서 일차적으로 밝히고자 하는 연구문제는 다음과 같다.

연구문제 1: 《민족일보》 논설의 유목별 관심도는 어떠한가?
연구문제 2: 《민족일보》 1면 머리기사의 유목별 관심도는 어떠한가?
연구문제 3: 《민족일보》가 《동아일보》나 《조선일보》와 동시에 동일한 의제를 논설이나 1면 머리기사로 다룬 비율은 어느 정도인가?

2) 연구방법

이 연구에서는 《민족일보》가 주장한 내용에 대해 알아보기 위해 논설과 1면 머리기사를 분석의 대상으로 선정하였다. 그 이유는 신문의 주장이 가장 선명하고도 체계적으로 표현되는 것이 바로 논설과 1면 머리기사이기 때문이다. 이 연구에서는 이 신문이 게재한 논설과 1면 머리기사 전수를 분석하였다. 어느 신문의 내용은 다른 신문에 비교할 때 그 성격이 뚜렷하게 나타난다. 따라서 이 연구에서는 당시의 대표적 보수신문인 《동아일보》와 《조선일보》의 해당기간 논설과 1면 머리기사 전수를 대상으로 비교하였다.

《민족일보》는 1961년 2월 13일부터 같은 해 5월 19일 폐간되기까지 96일 동안 모두 92호를 발행하였다. 발행일에 비해 지령이 4호 모자란 것은 서울신문사가 정부의 압력을 받아 인쇄를 중단하여 3일간 휴간하고, '신문의 날'을 맞아 4월 8일자 한 호를 내지 않았기 때문이다. 《동아일보》와 《조선일보》는 '신문의 날'인 4월 7일에 신문을 발행하지 않았다.

《민족일보》는 전체 발행일 92일 가운데 47일은 한 호에 한 개의 논설을 실었으며 45일은 한 호에 두 개의 논설을 실어, 발행기간에 실은 논설은 모두 137개에 이른다. 그러나 5월 17일자 논설은 쿠데타군의 검열로 삭제당해 실제로 분석대상이 된 논설은 136개이다. 같은 기간에 《동아일보》는 114개, 《조선일보》는 176개의 논설을 게재하였다.[2)]

한편 군 당국은 《민족일보》의 1961년 5월 18일자 1면 머리기사의 제목 전체를 삭제하였으나 기사의 내용을 파악하는 데는 문제가 없어 92개 호의 92개 머리기사를 모두 분석하였다. 군 당국은 검열에서 《조선일보》의 1961년 5월 17일자 1면 머리기사 전체를 삭제하였다. 따라서 이 연구에서 분석한 세 신문의 1961년 2월 13일자부터 1961년 5월 19일자까지의 1면 머리기사는 《민족일보》가 92개, 《동아일보》가 95개, 《조선일보》가 94개이다.

논설이나 1면 머리기사의 주제에 대한 유목은 국제문제, 남북문제, 정치문제, 경제문제, 및 사회문제의 5개로 설정하였다. 여기서 국제문제란 두 나라 이상이 관련한 문제를 말한다. 이 연구에서 국제문제는 다시 대미문제, 대일문제 및 기타의 3개 하위유목을 설정하였다.

남북문제란 남북한에 관련한 문제로 UN의 한반도문제 토의도 여기

---

2) 당시 《민족일보》는 조간만을 발행했으나 《동아일보》와 《조선일보》는 조석간을 발행하였다. 이 연구에서는 《동아일보》와 《조선일보》의 경우 석간을 분석대상으로 삼았다.

에 포함시켰다. 이 연구에서 남북문제는 다시 UN의 한반도 토의, 통일정책, 남북교류 및 통일운동의 4개 하위유목을 설정하여 유목별 관심도를 알아보았다. 통일운동이란 민족자주통일중앙협의회(민자통)나 서울대 민족통일연맹(민통련) 등 통일운동 주체의 활동을 다룬 것을 말한다.

정치문제란 국회, 행정부, 사법부 및 정당 등이 주체가 된 정치활동이나 당시의 정치현안에 관한 것을 말한다. 이 연구에서는 정치문제를 행정부, 국회, 정당의 3개 정치주체의 정치활동, 당시의 정치적 현안문제인 혁명과제 처리, 2대 악법 반대, 용공조작 등 기타의 7개 하위유목으로 나누었다. 혁명과제란 4월혁명의 과제로 대두한 부정선거 관련자와 부정축재자 처리문제를 말하며, 2대 악법이란 민주당 정부가 제정을 시도한 반공법 및 데모규제법을 말한다. 용공조작은 정부가 혁신세력이나 학생 등을 용공으로 조작하였거나 조작하고자 하는 데 대해 비판한 것으로 주로 《민족일보》가 제기하였다.

경제문제는 주요 경제주체인 정부, 기업 및 가정경제와 관련한 문제를 말한다. 이 연구에서는 주제에 따라 경제정책, 재정, 산업, 식량문제, 국토개발사업, 경제부정(내한중석 사건), 노동 등 7개 하위유목으로 나누어 각 유목별 관심도를 알아보았다.

사회문제란 치안, 언론, 문화 등을 비롯한 사회문화 관련문제를 포괄하는 개념으로 정의하였다. 사회문제는 다시 치안, 교육, 언론 및 기타의 4개 하위유목을 설정해 유목별 관심도를 분석하였다.

한편, 《민족일보》가 다른 두 신문과 동일한 주제나 의제를 논설이나 1면 머리기사로 다룬 비율이 어느 정도인지를 알아보기 위해 일치율을 산정하였다. 일치율은 같은 날이나 하루를 전후하여 동일한 의제를 다룬 사례를 계산하여 이를 중복 발행일수로 나누어 지수화하였다. 산출공식은 다음과 같다.

$$\text{의제일치율}(\%) = \frac{\text{동일 의제 수}}{\text{중복 발행일 수}} \times 100$$

《민족일보》와 다른 두 신문의 일치율을 계산할 때는 이 신문의 발행일이 92일이었으므로 중복 발행일수를 92로 하여 산정하였으며 《동아일보》와 《조선일보》의 1면 머리기사의 일치율을 계산할 때는 《조선일보》가 검열로 1961년 5월 18일자 1면 머리기사 전체를 삭제당하였기 때문에 중복 발행일을 94로 하여 산정하였다.

논설과 1면 머리기사를 분석함에 있어 그 단위는 논설이나 1면 머리기사의 주제(*theme*)로 하였다. 집계체계는 논설이나 1면 머리기사의 사례 수(빈도)로 하되, 백분율을 산출해 제시하였다.

3. 연구결과

1) 논설의 유목별 관심도

《민족일보》가 논설로 다룬 주제가 어떤 것인지를 알아보기 위해 논설의 유목을 그 주제에 따라 국제, 남북문제, 정치, 경제, 사회의 다섯 개로 나누어 분석한 결과는 〈표 3-1〉과 같다.

〈표 3-1〉에 나타나듯이 《민족일보》는 정치문제에 가장 많은 관심을 나타냈고, 국제문제와 남북문제에 그 다음으로 많은 관심을 보였으며, 경제문제와 사회문제에 대해서는 관심도가 낮았다. 《민족일보》 논설의 유목별 관심도를 《동아일보》와 《조선일보》의 그것과 비교하면, 《민족일보》는 국제문제에서는 《조선일보》와 비슷한 관심도를 보였으나 《동아일보》보다는 많은 관심을 보였으며, 다른 두 신문

〈표 3-1〉 논설의 유목별 사례 수

(괄호 안은 %)

	민족일보	동아일보	조선일보
국 제	32 (23.5)	16 (14.0)	44 (25.0)
남 북	29 (21.3)	6 (5.3)	15 (8.5)
정 치	49 (36.0)	46 (40.4)	64 (36.4)
경 제	14 (10.3)	33 (28.9)	34 (19.3)
사 회	12 (8.8)	13 (11.4)	19 (10.8)
계	136 (100.0)	114 (100.0)	176 (100.0)

과 정치문제나 사회문제에 대한 관심은 비슷한 데 비해 경제문제에 대한 관심은 상대적으로 낮고, 반면에 남북문제에는 월등하게 높은 관심을 보인 것을 알 수 있다. 《민족일보》가 남북문제에 높은 관심을 보인 것은 "남북통일이 민족의 역사적이고도 절대적인 과제"[3] 이기 때문에 "범민족적 통일운동의 추진이 필요하다"[4] 는 이 신문의 기본인식을 반영한 것으로 볼 수 있다.

국제문제에 관한 논설만을 대상으로 하위유목을 국제정세, 대미관계, 대일관계, 기타의 넷으로 나누어 분석한 결과는 〈표 3-2〉와 같다. 이 표를 통해 《민족일보》가 다른 두 신문에 비해 국제정세 일반에 대한 관심은 낮은 데 반해 대미관계에 관한 관심이 매우 높은 것을 알 수 있다. 이 신문은 대미관계 가운데서도 특히 한미 경제원조협정 체결문제와 미국의 대한 원조문제에 대해 집중적으로 거론하였다. "미국의 원조에 의존하다가는 영영 식민지 예속경제의 노예화가 되지 않으리라는 보장이 없다"[5] 는 이 신문의 인식이 대미문제에 대한 각별한 관심으로 표출되었을 것이다.

이 신문이 가장 높은 관심을 보인 남북문제를 이에 관한 UN 토의, 통일정책, 남북교류, 통일운동, 기타[6] 의 다섯 개 하위유목으로 나누어 분석한 결과는 〈표 3-3〉과 같다. 다른 신문에 비해 북한의 동향이나 UN에서의 남북문제 토의에 대한 관심이 낮은 반면에 통일정책에 관심을 집중한 사실을 알 수 있다. 또한 남북교류나 통일운동에 대해서도 《동아일보》나 《조선일보》가 거의 관심을 나타내지 않은 데 반해 《민족일보》는 상대적으로 높은 관심을 보였다.

---

3) 《민족일보》 1961년 4월 24일자 논설 "남북교류 주장에 대한 장 총리의 패배주의".
4) 위의 신문 1961년 5월 15일자 논설 "범민족적인 통일운동의 추진이 필요하다".
5) 위의 신문 1961년 3월 19일자 논설 "미국의 대한 경제원조정책의 본질을 분석함-하".
6) '기타'에 해당하는 논설은 모두 북한의 동향에 관한 것임.

〈표 3-2〉 국제문제 논설의 유목별 사례 수

(괄호 안은 %)

	민족일보	동아일보	조선일보
국제정세	8 (25.0)	6 (37.5)	25 (56.8)
대미(소계)	17 (53.1)	6 (37.5)	13 (29.5)
한미경협	9	1	4
원 조	5	3	1
행정협정	0	0	2
기 타	3	2	6
대 일	4 (12.5)	2 (12.5)	3 (6.8)
기 타	3 (9.4)	2 (12.5)	3 (6.8)
계	32 (100.0)	16 (100.0)	44 (100.0)

〈표 3-3〉 남북문제 논설의 유목별 사례 수

(괄호 안은 %)

	민족일보	동아일보	조선일보
UN 토의	7 (24.1)	2 (33.3)	8 (53.3)
통일정책	11 (37.9)	2 (33.3)	3 (20.0)
남북교류	6 (20.7)	0 (0.0)	1 (6.7)
통일운동	4 (13.8)	0 (0.0)	1 (6.7)
기 타	1 (3.4)	2 (33.3)	2 (13.3)
계	29 (100.0)	6 (100.0)	15 (100.0)

정치문제에 관한 논설을 행정, 국회, 정당, 부정선거 및 부정축재 처리 등의 혁명과업, 2대 악법(반공법, 데모규제법) 제정, 용공조작, 기타의 7개 하위유목으로 나누어 살펴본 바에 따르면 《동아일보》와

〈표 3-4〉 정치문제 논설의 유목별 사례

(괄호 안은 %)

	민족일보	동아일보	조선일보
행정(소계)	7 (14.3)	14 (30.4)	16 (25.0)
개 각	1	1	3
인사행정	0	4	4
지방행정	0	2	2
경찰행정	3	3	1
기 타	3	4	6
국 회	5 (10.2)	2 (4.3)	7 (10.9)
정 당	0 (0.0)	1 (2.2)	3 (4.7)
혁명과제	6 (12.2)	16 (34.8)	13 (20.3)
2대 악법(소계)	17 (34.7)	3 (6.5)	12 (18.8)
반공법	5	2	8
데모규제법	1	0	1
반공+데모	4	0	1
기 타	7	1	2
용공조작	7 (14.3)	0 (0.0)	1 (1.6)
기 타	7 (14.3)	10 (21.7)	12 (18.8)
계	49 (100.0)	46 (100.0)	64 (100.0)

《조선일보》는 행정현안이나 부정선거 처리, 부정축재 처리를 많이 다룬 데 비해 《민족일보》는 반공법과 데모규제법 등 민주당 정부가 추진한 이른바 2대 악법 반대에 역량을 집중한 것을 알 수 있다. 다른 두 신문이 주로 반공법 제정에 관심을 기울인 반면, 《조선일보》는 데모규제법에 대해서도 반공법과 묶어 여러 차례 거론하였다.

이 신문이 이른바 2대 악법에 지대한 관심을 보인 것은 두 법을 제정하려는 정부의 행태가 "용서 못할 반민주적 반국민적 수작"[7]이며, 특히 반공법이 제정될 경우 이 법은 "기본권의 본질적인 내용을 말살하는 민주주의 도살법이 될 것"[8]이라는 이 신문의 판단을 반영한 것으로 볼 수 있다. 또한 이 신문이 다른 두 신문에 비해 부정선거 관련자 및 부정축재자 처리에 관한 혁명과제에 별다른 관심을 보이지 않은 것은 "4·19 이전의 기득권세력이 여전히 행정부와 국회, 사법부를 장악하고 있는 상황에서 혁명과업을 완수하는 것은 불가능하다"[9]는 부정적 인식에 기인할 것이다.

경제문제에 관한 논설을 대상으로 경제정책, 재정, 산업, 식량문제, 국토개발사업, 경제부정(대한중석 부정사건 등), 노동, 기타의 8개 하위유목으로 나누어 분석한 바에 따르면 〈표 3 5〉에서 볼 수 있듯이 《민족일보》는 경제부정에 압도적으로 높은 관심을 나타냈다.

당시 정부에서는 거시적으로는 장기 경제개발계획 편성을 추진하고 있었고, 미시적으로는 실업자 문제와 절량(絶糧) 문제가 심각하여 서민을 대상으로 한 국토개발사업을 추진하고 있었다. 혁신계 대변지라고 할 수 있는 《민족일보》는 이 두 핵심적인 경제문제에 대해 다른 두 신문에 비해 상대적으로 낮은 관심을 보였다.

---

7) 《민족일보》 1961년 3월 13일자 논설 "반민주악법 반대투쟁을 위해".
8) 위의 신문 1961년 3월 12일자 논설 "반공특별법은 기본권의 유린이다".
9) 위의 신문 1961년 2월 28일자 논설 "행정부 국회 사법부는 혁명과업을 완수할 능력도 자격도 없다".

《민족일보》를 비롯한 당시 신문들은 사회문제에 대해서는 다른 주제에 비해 논설로 많이 다루지 않았다. 〈표 3-6〉에 드러나듯이 《민족일보》는 여러 사회문제에 대해 다른 두 신문과 엇비슷한 관심도를 보였다.

〈표 3-5〉 경제문제 논설의 유목별 사례 수

(괄호 안은 %)

	민족일보	동아일보	조선일보
경제정책(소계)	3 (21.4)	18 (54.5)	18 (52.9)
장기계획	1	3	3
물 가	0	2	2
유 통	1	1	2
금 융	1	2	3
외환 · 외자	0	4	4
국영기업	0	3	1
조 달	0	0	1
조 세	0	3	2
재 정	1 (7.1)	0 (0.0)	0 (0.0)
산 업	0 (0.0)	2 (6.1)	2 (5.9)
식량문제	3 (21.4)	3 (9.1)	2 (5.9)
국토개발	1 (7.1)	4 (12.1)	3 (8.8)
경제부정	5 (35.7)	4 (12.1)	4 (11.8)
노 동	1 (7.1)	2 (6.1)	5 (14.7)
계	14 (100.0)	33 (100.0)	34 (100.0)

〈표 3-6〉 사회문제 논설의 유목별 사례 수

(괄호 안은 %)

	민족일보	동아일보	조선일보
치 안	0 (0.0)	2 (15.4)	1 (5.3)
교 육	4 (33.3)	3 (23.1)	7 (36.8)
언 론	3 (25.0)	4 (30.8)	3 (15.8)
기 타	5 (41.7)	4 (30.8)	8 (42.1)
계	12 (100.0)	13 (100.0)	19 (100.0)

2) 1면 머리기사의 유목별 관심도

1961년 2월 13일부터 5월 19일까지 《민족일보》는 물론 《동아일보》와 《조선일보》가 1면 머리기사로 보도한 기사를 유목별로 분류한 결과는 논설 분석과 크게 다르지 않았다. 즉 〈표 3-7〉에서 볼 수 있듯이 《민족일보》는 다른 두 신문에 비해 남북문제에 관한 기사 비중이 훨씬 높았다. 《민족일보》의 남북문제에 대한 높은 관심은 논설보다 1면 머리기사에서 약간 높았다(〈표 3-7〉 참조). 즉, 남북문제에 관한 논설의 백분율이 전체 논설의 21.3%인 데 비해 1면 머리기사의 남북문제 백분율은 25.0%였다.

1면 머리기사 가운데 국제문제에 관한 기사를 국제정세, 대미관계, 대일관계, 기타의 하위유목으로 나누어 살펴본 결과 《민족일보》는 대미문제에 관심을 집중한 것으로 나타났다(〈표 3-8〉 참조). 대미문제에 대한 집중도는 《민족일보》의 논설에서보다 1면 머리기사에서 더 두드러졌다. 즉 국제문제 논설의 대미관계 백분율이 53.1%인 데 비해 1면 머리기사의 백분율은 66.7%였다.

〈표 3-7〉 1면 머리기사의 유목별 사례 수

(괄호 안은 %)

	민족일보	동아일보	조선일보
국 제	15 (16.3)	20 (21.1)	23 (24.5)
남 북	23 (25.0)	13 (13.7)	15 (16.0)
정 치	46 (50.0)	48 (50.5)	48 (51.1)
경 제	7 (7.6)	12 (12.6)	6 (6.4)
사 회	1 (1.1)	2 (2.1)	2 (2.1)
계	92 (100.0)	95 (100.0)	94 (100.0)

〈표 3-8〉 국제문제 머리기사의 유목별 사례 수

(괄호 안은 %)

	민족일보	동아일보	조선일보
국제정세	2 (13.3)	3 (15.0)	6 (26.1)
대미(소계)	10 (66.7)	7 (35.0)	11 (47.8)
한미경협	7	2	6
원 조	2	2	3
행정협정	1	1	1
기 타	0	2	1
대 일	3 (20.0)	7 (35.0)	4 (17.4)
기 타	0 (0.0)	3 (15.0)	2 (8.7)
계	15 (100.0)	20 (100.0)	23 (100.0)

남북문제에 관한 머리기사를 UN 토의, 통일정책, 남북교류, 통일운동, 북한동향 등의 하위유목으로 나누어 살펴본 결과, 다른 두 신문은 UN 토의에 관심을 집중한 반면에 《민족일보》는 통일정책과 남북교류, 통일운동 등 국내 차원에 관심을 쏟은 것으로 나타났다(〈표 3-9〉 참조). 《민족일보》의 UN 토의에 대한 낮은 관심도는 논설에서보다 기사에서 두드러졌다. 논설에서는 UN 토의에 24.1%의 관심을 보였으나 기사에서는 4.3%의 관심만을 나타냈다. 그 대신에 1면 머리기사에서 《민족일보》는 통일정책에 높은 관심을 쏟았다. 논설에서는 통일정책에 관한 백분율은 37.9%였으나 1면 머리기사에서는 43.5%였다.

정치문제에 관한 1면 머리기사를 논설 분석에서 설정한 하위유목인 행정, 국회, 정당, 혁명과제, 2대 악법, 용공조작, 기타로 나누

〈표 3-9〉 남북문제 머리기사의 유목별 사례 수

(괄호 안은 %)

	민족일보	동아일보	조선일보
UN 토이	1 (4.3)	8 (61.5)	12 (80.0)
통일정책	10 (43.5)	4 (30.8)	2 (13.1)
남북교류	5 (21.7)	0 (0.0)	0 (0.0)
통일운동	4 (17.4)	0 (0.0)	0 (0.0)
북한동향	1 (4.3)	1 (7.7)	1 (6.7)
기 타	2 (8.7)	0 (0.0)	0 (0.0)
계	23 (100.0)	13 (100.0)	15 (100.0)

어 살펴본 결과 〈표 3-10〉에 드러나듯이 《민족일보》는 다른 두 신문에 비해 2대 악법에 관한 관심이 현격하게 높았다. 《민족일보》의 2대 악법에 대한 백분율은 논설의 경우 34.7%였으나 1면 머리기사는 45.7%로, 논설에서보다 기사에서 이 주제에 대한 집중도가 높았다.

〈표 3-10〉 정치문제 머리기사의 유목별 사례 수

(괄호 안은 %)

	민족일보	동아일보	조선일보
행정(소계)	3 (6.5)	13 (27.1)	12 (25.0)
개각	1	10	9
인사행정	1	1	0
지방행정	0	1	0
경찰행정	0	1	3
기구	1	0	0
국회	4 (8.7)	5 (10.4)	10 (20.8)
정당	0 (0.0)	5 (10.4)	5 (10.4)
혁명과제	6 (13.0)	9 (18.8)	10 (20.8)
2대 악법(소계)	21 (45.7)	10 (20.8)	6 (12.5)
반공법	3	8	6
반공+데모	8	1	0
기타	10	1	0
용공조작	3 (6.5)	0 (0.0)	1 (2.1)
기타	9 (19.6)	6 (12.5)	4 (8.3)
계	46 (100.0)	48 (100.0)	48 (100.0)

경제문제에 관한 1면 머리기사는 사례 수가 적을 뿐만 아니라 《민족일보》가 다른 두 신문에 비해 특정 주제(경제부정)에 높은 관심을 보이지도 않았다. 〈표 3-11〉에서 볼 수 있듯이 《민족일보》는 논설에서는 경제부정에 대해 35.7%의 높은 관심을 보였으나 1면 머리기사에서는 경제관련 머리기사 7건 가운데 1건만을 보도하였다.

《민족일보》나 다른 두 신문이 사회문제를 1면 머리기사로 다룬 사례는 희소했다. 이런 현상은 사회면을 따로 두어 보도하는 관행에 기인한다.

〈표 3-11〉 경제문제 머리기사의 유목별 사례 수

	민족일보	동아일보	조선일보
경제정책(소계)	3	2	2
장기계획	0	0	1
물 가	0	0	1
유 통	0	1	0
금 융	1	0	0
국영기업	2	0	0
조 세	0	1	0
재 정	0	1	0
산 업	1	1	0
국토개발	1	0	0
경제부정	1	7	4
기 타	1	1	0
계	7	12	6

3) 《민족일보》와 다른 두 신문의 의제(*agenda*) 일치율

전술한 바 있지만, 《민족일보》가 논설이나 1면 머리기사로 다룬 의제를 《동아일보》나 《조선일보》가 같은 날짜나 하루를 전후하여 논설이나 1면 머리기사로 보도한 경우를 확인하여 이를 중복 발행일로 나누어 일치율을 산정하였다. 〈표 3-12〉에서 확인할 수 있지만 《민족일보》는 92호를 발행하는 동안 《동아일보》와 같은 날이나 하루를 전후하여 동일한 주제의 1면 머리기사를 16회 내보냈으며, 《조선일보》와 같은 주제의 1면 머리기사를 18회 내보냈으나, 《동아일보》와 《조선일보》는 같은 시기에 동일한 주제의 1면 머리기사를 44회나 보도하였다.[10] 그러나 논설에서는 세 신문의 의제 일치율이 20% 정도로 모두 낮은 편이었다. 분석결과는 〈표 3-12〉와 같다.

이 분석을 통해 두 가지 사실을 알 수 있다. 첫째, 논설에서는 세 신문의 의제 일치율이 한결같이 20% 안팎에 머물렀다는 사실이다. 즉, 《민족일보》와 《동아일보》가 동일한 의제를 동시에 논설로 다룬 경우는 중복발행일 92일 가운데 17회로 의제 일치율이 18%를 약간 넘었으며, 《민족일보》와 《조선일보》가 동일한 의제를 동시에 논설로 다룬 경우는 20회로 의제 일치율이 21%를 약간 넘었고, 《동아일보》와 《조선일보》는 중복 발행일 94일[11] 가운데 19회로 의제 일치율이 20%였다.

---

10) 전술한 바 있지만 《민족일보》는 1961년 2월 13일 창간하여 5월 19일 폐간 당하기까지 96일 동안 《서울신문》이 갑자기 인쇄를 중단하여 3일을 휴간하고 '신문의 날'을 기념하여 4월 8일자를 휴간하여 92호를 냈다. 《동아일보》와 《조선일보》는 같은 시기에 '신문의 날'을 기념하여 4월 7일자를 휴간하고 95호를 냈으나 《조선일보》는 군사혁명인 난 직후인 5월 17일자 1면 머리기사를 검열에서 삭제 당하였다. 따라서 1면 머리기사의 의제 일치율 산정에서는 이 신문과의 중복 발행일은 94로 하였다.

11) 《조선일보》 1961년 5월 18일자 1면 머리기사가 검열로 삭제되었기 때문에 두 신문의 중복 발행일을 94일로 계산하였다.

〈표 3-12〉 세 신문의 1면 머리기사와 논설의 의제 일치율

	신 문	일치사례	중복 발행일	일치율
1면 머리기사	민족 - 동아	16	92	17.4%
	민족 - 조선	18	92	19.6%
	동아 - 조선	44	94	46.8%
논설	민족 - 동아	17	92	18.5%
	민족 - 조선	20	92	21.7%
	동아 - 조선	19	95	20.0%

둘째, 《민족일보》가 다른 두 신문과 동일한 의제를 1면 머리기사로 다룬 비율이 매우 낮았다는 사실이다. 즉, 《동아일보》와 《조선일보》가 같은 날이나 하루를 전후하여 동일한 의제를 1면 머리기사로 올린 경우가 94일 가운데 44회로 의제 일치율이 46%를 넘지만 《민족일보》가 《동아일보》나 《조선일보》와 동일한 의제를 1면 머리기사에 올린 사례는 92일 가운데 20일 정도여서 의제 일치율이 20%에도 미치지 않았다.

1면 머리기사에서 《민족일보》가 다른 두 신문과 의제 일치율이 매우 낮은 것은 《민족일보》의 차별화 전략에 기인한다는 추정이 가능하다. 《동아일보》와 《조선일보》는 당시 국회에서의 예산안 처리방침, 당정개편, 대한중석 부정에 대한 국회조사, 일본 의원단 방한 등 시의성 있는 사안을 1면 머리기사로 올렸지만 《민족일보》는 이런 시의성 있는 의제보도에 소극적인 반면에 한미 경제원조협정, 2대 악법 제정 추진, 통일문제 등의 의제를 자주 1면 머리기사로 다루었다. 이는 이 신문이 뉴스가치 판정에서 시의성(*timeliness*)보다는 상대적으로 사회적 중요성(*social importance*)을 중시한 데 따른 것으로 이해할 수 있다. 이 신문은 논설에서도 같은 경향을 보였다. 《동아일보》와

《조선일보》는 시의성 있는 사안을 논설로 다룬 경우가 많았지만 《민족일보》는 중요성을 좇아 한미관계, 2대 악법, 통일문제 등을 주제로 한 논설을 수시로 실었다.

4. 《민족일보》의 편집전략

1) 주제선정: 선택과 집중

논설과 1면 머리기사의 유목별 관심도와 의제 일치율에 대한 지금까지의 분석을 통해 《민족일보》는 다른 두 신문에 비해 특정주제를 선택해 이에 대해 관심을 집중했으며, 이런 경향은 논설에서보다도 1면 머리기사에서 더 두드러졌음을 알 수 있다. 주제선정에서는 다른 보수신문이 시의성을 중시한 반면 《민족일보》는 사회적 중요성을 중시하여 논설이나 1면 머리기사의 의제를 선정하였다. 이를테면 국제문제 가운데서 《민족일보》는 대미관계에 높은 관심을 보였으며, 이 주제에 대한 집중도는 논설에서보다 1면 머리기사에서 두드러졌다. 남북문제에 대해서는 통일정책에 관심을 쏟았으며, 이 주제에 대한 집중도 역시 논설보다는 1면 머리기사에서 훨씬 높았다. 정치문제에 대해서는 다른 두 신문에 비해 2대 악법에 높은 관심을 보였으며, 집중도는 논설에서보다 1면 머리기사에서 훨씬 높았다.

이 연구에서 남북문제에 관한 논설을 UN 토의, 통일정책, 남북교류, 통일운동, 기타의 네 개 하위유목으로 나누었지만 이를 남북문제라는 한 주제로 간주한다면 이 문제야말로 《민족일보》의 가장 핵심적인 관심사였다고 할 수 있다. 이 밖에 대미문제와 2대 악법 문제가 이 신문의 3대 관심주제였다. 《민족일보》의 사설 136건 가운데 3대 주제인 남북문제(29건), 대미문제(17건) 및 2대 악법 문제(17건)에 관한 논설의 수가 63건으로 세 문제에 대한 집중도는 46.3%에 이른다. 같은 기간에 《동아일보》는 전체 논설 114개 가운데 혁명과제(16건), 대미문제(6), 남북문제(6) 등 이 신문이 많은 관심을 보인 3대 주제에 대한 논설을 28건 게재했다. 이 3대 주제에 대한 집중도는 24.6%에 지나지 않는다. 《조선일보》의 경우 같은 기간에 실은 논설

176건 가운데 혁명과제(13건), 대미문제(13건) 및 2대 악법 문제(12) 등 이 신문의 3대 주제에 대한 논설이 38건이며, 집중도는 21.6%에 불과하다(〈표 3-13〉 참조).

이런 분석결과를 바탕으로 시의성보다는 사회적 중요성을 감안하여 의제를 설정하고, 그 의제에 대해 집중 조명하는 '선택과 집중의 원칙'이야말로 《민족일보》의 핵심 편집전략이었다고 결론내릴 수 있다. 이런 편집전략은 《민족일보》가 짧은 기간에 많은 독자를 확보하는 데 긍정적 영향을 미쳤을 것이지만, 언론에 대한 통제권을 쥔 정부당국이 《민족일보》에 대하여 부정적 편견을 갖게 하는 데도 영향을 미쳤을 것이다.

〈표 3-13〉 세 신문의 핵심주제에 대한 논설의 사례 수

(괄호 안은 전체 논설 수)

민족일보(136)	동아일보(114)	조선일보(176)
남북문제 29	혁명과제 16	혁명과제 13
대미 17	대미 6	대미 13
2대 악법 17	남북문제 6	2대 악법 12
용공조작 7	인사행정 4	남북문제 8
혁명과제 6	국토개발 4	노동문제 5
	경제부정 4	
	외환관리 4	

2) 소구대상 선정: 지식인 지향성

유재일은 4·19 혁명 이후 활발히 전개된 민족자주통일중앙협의회(민자통)의 통일운동에 대해 논하면서 다음과 같이 지적하였다.

> 민자통은 기층 대중의 역량을 강화시키는 계획을 갖지 못하고 곧바로 대중정치투쟁에 들어갔다. 이 점은 민자통이 민중생존권 문제에 소홀히 한 측면과 깊이 관련되어 있다. 당시 민중의 생활상태는 피폐할 정도로 낮은 수준이었다. 1인당 평균소득은 80달러에 지나지 않았고 비농가의 경우 실업률이 무려 42%에 육박할 정도였다. 그러나 민자통은 민족자주화 운동을 민중생존권 투쟁과 효과적으로 결부시키지 못함으로써 기층대중을 동원 조직하는 데 한계를 지니게 되었다.[12)]

김광식도 혁신세력의 활동에 대해 비슷한 주장을 편 바 있다. 그는 4·19혁명 이후 등장한 혁신세력 대부분의 주체가 지식인들이었기 때문에, 민중운동이 소생하고 그 활성화의 가능성이 높아졌음에도 불구하고 민중운동을 지원하고 대중노선을 취하기보다는 지식인 중심의 정치투쟁에만 매진했다고 지적하고, 이는 당시의 혁신운동이 지식인운동의 차원을 벗어나지 못했음을 말하는 것이라고 주장하였다.[13)] 김광식은 당시 혁신계가 정치투쟁을 벌이면서도 보수 대 혁신의 갈등구조에만 집착하여 보수세력과 협조하거나 제휴하는 측면을 소홀히 하였다고 지적하고, 이를 지식인 조급주의로 규정하였다.[14)]

---

12) 유재일, "4월혁명 직후의 민자통의 통일운동", 《사회와 사상》(1989년 9월호) p. 305.

13) 김광식, "4월혁명과 혁신세력의 등장과 활동", 《한국사회 변혁운동과 4월혁명》 1 (한길사, 1990) p. 207.

14) 위의 논문 p. 207.

《민족일보》의 논설과 1면 머리기사의 주제에 대한 분석을 통해 《민족일보》 역시 민생문제보다는 정치투쟁에 매달림으로써 지식인 지향성을 벗어나지 못한 사실을 확인할 수 있다. 이 신문이 선정하여 집중적으로 보도하거나 논평한 5대 핵심의제는 남북문제, 한미 경제원조협정을 비롯한 대미문제, 2대 악법문제, 용공조작 문제 및 4·19 혁명을 통해 제시된 혁명과제 등이었다. 핵심의제가 모두 정치투쟁의 소재였다.

당시 우리나라의 경제실정은 참담하기 이를 데 없어, 비농가의 실업률도 그렇지만 농촌에서는 절량(絶糧) 문제가 심각해 보건사회부가 추정한 구호가 필요한 절량농가가 160여만 호에 달하였다. 이 문제를 해결하기 위해 정부는 대규모 구호사업의 성격을 띤 국토개발 사업을 추진하였다. 그러나 《민족일보》는 경제문제에 대한 관심 자체가 낮은데다 민생문제와 직결된 절량문제나 국토개발사업에 대해서도 집중적인 관심을 쏟지 않았다. 양적인 면도 그렇지만 질적으로도 마찬가지였다. 이 신문은 정부의 절량대책이나 국토개발사업에 대해 비판하였으나 구체적인 대안은 제시하지 않았다.

대학문제에 대한 이 신문의 관심은 이 신문의 지식인 지향성의 한 단면을 시사한다. 이 신문의 논설 가운데 민생과 직결되는 절량문제에 관한 논설은 3개, 국토개발사업에 관한 논설은 1개에 불과하지만, 지식인을 양성하는 대학교육 문제에 관한 논설은 4개에 이른다. 이들 세 개 주제에 대한 논설의 수는 통계적으로 의미 있는 차이라고 볼 수 없지만, 《민족일보》가 사회적 중요성을 뉴스가치의 핵심기준으로 삼은 사실에 비추어 보면 그 시사성(示唆性)을 결코 과소평가할 수 없을 것이다.

민자통이나 대학생이 민중운동을 지원하거나 대중노선을 취하기보다 지식인 중심의 정치투쟁에 매달린 사실은 비판의 소재가 될 수 있다. 그러나 《민족일보》가 지식인을 주 대상으로 설정한 데 대하여는 다른 평가가 가능할 것이다. 신문이란 원래 지식인이 소비하는 상품이어서 지식인을 주 대상으로 하는 것은 전략적으로 불가피하다. 특히 사회변혁에 관한 당대 지식인 집단의 관심과 잠재력을 고려한다면 지식인 중심주의의 불가피성을 쉽게 부정할 수 없을 것이다.

제 4 장

《민족일보》의 편집전략: 주관성의 파격

1면 머리기사 제목 내용분석

1. 문제제기

웨슬리(Bruce H. Westley)는 제목의 기능을 여섯 가지로 간추린 바 있다.[1] 첫째, 제목은 기사를 분류하는 기능(*indexing function*)을 한다. 그에 따르면 이것이야말로 좋은 제목의 가장 중요한 조건이다. 둘째, 제목은 정보를 정확하게 요약하여 전달한다. 제목만 읽어도 전체기사의 내용을 알 수 있어야 한다. 이 두 가지 기능이 제목의 핵심적 기능이다. 웨슬리에 따르면 이 밖에도 제목은 기사의 상대적 중요도(*relative significance*)와 상대적 심각성(*relative seriousness*)을 나타내며, 독자의 주의를 끌고(*attractiveness*), 신문의 특성(*character*)이나 안정감(*stability*)을 표현한다.

1) Westley, Bruce H.(1980), *News Editing*, Boston: Houghton Mifflin Company, pp. 131~132.

고전적으로 말하자면 웨슬리가 말한 대로 분류와 요약의 기능이 핵심적인 것임에 틀림없다. 그러나 현대 신문에서 역점을 두는 것은 제목이 무엇보다 독자의 시선을 끌 수 있어야 한다는 점이다. 플로트니크(Arthur Plotnik)가 말하였지만 천하제일의 기사라 하더라도 독자가 읽지 않으면 무가치하다.[2] 따라서 독자를 잡기 위해서는 무엇보다 기사의 제목을 잘 달아야 한다.

1961년 2월 13일 창간한 《민족일보》는 당대의 대표적 권위지인 《동아일보》나 《조선일보》와 대적하기에는 자본규모나 편집인력에서 열악하기 짝이 없었다. 그러나 이 신문은 단시일에 상당한 독자를 확보하는 데 성공하였다. 역사가 오랜 《동아일보》의 발행부수가 18만 부, 《조선일보》가 10만 부였는데, 《민족일보》는 단숨에 4만 5천 부의 발행부수를 올리는 데 성공하였다.[3] 주목할 만한 사실은 이 신문이 발행부수의 대부분을 거리에서 소화했다는 점이다. 이 신문에 참여한 조용준의 표현에 따르면 "4만여 부가 가판에서 불티나게 팔려"[4] 가판판매에 관한 한 《동아일보》나 《조선일보》를 앞섰다.

당시 이 신문을 사서 읽은 사람들은 내용이 진보적이기도 하려니와 외형적으로도 독자를 끄는 힘이 있었다고 기억한다. 우선 제목부터 다른 신문과는 달랐다는 것이다. 이런 기억은 사실과 부합하는가? 이 연구는 바로 이런 세속적인 의문에서 출발한다. 신문의 외형 가운데 가장 중요한 것이 1면 머리기사의 제목이다. 신문을 사려는 사람이 가판대에 놓인 신문을 보며 제일 먼저 시선을 주는 곳이 바로 1면 머

---

2) Plotnik, Arthur(1982), *The Elements of Editing: A Modern Guide for Editors and Journalists*, New York: Macmillan, p. 6.

3) 《민족일보》 사장 조용수의 재판과정에서 혁명검찰은 이 신문의 발행부수를 3만 5천 부로 기술하였으나 조용준(당시 기획실장)에 따르면 최고 4만 5천 부를 발행하였다.

4) 《오마이뉴스》 2005년 7월 5일, 구영식, 조용수 민족일보 사장의 친동생 조용준씨 인터뷰, "조용수 사건 배후는 박정희의 레드 콤플렉스".

리기사 제목이다. 이 연구에서는 《민족일보》의 1면 머리기사 제목만을 대상으로 내용분석을 통해 이 신문의 편집상의 특성을 알아보고자 한다.

2. 연구문제 및 연구방법

1) 연구문제

이 연구는 1면 머리기사의 제목을 대상으로 《민족일보》가 다른 신문에 비해 어떤 특성이 있는지를 알아보는 데 목적이 있다. 이 연구에서는 이 신문이 1면 머리기사에 제목을 몇 개나 달았으며, 제목의 크기는 어느 정도였는지, 제목 가운데 주관적 제목과 객관적 제목의 비율이 어느 정도인지 등을 계산하여 《동아일보》나 《조선일보》의 해당하는 바와 비교하고자 한다. 연구문제를 구체적으로 기술하자면 다음과 같다.

연구문제 1: 《민족일보》는 1면 머리기사에 몇 개의 제목을 달았으며, 《민족일보》가 단 제목의 수는 《동아일보》나 《조선일보》의 그것에 비해 어떠한가?

연구문제 2: 《민족일보》가 1면 머리기사에 단 제목의 크기는 어느 정도이며, 《민족일보》가 단 제목의 크기는 《동아일보》나 《조선일보》의 그것에 비해 어떠한가?

연구문제 3: 《민족일보》가 1면 머리기사에 단 제목 가운데 주관적 제목과 객관적 제목의 비율은 어느 정도이며 《민족일보》가 단 주관적 제목과 객관적 제목의 비율은 《동아일보》나 《조선일보》의 그것에 비해 어떠한가?

2) 연구방법

이상의 연구문제를 밝히기 위해 이 연구에서는《민족일보》가 창간호를 낸 1961년 2월 13일부터 이 신문이 폐간 당한 5월 19일까지 96일간의 세 신문의 1면 머리기사 전수를 비교 분석하였다.《민족일보》는 조간만을 발행하였으나 당시에《동아일보》와《조선일보》는 조석간을 발행하였는데 이 연구에서는《동아일보》와《조선일보》의 경우 석간만을 대상으로 삼았다. 이 기간에《민족일보》는 인쇄계약을 맺은 서울신문사가 정부의 압력을 받아 일방적으로 인쇄를 중단하여 3월 3일부터 5일까지 3호를 휴간하였다. 또한 '신문의 날'을 맞아 세 신문이 하루를 휴간하였다. 한편 5월 16일 군사정변을 일으킨 혁명군은《조선일보》5월 17일자 1면 머리기사 전부를 검열에서 삭제하였으며,《민족일보》의 1961년 5월 18일자 1면 머리기사 역시 제목을 모두 삭제하였다. 신문이 나오지 않았거나 검열로 삭제된 호를 제외한 세 신문의 머리기사 수는《민족일보》가 91개,《동아일보》가 95개,《조선일보》가 94개이다.

이 연구에서는 1면의 우측 최상단에 게재한 기사를 1면 머리기사로 규정하였다. 제목의 수는 주제목과 부제목을 합하여 집계하였다. 이 연구에서는 동판을 쓴 제목을 주제목으로, 활자를 사용한 제목을 부제목으로 간주하였다. 동판을 쓴 제목이 두 개 이상일 경우 동판이 큰 것을 주제목으로 하였으며, 한 문장을 여러 행으로 나누어 제목을 작성한 경우 행의 수를 제목의 수로 집계하였다. 예를 들자면《민족일보》는 1961년 4월 24일 1면 머리기사에 "국민의 신임여부 다시 물어야 한다"는 주제목을 달고 부제목으로 "경제파탄 외교실책 등 계기로 / 장 내각 6월에 새 정치위기봉착?"이라는 부제목을 두 줄로 달았는데 이 연구에서는 부제목이 2개의 행(行)이기 때문에 부제목 2개로 집계하였다.

미국에서는 내용분석을 할 때 기사가 차지하는 면적을 기사의 크기로 집계하는 경우가 많다. 그러나 우리나라에서는 기사의 크기를 비교할 때 제목이 차지하는 행(行)이나 단(段)의 크기를 기준으로 하는 것이 일반적이다. 이 연구에서는 머리기사의 단의 수는 제목이 차지하는 단의 수로 집계하였으며, 가로제목은 따로 행(行)의 수를 집계하였다.

한편, 제목 가운데 편집자의 주관을 개입함이 없이 사실 위주로 중립적으로 작성한 것은 객관적 제목으로 판정하였다. 사실을 요약하거나 인용문을 붙인 경우가 이에 해당한다. 반대로 편집자가 주관적 판단을 곁들여 작성한 제목은 주관적 제목으로 판정하여 집계하였다. 구체적으로 설명하자면, 제목에 주관적 평가나 판단이 개입한 경우, 예단이나 추정 또는 단정한 경우, 기원이나 주장, 선동 등을 한 경우, 주관성이 개입한 용어를 사용한 경우에 모두 주관적 제목으로 간주하였다. 제목 가운데 작은 따옴표(' ')를 달아 인용하였음을 밝힌 경우는 객관적 제목으로 판정하였으나 따옴표를 붙이지 않은 서술문은 인용한 것이라 하더라도 주관적 제목으로 간주하였다. 그러나 따옴표를 달지 않았다 하더라도 화자(話者)가 분명히 드러난 것은 인용문으로 간주하여 객관적 제목에 넣었다. 예를 들자면《민족일보》는 2월 24일자 머리기사로 "두 개의 한국 획책은 단호 불용"이라는 주제목 아래 두 줄로 "혁신계: 통일열망 무시한 것", "보수계: 자립까지 육성 환영"이라는 부제목을 달았는데 화자가 분명히 드러나기 때문에 따옴표를 달지 않았지만 객관적 제목에 포함시켰다.

단이나 행의 수를 계산하는 것은 주관이 개입할 여지가 없지만 제목이 주관적인지 아니면 객관적인지를 판정하는 데는 주관이 개입할 여지가 있다. 따라서 이 연구에서는 제목에 대해 복수의 판정인에게 주관적 제목인지 객관적 제목인지를 판별하게 한 뒤 결과가 일치하지 않을 경우 재검토 과정을 거쳐 확정하였다.

3. 연구결과

1) 1면 머리기사의 제목 수

1면 머리기사에는 당연히 주제목을 달고 이 주제목을 보완하는 부제목을 추가로 달게 마련이다. 조사결과에 따르면 《민족일보》는 폐간호에 이르기까지 92호를 냈으나 1961년 5월 18일자 머리기사는 검열로 제목이 삭제되어 판별이 불가능하다. 이 신문은 이 호를 제외한 91개 호의 1면 머리기사에 주제목 91개, 부제목 230개를 합해 모두 321개의 제목을 달았다. 평균적으로는 머리기사 하나에 주제목 1개와 부제목 2.5개, 도합 3.5개를 붙인 셈이다. 같은 기간에 《동아일보》는 95일간의 1면 머리기사에 모두 381개의 제목을 붙임으로써 머리기사 1개에 평균 4.0개의 제목을 달았으며, 《조선일보》는 94일간의 1면 머리기사에 모두 380개의 제목을 붙여 머리기사 1개에 평균 4.0개의 제목을 달았다. 제목의 수에서는 세 신문 사이에 유의미한 차이는 없는 셈이다.

그러나 가로제목과 세로제목의 비율에서는 《민족일보》와 다른 두 보수신문 사이에 의미 있는 차이가 나타났다. 《민족일보》가 1면 머리기사에 단 제목을 형태별로 가로제목과 세로제목으로 나누어 집계한 바에 따르면, 이 신문은 주제목 91개 가운데 가로제목을 47개, 세로제목을 44개 달아 세로제목의 백분율이 48.4%%에 이른다. 부제목은 230개 가운데 세로제목을 29개, 가로제목을 201개 달아 세로제목의 백분율이 87.4%인 것을 알 수 있다. 《동아일보》는 주제목 가운데 가로제목이 73개로 76.8%, 세로제목이 22개로 23.2%였으며, 부제목 가운데 가로제목이 38개로 13.3%, 세로제목이 248개로 86.7%였다. 《조선일보》는 주제목 가운데 가로제목이 85개로 90.4%, 세로제

〈표 4-1〉 유형별 표제의 수

(괄호 안은 %)

	주제목			부제목			계		
	가로	세로	소계	가로	세로	소계	가로	세로	계
민족	47 (51.6)	44 (48.4)	91 (100)	29 (12.6)	201 (87.4)	230 (100)	76 (23.7)	245 (76.3)	321 (100)
동아	73 (76.8)	22 (23.2)	95 (100)	38 (13.3)	248 (86.7)	286 (100)	111 (29.1)	270 (70.9)	381 (100)
조선	85 (90.4)	9 (9.6)	94 (100)	55 (19.2)	231 (80.8)	286 (100)	140 (36.8)	240 (63.2)	380 (100)

목 9개로 9.6%였으며, 부제목 가운데 가로제목은 55개로 19.2%, 세로제목이 231개로 80.8%였다. 부제목에 관한 한 세 신문 사이에 가로제목과 세로제목의 비율이 별 차이가 없으나 주제목에서는 《민족일보》의 세로제목의 비율이 다른 두 신문에 비해 월등하게 높은 것을 알 수 있다. 집계결과는 〈표 4-1〉과 같다.

2) 기사의 크기

전술한 바 있지만, 《민족일보》의 1961년 5월 18일자 머리기사는 검열로 제목이 삭제되었다. 그러나 이 호의 기사제목이 차지하는 단의 수는 확인할 수 있기 때문에 분석대상에 포함시켰다. 《민족일보》의 92개 호를 대상으로 1면 머리기사의 제목이 차지하는 단의 수를 집계한 결과 1면 머리기사의 평균 단 수는 6.0단이었다. 〈표 4-2〉에서 볼 수 있듯이 《동아일보》의 1면 머리기사 단 수는 평균 5.7단, 《조선일보》의 1면 머리기사의 단 수는 평균 6.0단이었다. 세 신문의 1면 머리기사의 크기는 의미 있는 차이가 아니었다. 세 신문은 1면 머리기사를 대체로 6단으로 처리하였다.

한편 가로 주제목의 길이를 집계한 결과, 《민족일보》가 1면 머리기사에 단 49개의 가로 주제목의 평균 행수는 63.1행이며, 《동아일보》의 그것은 평균 51.7행, 《조선일보》의 그것은 평균 48.3행이었다. 가로 주제목 길이에 있어 《민족일보》가 다른 두 신문에 비해 상당한 차이로 긴 것을 알 수 있다. 집계결과는 〈표 4-3〉과 같다.

《민족일보》는 다른 두 신문과는 달리 큰 사건이 터질 경우 여러 차례 통단(*banner*)으로 가로 주제목을 달아 보도하였다. 《민족일보》가 단 통단 가로 주제목은 모두 6개에 이르는 데 반해 《조선일보》는 같은 기간에 1개를 달았으며, 《동아일보》는 한 개도 달지 않았다. 《민

〈표 4-2〉 1면 머리기사의 평균 단 수

	총 단 수	기사 수	기사당 평균 단 수
민족일보	549	92	6.0
동아일보	546	95	5.7
조선일보	560	94	6.0

〈표 4-3〉 가로 주제목 기사의 평균 행 수

	총 기사 수	가로제목 기사 수	행 수	평균 행 수
민족일보	92	49	3,093	63.1
동아일보	95	71	3,671	51.7
조선일보	94	85	4,107	48.3

족일보》가 통단 가로 주제목을 붙여 보도한 기사는 서울신문사가 인쇄를 중단, 3일간 휴간한 후 속간한 3월 6일자 "제2공화국 언론자유 탄압 제1호!" 제하의 기사를 비롯하여, 장면 내각이 반공법과 데모규제법 제정을 추진한다는 3월 9일자 "장 내각, 양대 반민주법안을 추진" 제하의 기사, 4·19 1주년을 기념한 4월 19일자 "우리는 이 젊은 넋들에 무엇을 보답했는가" 제하의 기사, 4·19 기념식을 보도한 4월 20일자 "다시금 4·19 그날을 되살리려는 함성이 울린다" 제하의 기사, 이른바 '불알사태'[5]를 보도한 4월 25일자 "알 반군 불 본토침공 절박" 제하의 기사, 5월 16일의 군사정변을 보도한 5월 17일자 "육해공 해병이 쿠데타" 제하의 기사 등이며, 《조선일보》가 통단의 가로 주제목을 단 것은 5월 16일자 "군부 쿠데타 군사혁명위 조직을 발표" 제하의 기사다.

3) 주관적 제목과 객관적 제목의 비율

《민족일보》가 창간호부터 폐간호에 이르기까지 92개 1면 머리기사 가운데 1961년 5월 18일자 1면 머리기사는 검열로 삭제되어 제목의 주·객관성 여부를 판별할 수 없다. 이 호를 제외하고 이 신문은 91개 호의 1면 머리기사에 321개의 제목을 달았다. 1면 머리기사 1개당 평균 3.5개의 제목을 단 셈이다. 이 321개 제목 가운데 주관적 제목은 모두 136개로 42.4%를 차지하였다. 주제목과 부제목으로 나누어 살펴본 결과 주제목 91개 가운데 55개(60.4%)가 주관적 제목이었으며 부제목 230개 가운데 81개(35.2%)가 주관적 제목이었다. 부

5) 프랑스의 알제리 주둔군 사령관 오리에 장군이 이끄는 반란군이 드골 대통령의 알제리 정책에 불만을 품고 반란을 일으킨 사건.

〈표 4-4〉 주 · 객관형 제목의 수

(괄호 안은 %)

	주제목			부제목			계		
	주관형	객관형	소 계	주관형	객관형	소 계	주관형	객관형	계
민 족	55 (60.4)	36 (39.6)	91 (100)	81 (35.2)	149 (64.8)	230 (100)	136 (42.4)	185 (57.6)	321 (100)
동 아	23 (24.2)	72 (75.8)	95 (100)	24 (8.4)	262 (91.6)	286 (100)	47 (12.3)	334 (87.7)	381 (100)
조 선	9 (9.6)	85 (90.4)	94 (100)	34 (11.9)	252 (88.1)	286 (100)	43 (11.3)	337 (88.7)	380 (100)

제목보다는 주제목에 주관적 제목을 단 비율이 매우 높은 것을 알 수 있다.

《동아일보》와 《조선일보》가 제목에 주관적 제목을 단 비율은 《민족일보》에 비해 낮았다. 《동아일보》는 381개의 제목 가운데 주관적 제목이 47개로 12.3%였으며, 《조선일보》는 380개 제목 가운데 주관적 제목이 43개로 11.3%를 차지하였다. 《조선일보》는 특히 주제목에 주관적 제목을 다는 경우가 9.6%에 지나지 않았다. 집계결과는 〈표 4-4〉와 같다. 세 신문의 제목 가운데 주관적 제목이 차지하는 비율을 살펴보면 《민족일보》가 다른 두 신문에 비해 월등히 높고 《동아일보》와 《조선일보》는 주관적 제목의 비율이 서로 엇비슷함을 알 수 있다.

《민족일보》가 단 주관적 제목은 몇 개의 유형으로 나눌 수 있다. 첫째가 주관성 있는 용어를 사용한 경우다. 이 신문은 "공산책동 운운에 비상한 물의",[6] "공산지령 운운 되풀이로 더욱 충격",[7] "여당과 다름없는 신민당 지표에 실망",[8] "보수정책에 지친 국민",[9] "사대주의 아부근성의 망발",[10] "집권연장 위한 구차스런 술책",[11] "양두구육의 밀수방지법",[12] "완전히 위신 잃은 장 총리",[13] "민족정기 무시한 졸렬한 굴복",[14] "선언문 통해 열렬한 호응",[15] "늠름한 대열에 우뢰 같은 박수갈채"[16] 등의 제목에서 볼 수 있듯이 주관적 용어를 거침없이 사용한 경우가 많았다.

둘째는 주관적인 예측이나 예단을 드러낸 경우다. 이 신문은 가능성이 있으나 확실하지 않은 경우 물음표를 넣어 제목을 달았다. "한·미경협 비준동의를 거부?",[17] "혁명과업 수행을 방해?",[18] "현실적 통일의 길을 봉쇄?",[19] "악법반대 데모 전국에 확대?",[20] "데모 강압 검거선풍 반정부감정 더욱 격화?",[21] "정부 강력정치를 지향?", "2·4 파동 재판의 서곡?",[22] "평화선은 사실상 철폐?"[23] 등이 그런 예이다. 이 신문은 정부가 전업(電業) 3사를 통합하는 한국전력주식회사법의 제정을 추진하자 "통합된 후 1년 내에 파산 不免?"[24]이라

6) 《민족일보》 1961년 2월 16일자 1면 머리기사 주제목.
7) 위의 신문 1961년 2월 18일자 1면 머리기사 주제목.
8) 위의 신문 1961년 2월 21일자 1면 머리기사 주제목.
9) 위의 기사 부제목.
10) 위의 신문 1961년 3월 16일자 1면 머리기사 주제목.
11) 위의 신문 1961년 4월 22일자 1면 머리기사 부제목.
12) 위의 신문 1961년 4월 26일자 1면 머리기사 주제목.
13) 위의 신문 1961년 4월 28일자 1면 머리기사 주제목.
14) 위의 신문 1961년 5월 16일자 1면 머리기사 주제목.
15) 위의 신문 1961년 5월 19일자 1면 머리기사 부제목.
16) 위의 신문 1961년 5월 19일자 1면 머리기사 부제목.
17) 위의 신문 1961년 2월 14일자 1면 머리기사 부제목.
18) 위의 신문 1961년 2월 23일자 1면 머리기사 부제목.
19) 위의 신문 1961년 3월 14일자 1면 머리기사 주제목.
20) 위의 신문 1961년 3월 20일자 1면 머리기사 주제목.
21) 위의 신문 1961년 3월 24일자 1면 머리기사 주제목.
22) 위의 신문 1961년 4월 11일자 1면 머리기사 부제목.
23) 위의 신문 1961년 5월 15일자 1면 머리기사 부제목.

는 제목을 달기도 하였다.

이 신문은 가능성이 상당히 높다고 추정할 경우 '~할 듯'이라는 제목을 즐겨 달았다. "중석불 사건 추궁할 듯",[25] "혁신계, 13일 반대투위 구성할 듯",[26] "제 2의 2·4 보안법 파동 될 듯",[27] "보안법 보강 뒷받침이 목적인 듯",[28] "두 악법, 4·19전 통과 어려울 듯"[29] 등의 제목이 그 예이다. 미래의 전개과정을 단정한 경우도 있었다. "도각 공세로 발전은 필지(必至)",[30] "폐기될 운명의 두 악법"[31] 등과 같은 제목이 이에 속한다.

셋째는 주관적 판단이나 평가를 개입시킨 경우다. 이 신문은 2월 13일자 창간호 1면 머리기사에 "경제자립성을 모독 침해"라는 주제목을 달았다. 한미 경제원조협정이 경제적 자립성을 모독하고 침해하는 것이라는 주관적 평가를 제목으로 단 것이다. "국제감시 하 통일안은 획기적 진전",[32] "한국정치는 절망적 상태",[33] "반공법은 보안법보다 더 악명",[34] "3사 통합에 부서지는 노동자의 권익",[35] "국민의 귀와 입을 막으려는 처사",[36] "무능 부패 무성의로 일관",[37] "집권연장 위한 최후의 발악",[38] "민권 장송의 서곡된 회기 연장",[39]

24) 위의 신문 1961년 3월 30일자 1면 머리기사 부제목.
25) 위의 신문 1961년 3월 2일자 1면 머리기사 부제목.
26) 위의 신문 1961년 3월 12일자 1면 머리기사 부제목.
27) 위의 신문 1961년 4월 1일자 1면 머리기사 부제목.
28) 위의 신문 1961년 4월 3자 1면 머리기사 부제목.
29) 위의 신문 1961년 4월 4일자 1면 머리기사 주제목.
30) 위의 신문 1961년 2월 14일자 1면 머리기사 주제목.
31) 위의 신문 1961년 4월 23일자 1면 머리기사 주제목.
32) 위의 신문 1961년 3월 15일자 1면 머리기사 주제목.
33) 위의 신문 1961년 3월 27일자 1면 머리기사 주제목.
34) 위의 신문 1961년 3월 27일자 1면 머리기사 부제목.
35) 위의 신문 1961년 3월 30일자 1면 머리기사 주제목.
36) 위의 신문 1961년 4월 10일자 1면 머리기사 부제목.
37) 위의 신문 1961년 3월 31일자 1면 머리기사 부제목.

"감찰위원회, 기적 없는 한 있으나마나",[40] "썩지 않은 곳 없는데 50명으론 어려워",[41] "새로운 한국판 매카시즘",[42] "사실 무근의 중상모략",[43] "중립화 위한 남북총선의 시기 도래",[44] "통일정책에 갈팡질팡하는 보수진영",[45] "부패와 정실인사의 좋은 표본",[46] "재산청구어업문제 바타는 침략 일보"[47] 등의 제목에서 주관적 평가나 판단이 개입한 사실을 확인할 수 있다.

넷째는 주관적인 희망, 요구, 주장 등을 제목에 담은 경우다. "사명감당 못할 국회는 해산이 마땅",[48] "실정 은폐보다 인책 자퇴함이 마땅"[49] 등이 이 신문의 바람을 명시한 것이라면 "국토건설계획 폐지하라",[50] "구속데모대원을 석방하라",[51] "한국적 이념을 확립하라",[52] "남북 학생회담 실현 위해 지원하라"[53] 등의 제목은 요구사항을 내건 경우며, "국민의 신임 여부 다시 물어야 한다",[54] "북한 대표 UN에 참석시켜야 한다"[55] 등은 주장을 제목으로 단 경우다. "정권은 국민이

38) 위의 신문 1961년 4월 5일자 1면 머리기사 주제목.
39) 위의 신문 1961년 4월 12일자 1면 머리기사 주제목.
40) 위의 신문 1961년 4월 27일자 1면 머리기사 부제목.
41) 위의 기사 부제목.
42) 위의 신문 1961년 4월 29일자 1면 머리기사 부제목.
43) 위의 신문 1961년 4월 30일자 1면 머리기사 부제목.
44) 위의 신문 1961년 5월 4일자 1면 머리기사 부제목.
45) 위의 신문 1961년 5월 8일자 1면 머리기사 주제목.
46) 위의 신문 1961년 5월 9일자 1면 머리기사 부제목.
47) 위의 신문 1961년 5월 16일자 1면 머리기사 부제목(바타: *barter*).
48) 위의 신문 1961년 3월 31일자 1면 머리기사 부제목.
49) 위의 신문 1961년 5월 2일자 1면 머리기사 부제목.
50) 위의 신문 1961년 3월 22일자 1면 머리기사 주제목.
51) 위의 신문 1961년 4월 5일자 1면 머리기사 부제목.
52) 위의 신문 1961년 4월 20일자 1면 머리기사 부제목.
53) 위의 신문 1961년 5월 14일자 1면 머리기사 주제목.
54) 위의 신문 1961년 4월 24일자 1면 머리기사 주제목.
55) 위의 신문 1961년 5월 4일자 1면 머리기사 부제목.

민 족 일 보

"이땅이 뉘땅인데 오도 가도 못하느냐?"

痛哭소리 드높은 城東原頭

"舊惡은 언제가셔"

學生들「紀念式」서절규

그대의「햇볕」길이빛나리

젊은 獅子들 沈默「데모」

"以北쌀 以南電氣"

서울大生 各種 슬로간 내걸고

市警二千兵力動員

五千警察은 軍服待機

亂動者全員檢擧

招魂讀經구슬퍼

官製行事參加 거부

두동강이로 混亂한 紀念

下午엔 聲討大會

마이크도 빼앗아

마음의 示威만 조용히

中繼放送도 한때中斷

플래카드 내용을 머리기사 제목으로 뽑은 《민족일보》 1961년 4월 20일자 3면.

맡기는 것이다"[56]와 같은 제목이 선언적인 것이라면, "다시금 4·19 그날을 되살리려는 함성이 울린다",[57] "피로 찾은 민권 또 피 흘린다",[58] "정부 여당의 이 배신행위를 보라"[59]와 같은 제목은 당시 사회상황이 매우 혼란했다는 사실을 감안하면 가히 선동적이었다고 할 수 있다. 선동적인 제목을 붙인 대표적인 예로 1961년 4월 20일자 3면 머리기사를 들 수 있다. 이 신문은 이 기사에 "이 땅이 뉘 땅인데 오도 가도 못하느냐?"는 제목을 달았다. 1면 머리기사는 서울운동장에서 열린 4·19 1주년 기념식에 관한 기사로, 이 기사에는 제목과 관련있는 내용이 전혀 없다. 이 신문은 같은 지면에 "젊은 사자들의 침묵 데모"라는 주제목을 달고 서울대 학생들의 가두 침묵시위에 관한 스케치 기사를 실었는데, 서울대 학생들이 들고 간 플래카드에 적힌 내용 가운데 하나가 "이 땅이 뉘 땅인데 오도 가도 못하느냐?"였다. 학생들의 남북 학생회담 요구를 정부가 수용하지 않는 것을 비난하는 플래카드 내용을 이 신문은 머리기사의 제목으로 뽑은 것이다.

56) 위의 신문 1961년 4월 9일자 1면 머리기사 주제목.
57) 위의 신문 1961년 4월 20일자 1면 머리기사 주제목.
58) 위의 신문 1961년 4월 5일자 1면 머리기사 부제목.
59) 위의 신문 1961년 5월 9일자 1면 머리기사 부제목.

4. 《민족일보》의 편집전략

《민족일보》가 짧은 시일에 상당한 독자를 끌어모으는 데 성공한 이유는 무엇일까? 물론 가장 중요한 요인은 당시의 신문시장의 여건 변화에서 찾아야 한다. 6·25 전쟁은 한국 경제를 초토화하였을 뿐만 아니라 한국의 좌파세력을 궤멸시켰다. 그러나 전후 이승만 정권의 독재와 무능, 당시의 절대적 빈곤은 비판적 지식인을 양산하였다. 그들은 분단체제의 기득권자라고 할 수 있는 《동아일보》나 《조선일보》 등 보수신문으로서는 다가가기 어려운 대상이었다. 이런 새로운 소비자층의 생성은 《민족일보》에는 좋은 기회요인으로 작용하였다.

그럼 《민족일보》가 그 시장에 뿌리내리는 데 성공한 것은 불로소득(不勞所得)이었는가? 그렇다고 할 수는 없다. 시장요인이 《민족일보》에 기회를 제공한 것은 사실이지만, 그 시장에 접근하기 위해 적절한 편집전략을 구사하였기 때문에 《민족일보》가 시장에 성공적으로 뿌리내릴 수 있었을 것이다.

그렇다면 《민족일보》의 편집전략은 무엇이었는가? 이 물음에 답하기 위해서는 다양하고도 입체적인 연구가 이루어져야 한다. 그러나 이 연구를 통해 전략의 한 단면을 발견할 수 있다. 즉, 차별화한 편집이 독자의 눈길을 끄는 데 성공하였을 것이라는 가정이 가능할 것이다. 1면 머리기사 처리에서 이 신문의 차별화 전략은 두 가지로 집약할 수 있다. 주제목의 가로형태와 세로형태를 전술적으로 구사한 것이 그 하나라면, 주제목에 주관적 용어를 과감하게 사용한 것이 다른 하나이다.

1) 주제목의 형태: 가로 주제목의 차별화

1면 머리기사에 대한 분석을 바탕으로 《민족일보》가 주제목을 전술적으로 활용하였음을 알 수 있다. 《민족일보》는 1면 머리기사에 단 주제목과 부제목 수에서는 다른 보수신문과 별다른 차이를 보이지 않았다. 1면 머리기사의 단의 수에서도 다른 두 신문과 별로 차이가 없었다.

그러나 다른 신문이 가로 주제목을 단 경우가 《조선일보》의 경우 90%, 《동아일보》의 경우 76%를 넘는 데 반해 《민족일보》는 가로 주제목이 51.6%로 세로 주제목(48.4%)의 비율과 큰 차이가 없었다. 또한, 가로 주제목을 붙인 기사의 길이(행)에서 《민족일보》가 다른 두 보수신문의 가로제목 기사에 비해 길었다. 즉, 《민족일보》의 가로 주제목의 1면 머리기사는 평균 63.1행이었으나 《동아일보》와 《조선일보》는 각각 51.7행과 48.3행으로 대략 50행 안팎이었다.

이상의 결과를 바탕으로, 《민족일보》가 1면 머리기사에 세로 주제목을 상대적으로 많이 달았으며, 가로 주제목은 다른 신문에 비해 평균 10행 이상 길게 뽑은 것을 알 수 있다. 제목달기에서의 이런 관행은 독자로 하여금 가로 주제목 기사가 나갈 경우 주의를 기울이게 했을 개연성을 부정할 수 없을 것이다.

2) 주제목의 용어: 주관성의 파격

1면 머리기사 분석을 통해 드러난 《민족일보》의 또 하나의 편집 특성은 주제목에 주관적인 용어를 과감하게 구사한 사실이다. 《민족일보》는 전체 1면 머리기사 제목 338개 가운데 118개에 주관적 용어를 썼다. 다른 두 보수신문이 1면 머리기사의 제목에 주관성 용어를 쓴 비율이 15% 안팎인 데 반해 《민족일보》는 35%에 이른다. 《민족일보》는 특히 주제목에 주관적 용어를 구사한 경우가 많았다. 1면 머리기사의 주제목에 주관적인 용어를 쓴 경우가 《동아일보》는 24.2%, 《조선일보》는 9.6%였는데 《민족일보》는 60.4%였다. 특히 《민족일보》가 단 주관적 제목 가운데는 다른 두 신문에 비해 주관적 평가나 판단을 바탕으로 제목을 작성한 경우가 많았다. 때로는 주장이나 요구를 담은 주제목을 달았고 구호나 다름없는 선동적인 제목을 달기도 하였다.

《민족일보》의 일부 주제목은 주관적일 뿐만 아니라 당시 일반적인 편집관행에 비추어 파격적인 경우가 적지 않았다. "사대주의 아부근성의 망발",[60] "완전히 위신 잃은 장 총리",[61] "민족정기 무시한 졸렬한 굴복",[62] "통합된 후 1년 내에 파산 不免?",[63] "반공법은 보안법보다 더 악명",[64] "3사 통합에 부서지는 노동자의 권익",[65] "피로 찾은 민권 또 피 흘린다",[66] "구속 데모대원을 석방하라",[67] "집권연장 위한 최후의 발악",[68] "민권 장송의 서곡된 회기 연장",[69] "다시금 4·19 그날을 되살리려는 함성이 울린다",[70] "정부 여당의 이 배신행위를 보라"[71] 등의 제목이 그런 예에 해당한다.

---

60) 위의 신문 1961년 3월 16일자 1면 머리기사 주제목.
61) 위의 신문 1961년 4월 28일자 1면 머리기사 주제목.
62) 위의 신문 1961년 5월 16일자 1면 머리기사 주제목.
63) 위의 신문 1961년 3월 30일자 1면 머리기사 부제목.
64) 위의 신문 1961년 3월 27일자 1면 머리기사 부제목.
65) 위의 신문 1961년 3월 30일자 1면 머리기사 주제목.
66) 위의 신문 1961년 4월 5일자 1면 머리기사 부제목.
67) 위의 신문 1961년 4월 5일자 1면 머리기사 부제목.
68) 위의 신문 1961년 4월 5일자 1면 머리기사 주제목.
69) 위의 신문 1961년 4월 12일자 1면 머리기사 주제목.
70) 위의 신문 1961년 4월 20일자 1면 머리기사 주제목.
71) 위의 신문 1961년 5월 9일자 1면 머리기사 부제목.

제목에 주관성을 거침없이 구사하는 편집전략이 《민족일보》가 빠른 시일 안에 신문시장에 뿌리내리는 데 긍정적 요인으로 작용하였을 것임은 쉽게 추정할 수 있다. 그러나 이런 전략은 하나의 부메랑이 되어 《민족일보》의 단명을 초래하는 요인으로 작용하였을 개연성 역시 부정할 수 없다. 대안신문(*dissent papers*)이 파격적인 편집전략과 독자적 의견을 내세워 시장을 공략하는 것이 일반적 현상이라면, 그런 대안신문은 대체로 경영난으로 스스로 사라지거나, 보다 온건하고 합리적인 출판물로 성격을 바꾸어 존속하거나, 아예 온건한 출판물에 자리를 내주고 말거나, 그것도 아니면 정부권력에 의해 시장에서 쫓겨나는 것이 상례다. 《민족일보》는 불행하게도 네 가지 가능성 가운데 가장 비극적인 종말을 맞이하고 말았다. 군사쿠데타가 나자 《민족일보》는 새로운 '혁명세력'에 대한 기대를 거침없이 드러냈지만,[72] 쿠데타 세력이 《민족일보》에 되돌려준 것은 신문에 대한 폐간과 발행인에 대한 사형이었다.

72) 《민족일보》는 5·16 군사정변 직후 게재한 논설에서 "우리들은 민생고와 유관한 민족통일을 수행하는 기초가 새로운 혁명세력에 의하여 튼튼히 마련될 것과, 영예를 보전해야 할 우리들의 조국의 전도가 더욱 빛날 것을 믿어 의심치 않는다."고 기대를 나타내고, 내치외교의 획기적 일신과 민주적인 조명을 통해 군사위원회가 혁명과업을 완수하는 영광을 거두기를 기원하였다.(《민족일보》 1961년 5월 18일자 논설 "혁명위원회에 부치는 기대와 충언").

제 5 장

《민족일보》의 대미인식

1. 문제제기

2차대전 이후의 한국사 전개과정에서 미국은 줄곧 독립변인이었다. 승전국으로 한반도에 진주한 미국은 남한지역을 점령한 상태에서 소련과 신탁통치를 추진하였지만 벽에 부딪치자 남한에 단독정부를 구성하는 방향으로 정책을 전환하였다. 미군정은 극좌에서 극우에 이르는 다양한 이념의 정치세력 가운데 중도세력은 물론 통일정부 수립을 주장한 김구(金九) 그룹마저 배제하고 이승만(李承晩)과 한민당(韓民黨) 세력을 묶어 반공 단독정부를 세웠다.

미국의 군정통치는 공식적으로는 단정 수립과 함께 끝났지만, 한국정부가 수립된 초기부터 미국은 한국에 필요한 정치·경제·군사 원조를 제공할 수 있는 기본적인, 그리고 실제로는 유일한 원천이었다. 미국은 '큰형님'(*elder brother*)으로서 그에 상응하는 지위와 책임을 갖는 것으로 여겨졌다.[1)]

1) MacDonald, Donald Stone, (한국역사연구회 1950년 대반 옮김), 《한·미관계 20년사》(한울아카데미, 2001) p. 176.

특히 남한의 경제사정은 미국의 남한에 대한 영향력을 그대로 유지하게 만든 핵심적 변인이었다. 국토분단으로 인한 산업불균형은 경제적으로 남한을 자립이 불가능한 상태로 내몰았다. 이를테면 석탄의 80%, 강철의 95%, 수력전기의 90%등이 북한에 치우쳐 있었다. 남한은 농업지역이었지만 식량생산도 북한의 화학비료에 의존하고 있었기 때문에 분단은 농업에마저 심대한 타격을 입혔다.[2] 이런 상황에서 남한은 미국의 경제원조를 받아 취약하기 짝이 없는 자본주의 체제를 명맥이나마 유지할 수 있었다.

6·25 전쟁은 미국의 남한에 대한 영향력을 절대적인 것으로 한 차원 끌어올렸다. 파죽지세로 밀고 내려온 북한군을 막은 것도 미국이었고, 인천 상륙을 통해 일거에 대세를 반전시킨 것도, 그리고 종국에는 휴전체제를 성립시킨 것도 미국이었다. 미국이 없었더라면 이른바 '자유 대한'은 지구에서 사라졌을 개연성이 높다.

그러나 4·19 혁명이 일어난 뒤 남한의 지식인 사회에서는 미국에 의해 틀이 짜인 분단체제 전반에 대해 기본적이고도 광범한 회의가 제기되었다. 미국의 도움으로 나라를 되찾고, 식량부족을 해소하고 또 북의 남침으로부터 나라를 지킨 것도 사실이지만, 미국의 분단정책 때문에 전쟁의 위협이 상존하는 상황 아래서 살아야 하고, 산업구조가 불구상태에 놓이게 되었으며, 원조 때문에 자립경제가 요원해졌다는 비판도 아울러 공공연하게 제기되었다. 이런 움직임을 주도한 것이 좌파 지식인들이었고, 그 대변지 역할을 한 것이 《민족일보》였다. 《민족일보》의 눈에 비친 미국은 어떤 나라였는가? 여기서는 논설에 대한 내용분석을 통해 《민족일보》의 대미인식을 알아보기로 한다.

---

2) 이호재, 《한국 외교정책의 이상과 현실》(법문사, 2000) p. 407.

2. 연구문제 및 방법

1) 연구문제

2차대전 후 미국은 초강대국으로 부상하였다. 미국은 자국을 중심으로 현대 제국주의의 세계적인 정치·경제·군사체제를 형성하고 그에 의거해 사회주의와 반제 민족해방투쟁을 억제하는 '국제헌병'으로 등장하였다. 1950년대에 들어와 미국의 대소 봉쇄와 민족해방운동에 대한 개입은 더욱 적극화하였다. 특히 트루먼(Harry S. Truman)에 이어 대통령에 취임한 아이젠하워(Dwight D. Eisenhower)는 트루먼 봉쇄정책의 소극적인 성격을 비판하면서 대반격(*Roll Back*)을 내세운 일련의 개입주의 조치를 취하였다.[3] 대반격이란 전쟁이 터질 경우 대량보복을 불사한다는 전략이다. 미국이 이런 과감한 전략을 구사할 수 있게 한 힘의 바탕(*power base*)은 전략 핵무기였다. 미 국무장관 덜레스(John F. Dulles)가 1954년 1월 "우리가 선택하는 경우 우리가 선택하는 방법으로 즉시 보복하는 위대한 능력에 의시하는 것"이 미국이 채택한 대량보복전략의 핵심임을 천명한 것[4]도 바로 핵무기를 염두에 두고 한 말이었다.

그러나 1960년을 전후하여 미국의 세계전략은 새로운 위기에 봉착하였다. 종전 직후까지 미국에 비해 절대적인 군사적 열세를 면치 못한 소련이 1949년에 핵무기를 개발한 데 이어 55년에는 중거리탄도미사일(IRBM), 대륙간 탄도미사일(ICBM)의 실험발사에 성공하였고, 50년대 말에는 핵무기 운반능력에서 오히려 미국을 앞서기 시작

---

3) 한국역사연구회 현대사연구반, 《한국현대사》 2(풀빛, 1991) p. 72.
4) 위의 책 p. 73.

하였다.[5] 소련이 대륙간 탄도탄을 개발한 데 이어 무인 인공위성 발사에 성공함으로써 소련이 미국 본토를 공격하는 것도 가능해졌다. 그런데다 국제정세도 미국에 불리하게 전개되었다. 아프리카, 중동 등 구 식민지 지역에서 광범한 정치적 독립이 이루어지고, 1959년 1월 쿠바혁명이 일어났으며, 베트남에서 남베트남 민족해방전선이 무장투쟁으로 이행하였고, 한국에서는 1960년 4·19 혁명을 통해 친미 이승만 정권이 무너졌다. 이런 일련의 사태는 미국의 세계전략 수정을 불가피하게 만들었다.[6]

1961년에 등장한 케네디(John F. Kennedy) 정권은 선진 자본주의 국가체제의 재편성, 사회주의 진영과의 대결, 제3세계에 대한 적극적인 개입 등을 축으로 한 대전략(*Big Policy*)을 새로 채택하였다. 선진국에 대해 무역과 자본의 자유화를 요구하면서, 대소 핵 우위를 유지하되, 소련과는 대화하면서 중국을 봉쇄하여 사회주의 진영의 분열을 꾀하고, 국지전에 대응한 재래식 무기를 증강하며, 친미적 성향의 후진국에 대해 경제개발을 지원하는 것 등이 새 전략의 요지였다.[7]

이런 세계전략의 변화에 따라 동북아지역에 대한 미국의 정책도 변하게 되었다. 미국은 이를 이른바 지역통합전략으로 구체화하였다. 미국은 6·25 전쟁을 최대한 활용하여 이를 계기로 동북아지역의 여러 나라들과 군사동맹을 체결하였으며, 1950년대 중반에 이르러 동북아조약기구(NEATO)의 결성을 추진하였다.[8] 다른 한편으로 미국은 미-일-한의 3각 군사동맹체제를 구축하는 데 주력하였다. 미국에

---

5) 소정훈, "미 세계전략의 변화와 한일협정", 《해방 40년의 재인식》 1(돌베개, 1985) p. 285.

6) 한국역사연구회 현대사연구반, 《한국현대사》 3(풀빛, 1991) p. 73.

7) 위의 책 p. 73.

8) 한국역사연구회 현대사연구반, 《한국현대사》 2(풀빛, 1991) p. 73.

의존한 일본의 공업화와 일본의 원조를 통한 한국의 근대화를 완성하여 이들 두 나라가 극동지역에서 강력한 반공보루로서 역할을 수행하도록 하고자 한 것이다.[9] 이에 따라 미국은 1960년 1월 미·일 상호안보조약을 갱신하여 일본의 자위대를 강화하는 제도적 기반을 마련하는 한편 한·일 국교정상화를 체결하도록 한·일 양국에 강력히 촉구하였다.

이런 상황을 감안할 때 《민족일보》가 미국을 어떻게 인식하였는지를 알아보기 위해서는 미국 자체에 대한 인식은 물론 미국의 동북아 전략에 대한 인식을 아울러 살필 필요가 있다. 이 연구에서 설정한 연구문제를 구체적으로 기술하자면 다음과 같다.

연구문제 1: 《민족일보》는 미국에 대해 어떻게 인식하였으며, 이 신문의 인식은 《동아일보》나 《조선일보》의 인식과 어떤 차이가 있는가?

연구문제 2: 《민족일보》는 미-일-한의 동맹체제 구축에 대해 어떻게 인식하였으며, 이 신문의 인식은 《동아일보》나 《조선일보》의 인식과 어떤 차이가 있는가?

2) 연구방법

《민족일보》와 《동아일보》, 《조선일보》가 게재한 국제문제 논설을 유목별로 살펴보면 〈표 5-1〉과 같다. 이 연구에서는 우선 《민족일보》의 대미인식을 알아보기 위해 이 신문이 게재한 17개의 대미 논설

---

9) Bix, Herbert P., "지역통합전략—미국의 아시아정책에서의 한국과 일본"(김성환 외 역), 《1960년대의 인식》(거름, 1984) p. 208.

을 주 대상으로 하고, 미-일-한 동맹체제 형성에 대한 인식에 대하여는 대일 논설 4개를 주 대상으로 하여, 이들 논설에 나타난 바를 체계적으로 재정리하고자 한다. 그러나 이들 논설만으로 대미인식이나 미-일-한 동맹체제에 대한 인식을 분석하기에는 불충분하다. 따라서 다른 주제에 관한 논설에서 언급한 내용도 참조하기로 한다. 그 다음으로 《동아일보》와 《조선일보》의 관련논설에 나타난 주장을 재정리하여 《민족일보》의 인식과 비교할 것이다.

〈표 5-1〉 국제문제 논설의 유목별 사례 수

(괄호 안은 %)

	민족일보	동아일보	조선일보
국제정세	8 (25.0)	6 (37.5)	25 (56.8)
대미(소계)	17 (53.1)	6 (37.5)	13 (29.5)
한미경협	9	1	4
원 조	5	3	1
행정협정	0	0	2
기 타	3	2	6
대 일	4 (12.5)	2 (12.5)	3 (6.8)
기 타	3 (9.4)	2 (12.5)	3 (6.8)
계	32 (100.0)	16 (100.0)	44 (100.0)

3. 연구결과

1) 《민족일보》의 미국에 대한 인식

《민족일보》의 대미논설 17개를 주제별로 분류하면 〈표 5-1〉에서 보는 바와 같이 한미 경제원조협정에 관한 것이 9개, 미국의 대한원조에 관한 것이 5개, 기타가 3개이다. 이들 논설 가운데 한미 경제원조협정에 관한 것 역시 미국의 대한원조에 관한 것이므로, 이 신문의 미국에 대한 관심이 원조문제에 집중되었음을 알 수 있다. 여기서는 미국의 대한원조에 대한 《민족일보》의 주장을 주로 살펴보되, 이에 앞서 《민족일보》가 여러 논설에서 단편적으로 드러낸 바를 종합하여 미국에 대한 기본인식을 먼저 정리하기로 한다.

(1) 미국에 대한 기본인식

《민족일보》의 미국에 대한 시각은 한마디로 냉정하다. 이 신문은 한반도 분단이 동서냉전의 제물이었다고 인식하였다.[10] 미국과 소련이 자국의 이해관계에 집착하여 남북을 분단하고 말았다는 것이다. 이 신문은 "이승만과 같은 반민주적이고 반민족적인 독재자로 하여금 단독정부를 세우게 하고 그에게 모든 군사적, 경제적 원조를 베풀어 온 게 바로 미국이었다는 점에서, 김일성과 같은 괴뢰적 인물을 내세워 6·25 동란을 도발케 한 소련과 똑같은 정도의 정치적, 도의적 책임을 져야 한다"[11] 고 주장하였다. 《민족일보》는 재통일이 이루어지지 않는 책임 역시 미국과 소련에 있다고 보았다. 미·소가 "단일 민

10) 《민족일보》 1961년 2월 23일자 논설 "통일방안에 관한 시비".

11) 위의 신문 1961년 2월 24일자 논설 "두개의 한국은 그대로 둘 수 없다".

족국가인 한국을 38선이라는 인위적 장벽으로 양단하였고 그 38선의 존속을 획책"해왔다는 것이다.[12]

《민족일보》는 미국과 소련의 분단정책이 한국경제를 위축시킨 근본원인이라고 인식하였다. 분단으로 남북간의 유무상통이 불가능하게 되어 경제가 파탄위기에 몰리게 되었다는 것이다. 이 신문은 "우리의 국민경제는 일본의 식민지적 파행성을 물려받기는 하였으나 북한의 공업지대와 남한의 농업지대 사이에 서로 유무상통하여 그런 대로 남부럽지 않은 자립경제 발전을 이룩할 수 있을 만한 입지조건을 갖추었으나, 미국의 남북분단 정책 때문에 오늘과 같은 참경이 연유된 것"[13] 이라고 주장하였다. 따라서 미국은 "영락위축(零落萎縮) 되어 있는 국민경제의 현실사태에 대하여 책임져야 할 위치"[14] 에 있다는 것이다.

나아가 《민족일보》는 미국이 "해방자로서 이 땅에 진주한 시기부터" 우리의 경제적 자주기반을 파괴하고 있다고까지 주장하였다. 경인지구에 있던 일제유물인 전기 및 공작기계 설비들을 철거 · 훼손함으로써 국민경제의 공업화에 대한 가능성을 말살하였다는 것이다.[15] 이 신문은 미국이 "그나마 많지 않은 공업시설들을 철거, 훼손한 사실은 우리들로 하여금 농업국가에서 머뭇거리라고 강요한 것이나 다름없는 비우호적 행동"이었다고 지탄하였다.[16]

《민족일보》는 소규모이긴 하지만 일부 한국사람들 사이에 반미정서가 번져가고 있다고 전제하고 "미국의 원조와 후견과 보호를 다른

12) 위의 논설.
13) 위의 신문 1961년 3월 21일자 논설 "미국 경제원조에 대한 우리 민족의 절실한 요망".
14) 위의 논설.
15) 위의 신문 1961년 3월 17일자 논설 "미국의 대한 경제원조정책의 본질을 분석함—상".
16) 위의 논설 .

어느 자유국보다도 많이 받아왔다고 자타가 공인하는 대한민국에서 조차 (앤타이 아메리카니즘이) 사람들 입에 오르내리게 된 근본이유를 살펴볼 필요가 있다"고 지적하였다. 이 신문은 "앤타이 아메리카니즘은 미국의 대한정책을 비판적으로 보려는 지식인, 청년 및 학생들의 생각이 집중적으로 표현된 말"이라 규정하고 "미국의 대한정책이 오로지 미국만을 위한 것이 아니라 한국의 국가이익에도 부합하는 것이라야 반미정서가 해소될 것"이라고 주장하였다. 즉, "미국의 대한정책이 동서냉전에 있어서의 승리만을 위해서가 아니라 진정으로 한국사람들을 반세기 이상에 걸친 외세의 지배로부터 벗어나게 하고 통일된, 민주적이며 경제적으로 부흥된 독립국가를 이룩할 수 있는 방향으로 근본적 전환을 가져오지 않는다면 번져가는 앤타이 아메리카니즘의 딜레마는 해소되지 않을 것"이라고 본 것이다.[17]

(2) 미국의 대한 경제원조에 대한 인식

① 미국의 대한 경제원조

미국은 일본, 독일 등을 주요 대상국으로 하는 점령지역 행정구호원조(GARIO원조)의 일환으로, 군정기 3년에 걸쳐 남한에 총 4억 1천만 달러의 원조를 제공하였다. 그 내용은 식료품이 41.6%, 농업용품이 17%, 피복류가 10%로서 식량원조가 대종을 이루는 소비재 중심의 원조였다.[18]

이승만 정권이 출범한 후 미국의 원조는 경제안정을 위한 장기원조로 바뀌었다. 한미 원조협정에 의해 1949년에 개시한 ECA원조가 그것이다. ECA원조는 6·25 전쟁을 계기로 SEC원조로 대체 종결되고

17) 위의 신문 1961년 4월 6일자 논설 "앤타이 아메리카니즘의 본질".
18) 강만길, 《고쳐 쓴 한국현대사》(창작과비평사, 1995) p. 311.

이후 CRIK(1950~1956), UNKRA(1951~1959), ICA(1953~1961), PL480(1956~1971) 등 다양한 재원의 원조가 추가적으로 이루어졌다.[19] 이들 무상원조는 미국의 국제수지가 악화하는 1957년을 고비로 점차 줄어들고 유상차관 방식으로 바뀌어갔다.[20] 1953년 이후 재원별 원조량은 〈표 5-2〉와 같다.[21]

1945년부터 박정희 정권의 제1차 경제개발 5개년 계획이 시작되기 전 해인 1961년까지 미국이 제공한 대한원조의 총액은 약 31억 달러였다. 미국의 이런 막대한 원조는 2차대전 이후의 혼란기와 6·25 전쟁기의 극심한 식량난과 극도로 감퇴한 공업생산력을 극복하고 이승만 정권을 지탱하면서 남한의 자본주의 경제체제를 어느 정도 안정시

〈표 5-2〉 원조수입 총괄(1953~1959)

(단위: 1천 달러)

	CEC	PL480	ICA	CRIK	UNKRA
1953	232	-	5,571	158,787	29,580
1954	-	-	82,437	50,191	21,297
1955	-	-	205,815	8,711	22,181
1956	-	32,955	271,049	331	22,370
1957	-	45,522	323,267	-	14,103
1958	-	47,896	265,629	-	7,747
1959	-	11,436	208,297	-	2,471

19) 김대환, "1950년대 후반기의 경제상황과 경제정책", 한홍수 외, 《한국현대사의 재인식》(오름, 1998) p.199.

20) 강만길, 위의 책 p.311.

21) 한국은행, 《경제통계연보》, 1964, (김대환, 위의 책 p.199 재인용).

키는 데 도움이 되었다.[22]

그러나 그것은 8·15 광복 후의 남한경제가 당면한 과제인 식민지 유제청산과 자립적 경제구조의 형성, 민주적이고 생산적인 경제개발 주체 형성을 위해서는 부정적 역할을 하였다. 식량원조를 위한 미국의 잉여농산물 도입은 한때의 식량난을 해소할 수 있었으나 농업발전을 정체시켰고, 소비재 중심의 경제원조는 생산정책에 큰 차질을 빚어 생산확대를 저지하면서도 국민의 소비수준을 급격히 올려 소비구조도 대외의존도가 높아졌다.[23]

② 미국 원조에 대한 《민족일보》의 인식

《민족일보》는 미국의 대한 경제원조에 대해 매우 비판적이었다. 이 신문이 미국의 대한원조에 대하여 논하면서 강조한 바는 크게 네 가지로 요약할 수 있다. 첫째로, 이 신문은 많은 한국인이 미국의 원조를 "전적으로 미국의 자선가적 호의에서 공여되는 것"인 줄로 알고 있으나, "미국의 국내경제의 필요에 의해 창안된 것"이라고 누누이 강조하였다.[24] 미국은 2차대전으로 피해를 입은 것이 아니라 도리어 생산력이 증대되었으며, 이와 같은 조건 때문에 해외에서 유효수요를 조성하려는 노력을 하게 되었고, 그것이 종합적·계획적 성격을 띠어 원조정책으로 둔갑하였다는 것이다.[25] 이 신문은 "원조는 미국의 국가적 이익을 수호하기 위하여 필요한 것"[26]으로 원조의 대가로 자기들의 군사적 힘과 정치철학을 강요하고 있으며,[27] 자국의 과잉

---

22) 강만길, 위의 책 p. 311.

23) 강만길, 위의 책 p. 312.

24) 《민족일보》 1961년 3월 18일자 논설 "미국의 대한 경제원조 정책의 본질을 분석함—중".

25) 위의 신문 1961년 2월 21일자 논설 "한미경제협정에 대한 재론".

26) 위의 신문 1961년 3월 18일자 논설 "미국의 대한 경제원조 정책의 본질을 분석함—중"

상품을 원조 명목으로 제공함으로써 과잉상품을 처리함은 물론 앞으로의 시장확보를 꾀하고, 나아가 타국의 내정에까지 간섭할 기회를 장악하여 1석 3조의 효과를 보고 있다고 주장하였다.[28]

둘째로, 《민족일보》는 미국의 경제원조가 소비재에 집중되어 우리나라의 자립경제 구축에 아무런 도움을 주지 못하였다고 역설하였다. 미국이 "1945년 이후 30억 달러 정도를 원조하였다고 하나 이 가운데는 과잉군수품이던 레이션 박스(*ration box*)나 변질된 밀가루 등속까지 들어 있으며, 총액의 90% 이상이 소비상품, 즉 '먹고 쓰고 해서 없어진 것'이지 자립경제를 구축하기 위해 필요한, 생산에 기여되는 성질의 것은 아니었다"[29]는 것이다.

이 신문은 소비재 원조를 받는 해악으로 세 가지를 지적하였다. 첫째, 소비재를 들여와 국내산업을 위축 마비케 할 뿐만 아니라, 둘째 국민의 소비성향을 분수에 넘치도록 습관화시키고, 셋째, 이것을 계기로 해서 또 외부로부터 새로운 소비재 도입에 의존케 된다는 것이었다.[30] 이런 이유를 들어 이 신문은 "차라리 소비재 원조 없이 국민의 내핍생활을 토대로 한 기아건설"을 추구하는 것이 나을 것이라고 강조하였다.[31]

이 신문은 소비재 원조 가운데서도 특히 잉여농산물 도입의 문제점을 여러 차례 강조하였다. 미국의 잉여농산물이 들어옴으로써 우리 농업이 타격을 받아 식량의 자급자족이 불가능해졌다고 지적하였다.

---

27) 위의 신문 9161년 3월 14일자 논설 "국제감시하의 총선거는 통일을 위한 새로운 진전이다".

28) 위의 신문 1961년 3월 18일자 논설 "미국의 대한 경제원조 정책의 본질을 분석함－중".

29) 위의 신문 1961년 3월 17일자 논설 "미국의 대한경제원조정책의 본질을 분석함 - 상".

30) 위의 논설.

31) 위의 논설.

미국의 잉여농산물을 3천만 석 이상 도입하였으나 한국의 농업생산성은 일제 말엽에 비해 거의 같은 수준에 놓여 있으며,[32] 식량사정은 절대량이 연간 250만 석이나 부족할 정도로 암담한데, 이는 미국의 잉여농산물로 우리 농업이 위축 일로에 놓여 있기 때문이라는 것이었다.[33]

《민족일보》는 미국이 소비재 위주의 원조정책 대신에 한국의 자립경제 건설을 지원하는 방향으로 정책을 전환해야 한다고 강조하였다. 이 신문은 "미국이 우리의 자립경제 건설을 도와줄 의향만 있다면 지금까지 한국에 공여해 온 원조총액의 5분의 1 정도, 즉 6억 달러만 더 쓰면 한국경제는 족히 자립적 기초를 구축하고도 남음이 있을 것"[34]이라고 주장하였다. 농업생산을 충족수준까지 끌어올리기 위해 50만 kW의 신규전력, 1만 톤 정도의 세철 및 강철제품, 양수기 및 고마력 전동기 정도를 자급할 수 있는 공작기계만 있으면 더 바랄 것이 없으며, 이를 위해서는 "비싼 값으로 5억 달러만 있으면 능히 다 할 수 있을 것"이고, 이와 같은 기초산업의 지원으로 관개수리 사업을 전개하고 종자개량, 농경방법개량, 농지확장 등을 꾀한다면 식량을 완전히 자급할 수 있게 된다는 것이다.[35]

셋째로, 《민족일보》는 강대국의 후진국에 대한 경제원조가 필연적으로 예속화를 초래할 것이라고 주장하였다. "중남미 제국이나 아아(亞阿), 중근동 제국에서 볼 수 있듯이, 주는 측과 받는 측에 대차관계가 생기게 되고 나아가서는 채권국과 채무국으로서 주종관계가 생기게 되므로 종국적으로는 식민주의와 본질적으로 다를 것이 없게 된

32) 위의 신문 1961년 2월 15일자 논설 "매국론과 불가피론".

33) 위의 신문 1961년 3월 16일자 논설 "관례적인 절량소동".

34) 위의 신문 1961년 3월 22일자 논설 "미국 경제원조에 대한 우리 민족의 진실한 요망".

35) 위의 논설.

다"[36] 는 것이다. 이 신문은 미국이 한국에 대해 "자립경제는커녕 예속경제만 강요"[37] 하고 있다고 전제하고, 미국이 바라는 것은 한국의 자립경제 구축이 아니라 한국을 미국에 예속시키는 것이기 때문에 "원조에 의하여 한국이 자립경제를 건설하고 원조가 필요 없는 사태에 이르지 못하도록"[38] 하고 있다고까지 주장하였다. 이 신문은 미국의 원조정책을 "환자에게 아편을 맞히고 중독자가 되게 하여 수입을 올리는" 악덕의사에 비유하며, "미국의 원조정책이 극적 변화를 일으키든지, 미국의 경제체제가 자본주의 아닌 딴 방향으로 수정되기 전까지는 10년 더 원조가 계속된다고 하여도 한국민이 희구하는 자립경제의 터전을 갖추지 못할 것"이라고 단언하였다.[39]

넷째로, 《민족일보》는 케네디 정부의 원조정책 역시 큰 틀에서 종전과 다를 바 없다고 평가하였다. "미국의 대외정책을 냉전견지(冷戰堅持) 방향으로 몰고다니던 덜레스도 죽었고, 미국 독점자본체의 이익을 수호하는 데만 충직하였던 아이젠하워 전 대통령도 물러나고, 이제 뉴프런티어의 정책을 들고 나온 케네디 대통령 지도 하에 있는 미국이므로 대한 원조도 전과는 달리 자립경제를 돕는 방향으로 개선되리라는 희망을 품는 층"이 있으나 "워싱턴에서 공표된 케네디 행정부의 공식적인 대한 경제정책 노선은 실망을 주는 것"이었다고 지적하였다.[40] 이 신문은 미 행정부의 성명 가운데 "계속적인 냉전압력은 한국이 조속한 시일 내에 현재의 고식적인 원조로부터 자립경제를 꾀

---

36) 위의 신문 1961년 5월 9일자 논설 "일본의 정치경제 대표들의 빈번한 내왕과 우리 민족".

37) 위의 신문 1961년 3월 18일자 논설 "미국의 대한 경제원조정책의 본질을 분석함-중".

38) 위의 논설.

39) 위의 논설.

40) 위의 신문 1961년 3월 19일자 논설 "미국의 대한 경제원조정책의 본질을 분석함-하".

할 수 있는 장기계획으로의 이행을 막고 있다"고 한 대목을 예시하고, 이것은 "바꾸어 말하자면 한국은 언제 공산당의 침투를 받을지 모를 형편에 있으니까 자립경제를 만들어준다는 것은 미국으로 보아서 위험한 후과를 남기게 될지도 모른다"는 논지라고 주장하였다.

이 신문은 "이 성명 이후에 나온 케네디 행정부의 대한 경제원조에 관한 단편적인 보도를 샅샅이 뒤져도 한국의 자립경제를 위한 어떤 고무적인 내용을 찾아볼 수 없다"고 단정하였다. 케네디 대통령의 이른바 '효과적 자조국(自助國)에 대한 중점원조'의 대상에도 한국은 제외되었으며, 미국 외원기구의 단일화 구상에도 우리에게 희망적인 것을 발견할 수 없다는 것이었다.[41]

《민족일보》는 미국의 대한원조가 방위원조적 성격을 지니고 있어 미국의 세계 지배체제 확보를 위해 한국군의 국지전용 지상병력을 60만 명 규모로 계속 유지하려 할 것이며, 그에 따라 국제 과잉상품 투입에 의한 소비성 원조에서 생기는 대충자금[42]을 틀어쥐고 한국의 군사·경제적 지배권을 좀처럼 내놓지 않을 것이라고 전망하였다.[43] 또한 미국경제의 필요성 때문에 바이 아메리칸(*buy American*) 정책이나 십 아메리칸(*ship American*) 정책이 강화될 것이며, 약간의 투자적 성격을 띤 것은 예외 없이 빚으로 얻어야 할 것이고, 이윤이 높은 미국의 단기자본이 이 땅의 산업을 지배하게 될 것은 의심할 여지가 없다고 주장하였다.[44]

이상에 열거한 네 가지 인식을 바탕으로 《민족일보》는 한미간의 경제원조협정 체결에 적극 반대하였다. 이 신문은 협정이 체결되면

41) 위의 논설.
42) 제2차대전 후 미국의 원조물자를 받은 나라의 정부가 이것을 공정환율에 의해 국내에 팔아 얻은 국내 화폐자금.
43) 위의 논설.
44) 위의 논설.

"미국의 감독권이 더욱 강화되고 미국관계 고용인까지도 외교관의 대우와 모든 특혜조치를 베풀어주지 않으면 안 될"[45) 것이기 때문에 "어엿한 주권국 국민으로서의 자긍에서뿐만 아니라 길게는 한미 양국간의 견고한 우호관계를 위해서도 문제된 조항들이 마땅히 폐기되거나 대폭적으로 수정되어야 한다"[46) 고 주장하였다. 이 신문은 장면 정부에 대해 "문제된 조항을 책임지고 수정하든지 그렇지 못한다면 즉각 물러나야 한다"고 몰아세웠다.

협정이 조인된 후 이 신문은 "미국측의 발언권과 감독권이 강화됨으로 말미암아 한국경제는 보다 더 자주성을 상실하고 예속을 강화할 것"이라고 전망하였다. 이 신문은 대충자금이 국가예산의 70% 선을 차지하고 또한 무역에 있어서 원조자금이 80%를 차지하는 상황에서 예속은 불가피하다고 주장하였다. 또한 이 신문은 "원조에 의한 소비재 도입이나 PX의 유출루트를 통해서 이루어지는 외래품의 범람은 국민의 소비성향을 올리고 소비관습의 변질을 초래할 것은 뻔한 일"이라고 강조하였다.[47)

《민족일보》는 한미 경제원조협정에 임하는 장면 정부에 대해 매우 비판적인 태도를 보였다. 장면 정부는 미국의 원조만 애걸한 나머지 반국민경제적 조치인 환율인상을 약속하였으며, 나아가 주권침해는 물론 국민긍지로 보아서 도저히 용납할 수 없는 굴욕적인 한미 경제협정을 조인하여 국민으로부터 냉소를 자아내게 하고 있다는 것이다.[48) 이 신문은 장면 정부가 "미국측의 부당한 요구에 대하여 감연

45) 위의 신문 1961년 2월 15일자 논설 "매국론과 불가피론—단기적인 외원에 만족하여 민족건국의 원칙에 맞설 수는 없다".

46) 위의 신문 1961년 2월 18일자 논설 "보수계 의원들의 태도를 국민은 주시하고 있다".

47) 위의 신문 1961년 3월 2일자 논설 "한미경제원조협정의 발효".

48) 위의 신문 1961년 3월 17일자 논설 "미국의 대한 경제원조정책의 본질을 분석함-상"

히 항거하고, 안 주려면 안 주어도 좋다고 배짱을 부리고, 그 내용을 국민 앞에 공개하여 국민적 성원을 바라야 할 것이거늘 국민에게 내정간섭도 아니며 강압하지도 않았다는 식으로 오히려 미국을 변명해 주고 있다"고 지적하고, 이는 "장면 정부의 추종주의의 소산"이라고 비난하였다.[49] 또한 장면 총리가 한미 경제협정에 대한 반대를 "야당에 편승한 공산당의 음모"라고 말하자 이 신문은 "독재자로부터 이적행위를 한다는 낙인을 몇 번씩이나 받고, 국제공산당과 관련 있다고 몰리기까지 하던 그가 집권 반년여 만에 너무나 빠르게 독재자의 행실을 닮아가는 데에 놀라지 않을 수 없다"고 역공을 폈다.[50]

《민족일보》가 당시 우리나라의 경제적 어려움을 충분히 알면서도 미국의 원조에 비판적 태도를 보인 것은, 자립경제를 구축하기 위해서는 원조보다는 남북통일이 이루어져야 한다는 기본인식에 바탕을 둔 것으로 볼 수 있다. 한미 경제원조협정에 임하는 장면 정부에 대해 "장 내각으로서는 꿈에도 경제안정이 시급하다면 통일밖에 길이 없다고 응수해볼 만한 용기를 못 가진 것"[51]을 비판한 데서 이런 인식을 간파할 수 있다.

(3) 보수신문과의 인식 차이

논설에 나타난 《민족일보》의 대미인식은 두 가지로 요약할 수 있다. 첫째, 이 신문은 미국을 소련과 함께 냉전체제를 주도하는 제국주의 세력으로 간주하였으며 아울러 한반도 분할에 책임을 져야 할 나라로 인식하였다. 둘째로 이 신문은 미국의 대한원조가 자국의 국가이익을 추구하기 위한 것이며, 소비재 위주의 원조여서 한국의 자

49) 위의 신문 1961년 3월 27일자 논설 "주한 미국대사는 내정간섭을 삼가라".
50) 위의 신문 1961년 2월 16일자 논설 "장 총리의 망언은 묵과할 수 없다".
51) 위의 신문 1961년 2월 18일자 논설 "경제안정의 길은 따로 있다".

립경제 구축에 전혀 도움을 주지 않았고, 결과적으로 대미예속을 지속화할 것이며, 케네디 행정부 하에서도 이런 문제가 근본적으로 해소될 수 없을 것이라고 보았다. 이 신문은 이런 인식을 바탕으로 한미 경제원조협정에 대해서도 주권침해의 소지가 있다며 반대하였다.

그러나 보수신문인 《동아일보》와 《조선일보》는 《민족일보》와는 확연하게 다른 태도를 보였다. 첫째, 보수신문들은 미국을 자유진영의 대들보이자 강력한 동맹국으로 인식하였다. 《조선일보》는 미국의 라오스정책을 언급하면서 "자유진영이 라오스의 진정한 영구평화를 원한다면 그들이 다시는 공산침략을 받음이 없이 독립과 중립을 유지 발전시킬 수 있도록 근본적인 문제에 유의할 필요가 있다"고 강조하였다.[52] 케네디 미 대통령이 제3세계에서의 전쟁발발에 대비해 대량보복전략과 함께 국지전략 강화를 표방한 데 대해서도 적극 지지하였다.[53] 《동아일보》 역시 같은 논지를 폈다. 이런 기본인식을 바탕으로 두 신문은 주한 미국대사나 유엔군 사령관이 전임할 때면 거의 예외 없이 그들의 공덕을 칭송하는 논설을 실었다.

둘째, 보수신문의 친미적 태도는 미국의 대한 경제원조나 경제원조협정 문제에도 그대로 투영되었다. 《동아일보》와 《조선일보》는 미국의 원조를 받는 것이 불가피한 현실을 인정하고 한미 경제원조협정을 조속히 체결할 것을 주장하였다. 《동아일보》와 《조선일보》는 기본인식에 관하여는 차이를 보이지 않았으나 《동아일보》가 수원(受援)이나 한미 경제원조협정에 대해 능동적인 태도를 취한 반면에 《조선일보》는 상대적으로 신중한 태도를 보였다.

《동아일보》는 "방위지원뿐만 아니라 명실상부한 경제개발에 필요한 원조를 얻으려고 온갖 노력을 다해야 한다"고 전제하고, "온갖 노

52) 《조선일보》 1961년 2월 24일자 논설 "난관에 봉착한 라오스 중립안과 그 타개책".
53) 위의 신문 1961년 3월 30일자 논설 "케네디 대통령의 국방예산과 국지전략 강화".

력이라고 하는 것은 왔다갔다 하면서 달라달라 하는 것이 아니라 북한경제를 압도할 수 있는 계획을 세우는 동시에 그 계획을 성공적으로 실천할 수 있는 정책을 마련함으로써 미국의 당국자를 설득할 수 있도록 노력을 확충할 필요가 있다"고 주장하였다.[54] 이 신문은 "한국처럼 군사적 부담이 무거운 나라에서는 군사원조에 치중하게 되니까 경제원조를 소홀히 하게 되는 것도 있을 법한 노릇"이라 하여, 미국의 군원(軍援) 위주의 원조정책을 이해하면서도 군원(軍援)과 경원(經援)의 쌍전(雙全)을 추구해야 한다고 강조하였다.[55]

《동아일보》는 한미 경제원조협정 체결에 대해서도 적극 찬동하였다. 이 신문은 이 협정에 "한국정부는 미국 당국자들에게 사업 및 그 계획과 관계기록을 제약 없이 관찰하고 재검토할 것을 허용한다고 한 것과 미국정부 및 그 대행기관의 고용인은 모든 과세로부터 면제한다고 한 것 등은 일견 주권침해를 뜻하는 것처럼 느낄 수 있을 것"이라고 전제하고, 그러나 원조를 원조목적 이외의 목적에 사용할 우려가 많으며, 한국의 급여소득세의 세율이 고율이고 자동차 등을 반입하는 데 따른 관세도 고율이어서 과세면제가 불가피하다고 주장하였다.[56]

《동아일보》에 비해 상대적으로 신중한 태도를 보인 《조선일보》는 "원조가 국민 전체를 위하여 제공된다는 공감을 갖도록 하려면 원조의 사회정책적인 면을 중요시하여야 한다"고 전제하고 "불행히도 과거의 실정은 미국의 원조가 결과적으로 극렬 보수세력과 부패재벌의 결탁에 의한 비대만을 조장하여 온 것"을 부인할 수 없으므로 앞으로 이를 시정해야 한다고 강조하였다.[57] 《조선일보》는 한미 경제협정에

54) 《동아일보》 1961년 3월 16일자 논설 "원조획득 노력을 확충하라".
55) 위의 신문 1961년 4월 13일자 논설 "대한원조의 전기에 즈음하여".
56) 위의 신문 1961년 2월 16일자 논설 "한미경제협정을 정해하자".
57) 《조선일보》 1961년 4월 22일자 논설 "루씨의 경제사절 부임설과 원조행정 개

관하여도 주권논쟁을 불식할 수 있을 만큼 세밀한 검토를 병행해야 한다고 정부에 촉구하였으며[58] 국회에는 원조의 목적을 비롯하여 절차, 대충자금의 예산상·세법상 문제 등 실무적 사안에 대하여도 세밀하게 심의할 것을 당부하였다.[59]

《조선일보》는 또한 장면 총리가 기자회견을 통해 한미 경제협정이 각서교환 형식이어서 국제관례상 수정이 불가능하며, 이 협정에 대한 반대가 공산당의 책동과 관련이 있는 듯이 말한 것을 비판하였다.[60] 주권국가라면 일단 효력을 발생한 조약에 대해서라도 조약에 규정된 절차에 따라 조약을 폐기, 수정, 연장, 갱신할 수 있을 것이며, 조약에 그런 절차규정이 없다하더라도 그런 제의를 할 수 있다고 강조하였다. 이 신문은 이런 주장을 바탕으로 "공산당의 책동을 뒷받침할 만한 사실이나 증거도 없이 협정반대를 공산당과 연계시키는 것은 공갈이나 억압의 수단이라고 오해받을 충분한 소지가 있다"고 주장하였다.

미국과 소련을 정점으로 한 동서냉전체제 하에서 한국이 친미 반소 노선을 분명히 한 가운데 국가이익을 추구해야 한다는 인식체계를 냉전이데올로기라고 정의할 수 있다. 이와는 달리 남북분단의 책임이 미·소 양대국에 있으며 한국은 미국에 대해서도 자주적 태도를 견지한 가운데 국가이익을 추구해야 한다는 인식체계를 수정주의 이데올로기라고 정의할 수 있을 것이다.

《민족일보》와 두 보수신문의 논설에 나타난 바에 따르면, 《민족일보》는 미국과 소련에 한국분단의 책임이 있으며, 한국에 대한 미국

선책"

58) 위의 신문 1961년 2월 17일자 논설 "한미경제협정을 에워싼 주권침해 논의의 귀결".

59) 위의 신문 1961년 2월 27일자 논설 "국회의 경제원조협정에 대한 심의에 부치는 우리의 요망".

60) 위의 신문 1961년 2월 17일자 위의 논설.

의 원조는 소비재 위주여서 자립경제 구축에 도움을 주지 않을 뿐만 아니라 대미예속을 지속시킬 것으로 인식하였다는 점에서 수정주의적이었다고 볼 수 있다. 반면에 《동아일보》와 《조선일보》는 미국을 자유주의 세계의 대들보이자 한국의 동맹국으로 인식하고 미국의 대미원조를 능동적으로 수용할 것을 주장하였다는 점에서 냉전추수적이었다고 평가할 수 있을 것이다.

2) 《민족일보》의 미-일-한 동맹체제 구축에 대한 인식

대일관계를 주제로 한 논설은 〈표 5-1〉에서 본 바와 같이 《민족일보》가 4개, 《동아일보》와 《조선일보》가 각각 2개와 3개로 매우 적다. 이들 논설을 주제별로 분류하자면 《민족일보》는 한일 국교정상화에 관한 것이 1개, 일본 정재계(政財界) 대표단의 방한에 관한 것이 1개, 일본의 전력차관(電力借款)에 관한 것이 1개이다. 일본 정재계 대표의 방한관련 논설도 한일회담을 전제로 한 것이어서 일본에 대한 관심은 한일 국교정상화 문제에 집중되었음을 알 수 있다. 《동아일보》의 관련논설 2개는 모두 일본 의원단의 방한문제를 다룬 것이고, 《조선일보》의 관련논설 3개는 모두 한일회담에 대한 것이다. 여기서는 이들 논설을 주 대상으로 하되 다른 논설에 단편적으로 드러난 바를 보완하여 일본에 대한 기본인식과 미-일-한 동맹체제에 관한 인식을 정리하기로 한다.

(1) 미-일-한 동맹체제 구축에 관한 인식

① 미-일-한 동맹체제의 추진과정

전술한 바 있지만, 1950년대 말에 이르러 미국의 소련에 대한 핵 우위가 무너지자 미국은 세계전략을 대반격 전략에서 유연대응 전략으로 바꾸었다. 이는 미국이 소련과의 전면전을 상정하지 않은 것은 아니지만, 미국의 실질적 대소 군사정책을 핵무기 경쟁에 치중하고, 현실적 군사행위의 가능성은 국지전쟁과 게릴라전쟁에 한정한다는 것을 의미하였다.[61] 이런 세계전략의 변화에 따라 동북아 지역에 대한 미국의 전략은 지역통합전략으로 구체화되었다.

지역통합전략의 내용은 미-일-한 군사동맹체제를 구축하여 중국을 봉쇄한다는 것이었지만, 그 핵심은 이 지역에 대한 일본의 역할을 대폭 강화하는 것이었다. 이런 전략변화에 따라 미국은 1960년 일본과 이른바 신 안보조약을 맺었다. 1951년의 샌프란시스코 대일 강화조약이 미국에 대한 일본의 기지대여 협정의 성격을 띤 것이었다면 신 안보조약은 상호협력 및 안전보장조약이라는 명칭에서 드러나듯이 군사동맹의 성격을 분명히 한 것이었다.[62]

미국은 일본과의 신 안보조약을 체결해 미-일-한 군사동맹체제의 기반을 닦은 뒤 6·25 전쟁 종전이후 교착상태에 빠져있던 한일 국교 정상화를 한일 양국정부에 강력히 촉구하였다. 미국으로서는 한일관계의 비정상 상태야말로 동맹체제 구축의 가장 큰 걸림돌이었다. 이승만의 완강한 반일정책이 그런 비정상상태의 중심에 자리잡고 있었으나, 4월혁명으로 이승만 독재가 무너짐으로써 그 걸림돌은 자연 소

61) 한국사연구회 현대사연구반, 《한국현대사》 3(풀빛, 1991) p. 73.

62) 소정훈, "미 세계전략의 변화와 한일협정", 송건호·박현채 외, 《해방 40년의 재인식》 I (돌베개, 1985) p. 287.

멸되었다. 미국은 새로 등장한 장면 정부에 한일관계를 정상화하도록 강력히 종용하였다.

② 미-일-한 동맹체제에 대한 《민족일보》의 인식

한일회담은 한일 양국의 적대관계를 해소하고 국교를 정상화하기 위한 것이었지만 미국의 입장에서 보면 그것은 미-일-한 군사동맹체제를 구축하는 한 단계에 지나지 않았다. 《민족일보》는 결론적으로 말하자면, 한일 국교정상화에 대해 원칙적으로 그 필요성을 인정하면서도 그것이 미-일-한 동맹체제를 형성하는 한 단계라는 점을 지적하는 데 초점을 맞추었다.

《민족일보》는 "한일회담이 조속한 시일 내에 종결되어야 한다"[63]고 주장하였다. 이 신문은 양국의 국교정상화가 하루빨리 이룩되는 것은 "양국 정부만이 아니라 우호적인 양국 인민의 공통된 요망"[64]이라고 강조하였다. 그럼에도 불구하고 양국관계가 정상화하지 못한 이유에 대해 이 신문은 "보편적으로 알려져 있듯이 이승만의 배일벽(排日癖)에 기인한다는 것도 일리가 있지만"[65] 그보다는 "먼저 일본의 옹졸함을 지적하지 않을 수 없다"고 강조하였다.[66] 일본이 한국에 대하여 속죄하여야 할 입장에 있어야 함은 세계가 공인하는 바이며, 동시에 일본이 물심양면에 걸쳐서 속죄할 수 있을 만큼 여유가 있다는 것도 사실인데,[67] 국교정상화에 소극적인 것이 문제라는 것이다.

한일 국교정상화에 대해 원칙적으로 그 필요성을 인정하면서도

---

63) 《민족일보》 1961년 4월 21일자 논설 "한일회담은 빨리 타결할수록 양국 모두 이롭다".

64) 위의 신문 1961년 5월 14일자 논설 "정부의 대일 정책은 조국분단을 전제로 한 굴욕적인 것이다".

65) 위의 논설.

66) 위의 논설.

67) 위의 논설.

《민족일보》는 한일 국교정상화가 미국의 권유로 이루어지고 있는 사실을 지적하였다. 이 문제에 관한 《민족일보》의 경계심은 아래 논설에 역연하게 드러난다.

> (한일 국교정상화에 대해) 우리로서 환영을 보류하는 이유는 간단치 않다. 한일 관계당국자들의 공식적 부인에도 불구하고 최근에 이르러 갑자기 활발하여진 한일간 협상접촉의 이면에는 미국이 중재자적 위치에서 시종 그림자처럼 따라다니고 있다는 사실을 잊을 수 없다. 더욱이 미국의 한일관계 긴밀화를 위한 거중조정 노력의 배경에는 한일 친선 그것보다는 미국을 중심으로 한 한일 및 동북아 제국들과의 정치, 군사, 경제블럭화 공작이 숨어 있음을 간과할 수 없다. 이것은 일찍이 미국의 동서냉전에 대비하는 정·전략(政·戰略)의 일환으로서 일본을 아세아의 공장으로 키우는 동시에 미국 권익을 지키는 헌병으로 만들겠다는 미국 고등정책의 기본구상 속에서 안출되어 나왔다고 보기 때문이다.[68]

이 신문은, 미국의 당초 전후처리 구상은 호전적인 독일을 목축국가로 만들고 일본은 수공예품 제조국가로 만드는 것이었으나, 공산주의 침투를 막기 위해서는 두 나라의 공업능력을 온존, 배양시켜야 한다는 냉전전략에 따라 "그제의 적들과 손을 나란히 잡게 되었다"고 전제하고,[69] 미국은 "일본 제국주의를 부활시켜 아세아의 공장이요, 헌병으로서 미국의 기득 권익의 청지기로 삼아 (동북아 방위에 적극 참여시키는 대신에) 그 반대급부 조건으로 일본으로 하여금 한국을 관리케 하려는 기본구상을 한 지가 오래되었다"고 주장하였다.[70]

---

68) 위의 신문 1961년 5월 9일자 논설 "일본의 정치 경제 대표들의 빈번한 내왕과 우리의 의혹".

69) 위의 신문 1961년 3월 18알자 논설 "미국의 대한 경제원조정책의 본질을 분석함-중".

《민족일보》는 이런 미국의 지역통합전략이 한반도의 분단을 고착시킬 개연성이 높다고 보았다. 이 신문은 "한일 국교정상화를 통해 재산청구권을 포기하는 대신에 평화선을 후퇴시키는 것도 좋고, 일본의 경제원조를 받아서 한국의 실업자를 위해 다소나마 일터를 장만하는 것도 좋지만, 한일 관계정상화는 한국측의 일방적인 후퇴와 양보 속에서 이루어지는 것일 뿐만 아니라 거꾸로 통일도 그만큼 지연시키는 것이라는 점에 문제가 있다"고 주장하였다.[71)]

(2) 보수신문과의 인식 차이

《민족일보》는 한일 국교정상화를 원칙적으로 찬성하면서도 그것이 미국의 세계전략에 부응하는 방향으로 이루어지고 있는 점에 대해 우려하였다. 그러나 《동아일보》는 한일 국교정상화가 자유진영의 공동이익을 위해 필요하다고 보았다. 《동아일보》는 "북한의 건설과 중공의 팽창은 한일 양국에 대해서뿐만 아니라 전 자유세계에 대해서도 중대한 위협이 되고 있다"고 전제하고 한일 양국민이 자유를 유지하기 위해 협력해야 한다고 강조하였다.[72)] 이 신문은 한일 양국민의 부정적 감정상태와 공산측의 방해가 국교정상화를 막는 요인으로 작용하고 있다고 지적하고,[73)] 한일 양국정부에 대해 대의를 위해 정치적 타결의 길을 모색할 것을 권고하였다.[74)]

《조선일보》는 한일 국교정상화 회담을 미국의 세계전략과 결부시

---

70) 위의 신문 1961년 3월 19일자 논설 "미국의 대한 경제원조정책의 본질을 분석함-하".

71) 위의 신문 1961년 5월 14알지 논설 "정부의 대일정책은 조국분단을 전제로 한 굴욕적인 것이다".

72) 《동아일보》 1961년 4월 18일자 논설 "한일양국의 이해 촉진을".

73) 위의 논설.

74) 위의 신문 1961년 5월 9일자 논설 "정치적 타결의 길".

키지 않았다. 이 신문은 재일교포의 법적 지위를 보장하고, 그들의 강제북송을 막거나 그들을 한국으로 귀국하게 하며, 청구권을 받아 경제재건과 산업부흥에 활용하기 위해 국교를 조속히 정상화할 필요가 있다고 강조하였다.[75] 이 신문은 또한 일본측에서 볼 때도 국교정상화를 통해 통상을 증진하고 평화선 문제를 타결하는 것이 이로운 일일 것이라고 주장하였다.[76] 이 신문은 한일 국교정상화를 추진하되 한국정부는 대일 청구권을 양보해서는 안되며 일본도 이를 경제차관으로 대치하려 해서는 안 된다는 점을 강조하였다.[77]

---

75) 《조선일보》 1961년 4월 16일자 논설 "한일회담의 조속한 타개를 위하여".

76) 위의 논설.

77) 위의 신문 1961년 5월 15알자 논설 "국민의 신임과 유리된 대일정책은 있을 수 없다".

4. 논의: 반미와 반제정서

《민족일보》는 미국의 경제원조의 본질을 논한 1961년 3월 17일자 논설에서 다음과 같이 주장하였다.

> 6·25 전쟁은 우리 국민에게 2백만 명 이상의 인명살상을 결과한 것 외에도 약 40억 불에 달하는 물적 피해를 남겼다. 이러한 물적 피해의 대부분은 생산적인 성격을 가졌었다는 것을 상기할 때, 우리는 아직도 전쟁피해를 완전히 복구 내지 보전(補塡)하지 못하고 있는 셈이다. 지난 1945년으로부터 현재에 이르는 동안의 미국의 원조 총액이 30억 불 정도에 불과한 데 비추어 아직도 10억 불 이상의 전쟁피해 보상을 받아야 할 입장에 있는 것이다.[78]

6·25 전쟁에 뛰어든 미국은 한반도의 광범한 지역에 가공할 만한 폭격을 단행하며 반격작전을 폈다. 특히 북한지역에 대한 폭격은 당시로서는 상상을 초월한 것이었다. 그렇다고 하더라도 한국이 미국에 대해 6·25 전쟁에 대한 피해보상을 요구할 수 있을까? 6·25 전쟁은 북한의 남침으로 비롯되었다는 사실, 미국 역시 6·25 전쟁에 많은 전비를 투입하였으며 인적 희생을 감수했다는 사실, 그리고 한국이 실지를 회복하고 공산당 지배를 벗어난 것은 미국의 참전 덕분이었다는 국민의 광범한 인식 등을 생각한다면 미국에 대한 피해배상 주장은 당시로서는 시대착오적 발상에 지나지 않는다. 그러나 《민족일보》는 위의 논설에서 보듯이 천연덕스럽게 그런 주장을 늘어놓았

78) 《민족일보》 1961년 3월 17일자 논설 "미국의 대한 경제원조정책의 본질을 분석함－상".

다. 이 신문이 전개한 일련의 주장의 본질을 배제하고 피상적으로 해석한다면 반미주의로 오해받을 소지가 충분하다. 이런 예는 다른 논설에서도 어렵지 않게 접할 수 있다.

그렇다면 《민족일보》는 반미였는가? 전쟁의 참화에 대한 기억이 생생한 시점에서 미국에 대해 극단적 비판을 가한 사실을 유의한다면 《민족일보》는 반미적이었다는 평가를 받을 수도 있다. 그러나 친소용공을 반미주의의 전제조건으로 가정한다면 《민족일보》의 대미인식을 반미의 범주에 넣을 수는 없다. 이 신문은 여러 논설에서 분명하고도 단호하게 반소, 반공, 반북 태도를 천명하였다. 《민족일보》의 눈에는 소련도 미국과 마찬가지로 한반도 분단의 주역이며 냉전 대립체제의 원흉일 뿐이다. 이 신문에 따르면, 이승만 세력이 국제정세에 편승한 반민족적 정치세력이라면 김일성 세력 역시 한치도 다를 바 없다. 이 신문은 "우리 영토와 인민의 분열을 조장했고 재통일을 방해해 온 것은 다름 아닌 미·소라는 제 2차 대전의 승전국들과 이들의 냉전전략을 무비판적으로 추종해온 남북의 집권자들"[79] 이었다고 주장하였다.

《민족일보》가 미국에 대해 보인 태도는 분단시대를 살면서 미·소 양대국의 제국주의적 전횡에 분노하지 않을 수 없었던 지식인의 뿌리 깊은 반제(反帝) 정서의 또 다른 표현에 불과했다. 그러나 4월혁명 직후의 극도로 혼란한 상황에서 거리낌없이 드러낸 그런 반제정서는 기득권 세력의 시각에서 보면 반미의식과 차별화하기 어려웠을 것이다. 상황의 특수성을 고려하지 않고 개진한 절제하지 않은 주장은 결국은 신문폐간과 발행인 사형이라는 극단적인 제재의 한 빌미로 작용하였을 개연성이 있다. 가해자는 차별성을 인정하지 않았고 피해자는 스

---

79) 위의 신문 1961년 3월 23일자 논설 "조국분단의 책임은 남북의 집권당이 다같이 져야 한다".

스로 차별성을 흐렸다. 분단시대의 이런 비극은 현재진행형인지도 모른다.

제 6 장

《민족일보》의 남북문제 인식

1. 문제제기

《민족일보》는 《동아일보》나 《조선일보》에 비해 남북문제에 많은 관심을 보였다. 논설의 주제를 유목별로 나누어 집계한 결과에 따르면 《민족일보》가 1961년 2월 13일 창간한 이래 5월 19일 폐간당하기까지 게재한 논설 136개[1] 가운데 남북문제에 관한 논설이 29개로 21.3%에 이른다. 같은 기간에 남북문제에 대해 《동아일보》가 5.3%, 《조선일보》가 8.5%의 관심을 보인 것에 비하면 민족일보의 이에 대한 관심도가 이들 두 신문에 비해 월등히 높은 것을 알 수 있다.

남북문제 논설의 주제를 통한(統韓) 문제에 관한 UN 토의, 통일정책, 남북교류, 통일운동, 기타[2]의 하위유목으로 나누어 살펴본 결과, 《민족일보》는 다른 두 신문에 비해 UN의 남북문제 토의에 대한 관심도가 낮은 반면에 통일정책에 관심을 집중한 것으로 나타났다.[3]

1) 《민족일보》가 게재한 논설은 137개이나 5월 17일자는 검열에 의해 삭제되었다.
2) '기타'에 해당하는 논설은 모두 북한의 동향에 관한 것임.

〈표 6-1〉 남북문제 논설의 유목별 사례 수

(괄호 안은 %)

	민족일보	동아일보	조선일보
UN 토의	7 (24.1)	2 (33.3)	8 (53.3)
통일정책	11 (37.9)	2 (33.3)	3 (20.0)
남북교류	6 (20.7)	0 (0.0)	1 (6.7)
통일운동	4 (13.8)	0 (0.0)	1 (6.7)
기타	1 (3.4)	2 (33.3)	2 (13.3)
계	29 (100.0)	6 (100.0)	15 (100.0)

또한 《민족일보》는 남북교류나 통일운동에 대해서도 《동아일보》나 《조선일보》에 비해 많은 관심을 보였다.

이 연구에서는 《민족일보》의 남북문제 논설을 대상으로 이 신문의 통일문제에 관한 인식을 정리하고 이 신문이 주장한 바가 당대의 대표적인 보수신문인 《동아일보》나 《조선일보》의 그것과 어떤 차이를 보이는지 살펴보고자 한다.

---

3) 《민족일보》는 남북문제에 높은 관심을 보였을 뿐만 아니라 이에 대한 논설이 조용수 등 간부들의 재판에서 쟁점이 되었기 때문에 자세히 살피기 위해 주제를 통일정책, 남북교류, 통일운동, 기타로 나누었다. 이 연구에서는 통일방안에 관한 주장을 편 논설을 통일정책 유목으로, 남북교류를 주장한 논설을 남북교류 유목으로, 통일을 내세운 운동이나 그 주체(주로 민자통과 민통련)에 관한 논설을 통일운동 유목으로 집계하였다. 기타는 모두 북한의 동향에 관한 것으로 이 연구에서는 이에 속한 논설만을 대상으로 북한관을 정리하지 않고 다른 주제를 논하면서 언급한 바를 두루 참고하였다.

2. 연구문제 및 연구방법

1) 연구문제

《민족일보》가 게재한 남북문제 논설의 주제는 전술한 바 있지만 통일문제에 관한 UN 토의, 통일정책, 남북교류, 통일운동 등 4개 유목으로 나눌 수 있다. 여기서는 이들 주제별로 《민족일보》가 주장한 바가 무엇인지를 차례로 알아보고, 《민족일보》의 견해와 두 보수신문의 견해가 어떻게 다른지에 대해 밝히기로 한다. 연구문제를 구체적으로 기술하자면 다음과 같다.

연구문제 1: 《민족일보》는 통한문제에 대한 UN의 토의에 대해 어떻게 인식하였으며, 이에 관한 이 신문의 견해는 《동아일보》나 《조선일보》의 견해와 어떻게 다른가?

연구문제 2: 《민족일보》가 주장한 통일정책의 내용은 무엇이며, 이에 관한 이 신문의 견해는 《동아일보》나 《조선일보》의 견해와 어떻게 다른가?

연구문제 3: 《민족일보》가 주장한 남북교류론의 내용은 무엇이며, 이에 관한 이 신문의 견해는 《동아일보》나 《조선일보》의 견해와 어떻게 다른가?

연구문제 4: 《민족일보》는 당시 활발하게 전개된 통일운동에 대해 어떻게 인식하였으며, 이에 관한 이 신문의 견해는 《동아일보》나 《조선일보》의 견해와 어떻게 다른가?

2) 연구방법

위의 연구문제를 구명하기 위해 《민족일보》의 논설을 전수 분석하였다. 이 신문이 주장한 바를 정확하게 이해하기 위해서는 다른 신문이 같은 시기에 게재한 논설내용도 아울러 분석할 필요가 있다. 따라서 당시의 대표적 보수지라고 할 수 있는 《동아일보》와 《조선일보》가 해당기간에 게재한 논설도 모두 비교 분석하였다. 당시 《민족일보》는 조간만을 냈으나 《동아일보》와 《조선일보》는 조석간을 모두 발행하였다. 이 연구에서는 두 신문의 경우 석간만을 분석대상으로 삼았다.

유목별 분류는 복수의 판정자로 하여금 일차 작업을 하게 한 뒤, 결과가 다를 경우 토론을 거쳐 최종 확정하였다. 분석의 단위는 논설 주제로 하였다. 즉, 한 논설에서 주장한 주제 1개를 가려 이를 집계하였으며, 그 결과를 바탕으로 《민족일보》가 주장한 바를 정리한 뒤 《동아일보》나 《조선일보》의 논설내용과 비교하였다. 《민족일보》나 다른 두 신문의 주장을 정리함에 있어서는 다른 주제에 관한 논설에서 언급한 내용도 인용하였다.

3. 《민족일보》의 UN 토의에 대한 주장

1) 남북문제에 관한 UN 토의의 전개과정

박정희 정부가 '선건설 후통일' 노선을 밝히고 미국의 지원을 얻어 UN의 통한문제 토의를 기피하기 전까지만 하더라도 한반도 문제에 관한 가장 치열한 토론장은 UN이었다. 《민족일보》가 발행중이던 시기에는 아세아 아프리카의 비동맹 세력의 UN 내 발언권이 대폭 강화되면서 UN 기구에서 미국의 주도권이 강력한 도전을 받았다. 이런 상황에서 인도네시아가 UN 정치위원회에 남북한 정부대표를 함께 초청하는 안을 제기하고 이 안이 가결될 처지에 놓이자 미국의 주 UN 대사 스티븐슨(Stevenson)은 북한이 UN의 권위와 권능을 인정한다는 조건을 단 남북한 정부대표 동시초청안을 전격 제의하였다. 스티븐슨의 이 수정안은 1961년 4월 12일 UN 정치위원회에서 표결에 부쳐 99개 회원국 가운데 찬성 59, 반대 14, 기권 23(결석 3)으로 가결되었다.

UN 정치위원회의 결정이 나자 북한 외무성은 17일 성명을 발표했다. 《조선일보》는 4월 18일자 1면에 이 성명의 전문을 실었다.

> UN 총회 15차 정치위원회 4월 12일 회의에서 미국 대표는 많은 나라 대표들의 정당한 주장을 무시하고 조선문제 토의에 조선민주주의 인민공화국 정부 대표를 조건부로 참가시키는 데 대한 자기의 부당한 결의안을 억지로 통과시켰다. UN에서의 문제 토의에 당사자들을 참가시키는 데 있어서 그 어떤 조건을 붙인다는 것은 UN의 역사에 전례 없는 수치스러운 일이며, UN의 원칙에 전적으로 배치되는 부당한 처사이며, 사실상 이것은 미국 정부가 종전과 마찬가

> 지로 UN에서의 조선문제 토의에 조선민주주의 인민공화국 정부 대표가 참가하는 것을 계속 배제하려는 책동이다.
>
> UN에서 조선문제가 토의될 때에 당사자인 조선민주주의 인민공화국 정부 대표가 참가하는 것은 그 누구도 침해할 수 없는 조선인의 당연한 권리이다. 조선민주주의 인민공화국 정부는 UN 헌장을 항상 존중하며 지지하여 왔다. 그러나 미국 정부는 UN 헌장을 난폭하게 유린하며 UN의 권리를 계속 훼손시켜 왔다. 미국 정부는 UN의 간판을 도용하여 조선에서의 침략전쟁을 감행하였으며 남조선을 강점하고 조선의 평화통일을 저해하고 있다. UN은 자기헌장의 원칙에 입각하여 남조선에서 미군과 기타 일체 외국군대를 철거시키기 위한 조치를 취하여야 한다.
>
> 조선문제는 조선사람 자신의 손에 의해서만 해결될 수 있다. 조선에서의 내정문제에 대한 외부로부터의 그 어떤 간섭도 허용되어서는 안 된다. UN에서 조선문제를 토의하게 되는 경우에는 이러한 원칙이 반드시 준수되어야 한다. UN에서 조선문제가 토의되는 이상 조선민주주의 인민공화국 정부는 자기대표를 파견할 것이다. 조선민주주의 인민공화국 정부는 자기대표의 참가와 동의 없이 UN에서 채택되는 그 어떤 부당한 결의도 인정하지 않을 것이다.[4)]

북한의 성명이 발표되자 남한 언론은 일제히 북한이 UN 정치위원회에 정부대표의 참석을 통보했다고 보도했다. 《동아일보》는 4월 18일자 1면 "정계에 커다란 충격, 북괴의 유엔참석 통고에 의견 구구"라는 제목의 머리기사에서 각계의 반응을 대서특필하였다. 《조선일보》도 이 뉴스를 "유엔, 북괴 회답을 접수, 초청 수락, 정치위서 19일에 검토할 듯"이라는 제목으로 1면 머리기사로 보도했다. 《민족일보》도 북한이 UN의 초청을 수락한 것으로 잘못 알고 이에 대해 논평하는 논설을 내보냈다.[5)]

---

4) 《조선일보》 1961년 4월 18자 1면 기사 "북괴 성명 전문"

그러나 북한의 성명은, UN의 권위와 권능을 인정한다는 조건을 내세워 북한을 초청한 것은 전례 없는 일로 부당하다고 지적하고, 한반도문제 토의에 당사자 참여보장, 남한주둔 외국군 철수, 미국의 한반도 내정간섭 중단, 한반도 문제의 자율권 보장을 요구하면서, UN이 북한을 배제하고 어떤 결정을 내릴 경우 이에 불복할 것임을 밝힌 것으로, UN의 조건부 초청을 사실상 거부한 것이었다. UN은 논란 끝에 남북한 초청문제에 대한 토의를 다음 회기로 미루고 말았다.

2) 동시초청 안에 대한 《민족일보》의 주장

〈표 6-1〉에서 보았듯이 한반도 문제에 관한 UN 토의를 다룬 논설의 수는 《민족일보》가 7개, 《동아일보》가 2개, 《조선일보》가 8개이다.[6] 수적으로는 《민족일보》의 관련 논설 수가 《조선일보》의 그것과 비슷하지만, 남북문제를 다룬 전체논설 가운데 이 주제에 관한 논설의 비중은 《민족일보》가 24.1%로, 33.3%의 《동아일보》나 53.3%의 《조선일보》에 비해 훨씬 낮은 편이다.

《민족일보》가 게재한 UN 토의에 관한 논설 7개 가운데 UN 총회에 남북한 대표를 동시 초청키로 한 UN 정치위원회의 결정에 관한 논설이 6개이며, 한국전 참전 16개국이 UN 정치위원회에 제출한 결의안에 관한 논설이 1개이다. 이 신문의 UN 토의에 관한 논설이 UN 정

---

5) 《민족일보》는 1961년 4월 20일자 논설에서 북한이 미군 철수 등을 주장하며 미국을 공격한 데 대해 "북한측의 여전한 상투적인 주장이 냉전 해소는커녕 도리어 격화시키는 결과를 초래할 것"이라고 지적하였다.

6) 《민족일보》의 관련논설 7개 가운데는 미국의 상원 외교위원회에 제출된 한 연구보고서에 대한 논평도 포함되어 있다. 이 보고서는 궁극적으로 미국이 통한문제에 관한 UN 토의에 이용하기 위한 것이기 때문에 이 범주에 넣었다.

치위원회의 남북한 동시초청 문제에 집중되었음을 알 수 있다.

UN 정치위원회가 남북한 동시초청안을 가결하자 《민족일보》는 1961년 4월 15일자 논설에서 UN의 권위와 권능을 받아들인다는 조건이 붙은 것이지만 북한이 이 안을 허심탄회하게 받아들여 UN에 정부대표를 출석시킬 것을 촉구하였다.[7] 이 신문은 이 논설에서 "우리의 문제는 우리의 손만으로 해결하고 싶은 비원"이 없을 수 없으나 "동서간의 계쟁점이 되어 있는 문제들은 당사 국민들의 단결과 함께 국제적 협조 없이는 해결이 불가능"하기 때문에 "16년간이나 끌어온 영토적 분단과 사상의 대립상태에 종지부를 찍는 데에 조금이라도 도움이 될 수 있는 회의라면 굳이 거부할 이유가 없다"고 역설하였다.[8]

《민족일보》는 북한 외무성이 성명을 발표하자 4월 20일자 논설에서 이 문제와 관련한 남북한 정부의 태도를 비판하였다. 북한에 대해서는 성명을 통해 미군철수 등을 주장하며 미국에 대해 "상투적인 힐난"을 하고 있다고 전제하고, "북한측의 여전한 상투적인 주장은 냉전을 해소하기는커녕 도리어 격화 또는 촉구시키는 것밖에 아니다"고 비판하였다.[9] 이 신문은 남한정부에 대해서는 UN 정치위원회의 결정이 나자 처음에는 당황하다가 대환영으로 표변하는가 하면, 야당의 힐문이 비등하자 다시 말을 바꾸는 등 "고식적이고도 역행적인" 태도를 보인 것을 비난하였다.[10] 이 신문은 4월 22일자 논설에서 통일문제에 있어 장면 정부가 "이승만 독재정권보다도 무성의할 뿐만 아니라 오히려 더 정직하지 못하고 기만적"이며 "외교에 무능하다"고 지적하고 장면 정권의 퇴진까지 요구하였다.[11] 《민족일보》는 UN 정치

---

7) 《민족일보》 1961년 4월 15일자 논설 "북한은 남북대표 동시초청 안을 수락해야 한다".
8) 위의 논설.
9) 《민족일보》 1961년 4월 20일자 논설 "북한의 UN 참가 통고와 정부의 태도".
10) 위의 논설.

위원회가 남북 동시 초청문제를 차기 회의로 미루고 폐막하자 남북한 집권자들이 민족적 비극을 해결하는 데 한결같이 무성의하거나 소극적이라는 사실이 뚜렷하게 드러났다고 지적하고 남북 양측에 상투적인 선전전만 일삼지 말 것을 촉구하였다.[12]

3) 《동아일보》와 《조선일보》의 주장

전술한 바 있지만 《동아일보》는 남북문제의 UN 토의에 관해 2개, 《조선일보》는 8개의 논설을 실었다. 《동아일보》의 논설 2개는 모두 UN 정치위원회의 남북한 동시초청에 관한 것이지만, 《조선일보》의 논설 가운데 남북 동시초청안에 관한 것은 5개다. 두 신문 역시 이 주제에 관심을 모은 것을 알 수 있다.

《동아일보》는 1961년 4월 12일 UN 정치위원회가 남북 동시초청을 가결하자 14일 논설을 통해 이 결의안 가결을 주도한 미국의 "전략적 승리"[13]를 인정하면서도 세 가지 이유를 들어 동시초청이 부당하다고 주장하였다. 첫째, 한국정부만을 UN의 승인을 받은 유일한 합법정부로 인정하고 북괴의 존재는 전적으로 부인한 종전의 입장에서 후퇴한 것이고, 둘째, 북한괴뢰는 여전히 침략준비에 광분하고 있는 침략자인데도 이들을 UN에 들여놓는다는 것은 UN의 권위를 위해 불

---

11) 《민족일보》 1961년 4월 22일자 논설 "통일외교에 실패한 장 정권은 물러나야 마땅하다".

12) 위의 신문 1961년 4월 25일자 논설 "남북의 집권자들은 부질없는 선전전만 일삼지 말라".

13) 《동아일보》 1961년 4월 14일자 논설 "UN 정치위원회의 결의를 보고". 이 신문이 말하는 '전략적 승리'란 인도네시아가 낸 동시 초청 안을 나이지리아를 비롯한 아프리카 신생국 대표들이 태도를 돌변하여 동조할 기세를 보이자 미국 대표 스티븐슨이 다시 수정안을 내 북한을 조건부 초청키로 한 것을 의미한다.

행한 일이며, 셋째, 제 3국이나 친공적 중립국가들이 생각하는 바와 같은 공산주의자들과의 타협이란 있을 수 없기 때문에 동시초청안이 부당하다는 것이다.[14] 이 신문은 이 논설에서 "공산주의자들과는 공존할 수도, 타협할 수도 없고, 더불어 얘기할 필요도 없고, 오직 생사의 대결을 감행하는 길밖에 없다"고 주장하였다.[15]

《조선일보》도 북한을 UN에 동시초청하는 것은 "한국민의 가슴을 놀라게 할 뿐 아니라 UN의 위신이나 정신, 원칙, 목적에 배반하는 언어도단"이라고 단정하고 "공산측의 책동을 단호히 봉쇄해야 한다"고 주장하였다.[16] 이 신문은 장면 총리가 성명을 발표해 북한이 UN의 권능과 권위를 존중한다는 조건을 성실히 충족시킬 것을 촉구하자, 이에 대해 '조건'만을 중시하고 앞으로의 파장을 고려하지 않은 것이라고 반박하고, "금후 모든 국제회의에 북한의 출석이 승인되면 북괴가 완전히 하나의 정권으로 승인받게 되는 결과가 된다"며 강한 우려를 나타냈다.[17]

한편 《동아일보》는 4월 17일 북한 외무성이 발표한 성명에 대해 "UN의 권능과 권위를 부정하고 나아가서는 한국문제 해결을 지연, 방해하려는 기만적 태도로 나오고 있다"고 비난하고 "UN 회원국들은 북괴의 이런 흉계를 간파하여 북괴대표들을 UN에 초청하는 일이 있어서는 안 될 것"이라고 주장하였다.[18] 《조선일보》도 "북괴대표가 참석하는 것은 UN에 협조해서 한국문제를 해결하자는 데 있는 것이 아니라 한국에 대한 UN의 활동을 방해하자는 데 있다"고 전제하고,

---

14) 《동아일보》 위의 논설.

15) 위의 논설.

16) 《조선일보》 1961년 4월 12일자 논설 "UN 정위는 공산측의 책동을 단호 봉쇄해야 한다".

17) 위의 신문 1961년 4월 14일자 논설 "UN 정위의 남북한 동시출석 결의가 미칠 국제적 영향".

18) 《동아일보》 1961년 4월 14일자 논설 "UN 정치위원회의 결의를 보고".

UN이 권능 수락조건을 명시하는 새로운 결의안을 내, 북괴의 참석을 막아야 한다고 주장하였다.[19] 이 신문은 남북문제에 대한 토의를 차기총회로 미루고 UN 총회가 폐막하자 이번 사태를 교훈 삼아 비동맹국 외교를 강화하는 한편 매너리즘에 빠진 통일정책을 재검토할 것을 정부에 촉구하였다.[20]

19) 《조선일보》 1961년 4월 18일자 논설 "북괴의 UN 참석 통고와 우리가 당면한 새로운 사태".

20) 위의 신문 1961년 4월 22일자 논설 "제 15차 UN 총회의 한국문제 토의 종결을 보고".

4. 《민족일보》의 통일론

《민족일보》가 게재한 남북문제에 관한 논설 29개 가운데 통일정책을 다룬 논설은 11개로, 이는 남북문제 논설의 37.9%에 해당한다. 《동아일보》는 같은 기간에 게재한 남북문제에 관한 논설 6개 가운데 통일정책에 관한 논설이 2개로 33.3%에 이르며, 《조선일보》는 남북문제에 관한 논설 15개 가운데 통일정책에 관한 논설이 3개로 20.0%를 차지하였다.

남북문제에 관한 논설 가운데 통일정책에 관한 논설이 차지하는 비율은 세 신문 사이에 큰 차이가 없으나 논의의 질에서는 현격한 차이를 보였다. 《민족일보》의 통일정책에 관한 논설 11개 가운데 통일방법론에 관한 논설이 5개, 통한문제에 대한 미국의 적극적인 태도를 촉구한 논설이 1개, 정부의 통일문제에 대한 미온적인 대응을 비판한 논설이 3개, 기타가 2개이다. 그러나 《동아일보》의 통일정책에 관한 논설 2개는 통일논의를 정쟁의 도구로 삼지 말아야 함을 주장한 논설이 1개, 무책임한 통한방안 제시를 삼가야 함을 주장한 논설이 1개이다. 《조선일보》의 통일문제에 관한 논설 4개 가운데 3개는 정부의 통일정책 연구기관 설치에 관한 것이며, 나머지 1개는 신민당의 통일정책을 논평한 것이다. 《동아일보》와 《조선일보》는 통일방안을 논한 것이 아니라 통일문제에 대한 신중한 접근을 강조하거나 통일정책을 연구할 정부기구의 구성문제에 관심을 나타낸 것이다. 《민족일보》의 자세가 적극적인 데 반해 다른 두 신문의 태도는 소극적임을 알 수 있다.

1) 통일문제에 관한 논쟁의 전개과정

자유당 시대의 통일정책은 공식적으로는 UN 감시하에 토착인구 비례에 따른 자유 총선거를 통해 통일정부를 수립한다는 제네바공식을 기저로 삼고 있었지만, 실제로는 무력 북진통일론이 확고부동한 원칙으로 자리잡고 있었다. 이승만의 북진통일론은 일제시기 그의 외교론과 해방 직후의 단정노선의 연장선상에 있는 것으로서 통일을 반대하고 통일논의와 통일운동을 봉쇄하여 분단체제의 영속화를 꾀한 반통일정책이었다.[21] 그러나 이 북진통일론은 '국시'나 다름없어 그 시기에 그 밖의 어떤 통일논의도 금기의 대상이었다.[22] 4·19 혁명으로 비로소 이 금기는 사라졌다.

북한은 4월혁명이 일어나자 남한을 겨냥해 통일논의의 대공세를 폈다. 4월 21일 '남북 조선의 정당 사회단체 대표 연합회의' 긴급소집을 제의하는가 하면, 27일에도 남북 제정당 사회단체 연석회의를 열어 남북의 자유왕래를 실현하고 남북연합 경제위원회를 구성하며 남북 총선거를 통해 통일정부를 구성할 것을 제의하였다.[23]

7·29 총선거를 앞두고 민주당은 7월 26일 선거공약의 형태로 새로운 통일정책의 기조를 발표하였다. UN 감시 하에 자유선거를 통해 평화통일을 도모한다는 것이 핵심이었다. 민주당은 구체적으로 아래와 같은 다섯 가지의 통일방안을 제시하였다.[24]

---

21) 서중석, "4월혁명운동기의 반미 통일운동과 민족해방론", 《역사비평》 14(1991년 가을호) p. 140.

22) 위의 논문 p. 140.

23) 전인영, "장면 정권기의 남북관계와 통일정책", 《한국현대사의 재인식 5》(오름, 1998) p. 277.

24) 위의 논문 pp. 277~278.

① 국제외교에서는 UN 감시 하에 남북을 통한 자유선거로써 평화통일을 도모할 것을 원칙으로 한다.
② 선거감시단의 구성원은 UN 결의로써 선임하되 각각 진정한 자유선거를 실시하는 회원국가로 할 것이다.
③ 선거 이전에 남북연합위원회 등을 구성하는 안은 대한민국이 한반도 내 유일한 합법정부라는 UN 결의와 배치되므로 이를 반대한다.
④ 통일 전 남북교류는 공산 파괴공작이 진정하게 정지되리라는 보장이 없으므로 이를 거부한다.
⑤ 통일된 한국은 민주주의와 민권자유를 보유하는 국가가 되어야 하며 적색독재나 백색독재가 되어서는 안 된다.

8월 24일 정일형 외무장관은 외교정책에 관한 성명을 통해 민주당 정권의 통일정책을 재차 발표하였다. 정 장관은 "정부가 UN 결의를 존중하여 한국 전역에서 UN 감시하의 자유선거를 실시함으로써 통일을 이룩한다"는 원칙을 밝히고 "과거 자유당 정권이 주장한 무력에 의해 한국통일을 하려는 무모한 정책은 이제 폐기되어야 한다"는 점을 강조하였다. 정 장관은 9월 10일에도 UN 감시하에 대한민국 헌법 절차에 따른 남북한 총선거의 원칙을 거듭 천명하였다.[25)]

민주당은 5개항의 통일방안과 아울러 3개항의 당면 대비책도 발표하였다. 국제공산주의의 적색 전제를 막기 위해 첫째 공산당이 선전하는 평화통일론, 남북협상론, 민족자결론의 기만성을 항상 폭로하며, 둘째 통일된 정부 하에서 민주정치를 전복시키려는 공작을 막기 위해 공산정당을 불법화해야 할 것이고, 셋째 전세계에서 공산당 전제하에 신음하는 모든 민족의 민주적 해방을 원조해야 한다는 것이

25) 전인영, 위의 논문 pp. 278~279.

그것이다. 민주당이 내세운 통일방안은 북진통일의 포기를 공식적으로 선언한 점을 제외하고는 자유당 정부의 기본노선과 별다른 차이가 없는 것으로, 확고한 반공주의에 입각하고 있음을 알 수 있다.[26]

민주당 정부가 공식 발표한 통일정책에 대해 간단히 살펴보았지만 이런 일련의 정책은 내외적으로 활발하게 전개된 통일논의에 대응하기 위한 것일 뿐, 실질적으로 민주당 정부가 추구한 것은 '선건설 후통일'의 통일유보론이었다. 윤보선 대통령은 취임연설에서 "굳건한 경제기반이 없는 정부는 반드시 쇠퇴하게 마련"이라고 전제하고,[27] "UN 감시하의 자유선거를 실시함으로써 남북통일을 이룩해야겠지만 이보다 선행해야 할 근본문제는 한국이 혼란에서 벗어나 국력을 부강케 하는 것"임을 강조하였다.[28] 장면 총리도 같은 태도를 보였다. 장 총리는 취임 후 가진 첫 대국민 연설에서 "제 2공화국의 가장 중요한 과업은 국민경제 건설에 있어서 새로운 출발을 하는 것"임을 역설함으로써 '선건설 후통일'의 논리를 편 바 있다.[29] UN 정치위원회가 남북한 동시초청을 결의한 뒤 북한 외무성이 이에 대해 성명을 발표하자 장면 총리가 국회에서 "자유, 민주, 공정한 선거를 실시한다는 보장이 없다면 UN의 결의라 하여도 반대하며, 그런 자유선거가 실시될 수 없다면 남북은 두 개로 있는 것이 낫다"[30] 고 한 발언도 그 기저에 '선건설 후통일'의 통일유보론을 깔고 있다고 할 수 있다.[31]

---

26) 강광식, "1960년대 남북관계와 통일정책", 《1960년대의 대외관계와 남북문제》(백산서당, 1999) p. 172.

27) 위의 논문 p. 172.

28) 전인영, 위의 논문 p. 278 .

29) 강광식, 위의 논문 p. 173.

30) 《조선일보》 1961년 4월 21일자 1면 기사 "공정한 남북 총선거 보장 없다면 분단 지속이 낫다".

31) 민주당 정부가 통일문제에 소극적이었던 것은 남북한의 현격한 경제력 차이 때문이었다. 장면 내각은 당시 경제개발 5개년 계획을 세우고 있었는데 5년 후의 목표치가 북한의 그것에 비해 대체로 현저하게 낮았다. 남북의 경제력

혁신계는 통일을 위해 남한의 국력신장이 중요하다는 것을 인정하면서도, 민주당 정부의 '선건설 후통일' 방안은 통일을 하지 않겠다는 주장이라고 반박하면서 통일우선론을 폈다.[32] 통일이야말로 "민족의 역사적인 동시에 절대적인 과제"[33]이기 때문에 미룰 일이 아니라는 것이다. 이에 따라 통일논의는 혁신계의 공세에 민주당이 보수적인 반론을 펴는 양상으로 전개되었다.[34]

7·29 총선에서 참패한 뒤 혁신계는 혁신운동의 새로운 활로를 통일운동에서 모색하기 위해 중립화 통일운동을 활발하게 전개하였다. 중립화 통일론은 전에도 산발적으로 제기되었지만 김삼규[35]가 제기한 중립화 통한론이 크게 영향을 미쳤다. 그의 논지를 간추리면 다음과 같다.[36]

① 한반도가 양대 진영의 어느 한쪽으로 편입되면 이것은 타방에게 위협이 되고 끊임없는 음모와 위험의 원인이 되므로 통일한국

차이에 대한 소회는 《동아일보》 1961년 5월 17일자 논설에서 잘 드러난다. 이 신문은 "북괴는 1959년에 시멘트를 190만 톤을 초과 생산하였다고 하며 1967년 7개년 계획의 목표는 5백만 톤을 훨씬 넘기고 있는 숫자인데도 장 내각이 입안한 계획은 5년 안에 60만 톤을 더 증산해서 120만 톤 시설을 목표로 놓고 있으니 이러고서도 북한과 경제적 대결을 하고 있다고 감히 입을 열수가 있느냐 말이다"하고 개탄하였다. 60년대 초의 남한의 수세적 대북정책이 경제요인 때문이었듯이 90년 이후 북한의 수세적 대남정책 역시 경제력 격차에 기인한다고 볼 수 있다.

32) 강광식, 위의 논문 p. 180.

33) 《민족일보》 1961년 4월 24일자 논설 "남북교류 주장에 대한 장 총리의 패배주의".

34) 강광식, 위의 논문 p. 168.

35) 김삼규는 해방 후 《동아일보》의 주필을 지낸 뒤 1953년 5월 이래 일본에 체류하면서 일본 신문이나 자신이 발행인으로 되어 있는 《코리아평론》을 통해 중립화 통한론을 폈다. 그는 4·19 직후 일시 귀국해 《사상계》(1960년 6월호)와 《서울신문》(1960년 9월 19일자) 등에 기고하여 혁신계와 학생들로부터 대대적인 호응을 얻었다(강광식, 위의 논문 p. 181).

36) 강광식, 위의 논문 pp. 181~182.

은 국제적 동의에 의해 중립화해야 한다.

② 남북한 정권은 대립적 강국의 지지에 의해서 수립되었으며, 그들의 이익대변자에 지나지 않으므로 양 정권은 자유총선거에 의해 수립된 통일정부로 대치해야 한다.

③ 남북한 정권은 그네들의 정책을 강요하는 것과 같은 여하한 선언도 배제하고 자유로운 총선거를 확보하기 위해 한반도에 아무런 이해관계가 없는 중립국에 의한 선거위원회든지 또는 중공까지도 가맹시킨 UN에 의한 선거위원회를 곧 구성하여 헌법제정을 제일의 사명으로 하는 대의원 선거를 준비하도록 해야 한다.

중립화 통일론이 혁신계는 물론 학생들로부터 커다란 호응을 받고 있는 상황에서 맨스필드(Mike Mansfield) 미국 상원의원은 1960년 10월 22일 "한국 통일문제를 오스트리아식 중립화의 조건으로 해결하는 가능성을 신중히 검토해야 한다"는 보고서를 내 국내외에 파문을 불러일으켰다.[37] 민주당 정권은 한반도와 오스트리아는 여건이 다르다는 이유로 오스트리아식 중립화 통일론을 거부하였다. 한국은 오스트리아와는 달리 소련 및 중공과 인접하여 전략적 요충에 위치해 있으며, 오스트리아는 중립침범이 있을 경우 민주진영의 유효한 개입이 가능한 지리적 조건 하에 있으나 한국은 자유진영 군대가 바다 너머에 있어 유효한 적시 내원이 불가능하다는 점 등이 민주당 정부가 열거한 한국과 오스트리아의 차이점이다.

1960년 9월 사회대중당과 사회당 등 2개 혁신정당을 비롯하여 천도교, 유도회 등 종교단체 및 민주민족청년동맹, 4월학생연합회 등 청년단체가 두루 참여한 전위조직인 민족자주통일 중앙협의회(민자

37) 위의 논문 p. 182.

통)가 결성되었다. 민자통은 자주·평화·민주의 3대 원칙에 입각한 통일운동 전개를 표방하고 구체적 실천방안으로 즉각적인 남북협상 운동의 차원으로 발전하였다. 이에 대하여는 통일운동론에 관한 다음 절에서 논의하기로 한다.

2) 통일에 관한 《민족일보》의 주장

(1) 분단의 원인과 책임소재에 대한 《민족일보》의 인식

《민족일보》는 한반도가 세 가지 요인 때문에 분단을 피하지 못하였다고 인식하였다. 첫째, 주체적 역량으로 광복을 맞은 것이 아니기 때문에 분단을 감수할 수밖에 없었다는 것이다. 이 신문은 우리 힘으로 광복을 이룬 것이 아니라 2차대전 승전국들이 일본을 이겨 "38선과 같은 우리가 원하지 않는 분할선의 설정을 미리 약속하였다"고 역설하였다.[38)]

둘째, "미·소(美蘇)라는 제 2차대전의 승전국들"의 세계전략 때문에 분단이 강요되었다는 것이다.[39)] 이 신문은 이들이 단일 민족국가인 한국을 38선이라는 인위적인 장벽으로 양단하고, 또 그 존속을 획책해왔다고 주장하였다.[40)] 이 신문에 따르면, 미국이 "이승만과 같은 반민주적이고 반민족적인 독재자로 하여금 단독정부를 세우게 하였고"[41)] 소련 역시 "김일성과 같은 괴뢰적 인물을 내세워"[42)] 우리

---

38) 《민족일보》 1961년 2월 26일자 논설 "분단된 민족으로서의 슬픔".

39) 위의 신문 1961년 3월 23일자 논설 "조국분단의 책임은 남북의 집권당이 다같이 져야한다".

40) 위의 신문 1961년 2월 24일자 논설 "두개의 한국은 그대로 둘 수 없다".

41) 위의 논설.

영토와 인민의 분열을 조장했으며 재통일을 방해해왔고,[43] 6·25 동란까지 도발케 하였다는 것이다.[44]

셋째, 남북의 정치지도자들이 미국과 소련의 냉전전략을 무조건적으로 추종하여 분단체제 형성에 적극 가담하였다는 것이다. 이 신문에 따르면, 이들은 모두 "동서대립이라는 국제정세에 편승한 반민족적 정치세력"[45]일 따름이다. 《민족일보》는 남북의 집권자들이 미·소를 업고 분단을 초래했을 뿐만 아니라, 선량한 백성들에게 항상 양자택일만을 강요함으로써 한반도를 국제사회에서 기형적 고아로 만들었다고 주장하였다.[46]

《민족일보》는 미·소 양대국과 남북의 집권자들이 분단에 대해 책임져야 마땅하다고 단언하였다. 반민족적 인물이나 괴뢰적 인물을 내세워 분단을 이룬 미·소가 분단에 대해 똑같은 정도의 정치적, 도의적 책임을 져야 하며,[47] 또한 말끝마다 국토분단의 책임을 "북한 괴뢰정권"이나 남한의 "미 제국주의자 앞잡이"에게 뒤집어씌우려 한 "이승만과 김일성의 두 독재정권"[48]이 책임을 나눠져야 한다는 것이다.

---

42) 위의 논설.

43) 《민족일보》 1961년 3월 23일자 논설 "조국분단의 책임은 남북의 집권당이 다 같이 져야한다".

44) 위의 신문 1961년 2월 24일자 논설 "두 개의 한국은 그대로 둘 수 없다".

45) 위의 신문 1961년 2월 26일자 논설 "분단된 민족으로서의 슬픔".

46) 위의 논설.

47) 《민족일보》 1961년 2월 24일자 논설 "두 개의 한국은 그대로 둘 수 없다".

48) 위의 신문 1961년 3월 23일자 논설 "조국분단의 책임은 남북의 집권당이 다같이 져야한다".

(2) 통일 여건에 대한 《민족일보》의 인식

《민족일보》는 통일을 이룩하기 위해서는 국제적 환경과 국내적 여건이 동시에 개선되어야 한다고 보았다. 한국의 통일문제는 동서냉전의 진전과 밀접한 관계가 있는 것으로, 국제정세가 한국이나 독일과 같이 동서냉전의 계쟁점이 되는 지역에서 새로운 타협점을 발견할 수 있을 정도로 진전했느냐 하는 점과, 국내적으로 인민대중의 힘이 어느 정도로 성장했느냐 하는 점이 중요하다는 것이다.[49]

《민족일보》는 국제정세에 관한 한 "어느 때보다도 조국의 통일을 용이하게 만드는 방향으로 움직이고 있음이 분명하다"고 인식하였다. 《민족일보》가 중시한 국제정세의 변화는 두 가지로 간추릴 수 있다.[50] 제 3세력이 부상하여 막강한 영향력을 행사하고 있는 사실이 하나이며, 미국이나 소련이 과거처럼 자기들의 주장만을 고집할 수 있는 시대는 이미 지났다는 사실이 다른 하나이다.[51] 이 신문은 "과학의 급속한 발달과 16년간에 걸친 냉전에 지칠 대로 지친 전 세계 인민들의 평화에 대한 갈망은 제 3차대전이 불가피하다고 보아온 동서 양대진영 내의 전쟁론자들의 세력을 희미하게 만들어왔으며, 특히 이 양대진영의 냉전의 틈바구니에서 벗어나려는 아아(亞阿) 블럭을 중심으로 한 제 3세력이 99개 UN 회원국 가운데 과반수에 이르게 된 사실은 미・소 양국으로 하여금 그들의 세계정략(政略)을 근본적

---

49) 《민족일보》 1961년 3월 14일자 논설 "국제감시 하의 총선거는 통일을 위한 새로운 진전이다".

50) 강광식은 이른바 '쿠바 미사일 위기'를 계기로 중・소 간에 이념분쟁이 격화해 소련에 의한 주도권 행사 역시 벽에 부딪친 점을 탈냉전의 중요한 변화의 하나로 지적하였으나 《민족일보》는 이에 대하여는 거론하지 않았다(강광식, 위의 논문 p. 160).

51) 《민족일보》 1961년 3월 23일자 논설 "조국분단의 책임은 남북의 집권당이 다 같이 져야한다".

으로 재검토하지 않을 수 없도록 강요하고 있다"[52]고 보았다. 미·소 양대국의 영향력 감소가 한반도의 재통일에 유리한 상황을 조성한다고 믿은 이 신문은 같은 논거로 UN에서 'UN 감시하의 총선거안' 대신에 '국제 감시하의 총선거안'이 제기되는 것을 긍정적으로 평가하였다.[53]

(3) 통일방법에 대한 《민족일보》의 인식

《민족일보》에 따르면 "통일이야말로 민족의 역사적인 동시에 절대적인 과제"[54]가 아닐 수 없다. 그렇다면 통일을 이룰 수 있는 방법은 무엇일까? 이 신문은 통일을 위한 현실적 대안은 중립화 통일밖에 없다고 단정하였다. 이 신문은 "하나의 한국을 기원하고 두 개의 한국을 부인하려면 통일한국을 상정할 수밖에 없으며, 통일한국을 이룩하는 길은 동서 평화공존의 타결로써 중립화 통일을 성취하는 데 있다"고 역설하였다.[55] 이 신문은 자주적 중립화 방법이 아니고는 통일이 이룩될 가능성은 전무하다고 보고, 통일론자들에 있어 중립화라는 것은 이미 움직일 수 없는 대전제가 되었다고 주장하였다. 따라서 중립화 통일론으로 전 민족이 단결해야 통일을 이룰 수 있다는 것이다.[56]

중립화 통일을 주장해 온 이 신문은 국제정세의 대세가 한국의 중립화 통일을 촉진하는 방향으로 움직이고 있다고 인식하였다.[57] 동

---

52) 위의 신문 1961년 3월 14일자 논설 "국제 감시 하의 총선거는 통일을 위한 새로운 진전이다".

53) 위의 논설.

54) 《민족일보》 1961년 4월 24일자 논설 "남북교류 주장에 대한 장 총리의 패배주의".

55) 위의 신문 1961년 2월 23일자 논설 "통일방안에 관한 시비".

56) 위의 신문 1961년 2월 27일자 논설 "조국통일을 위하여 전 민족이 하나의 방향으로 단결되어야 한다".

서냉전의 제물로서 분단된 국가는 평화공존의 타결로써 중립화 통일을 성취할 수 있는데 국제정세가 바로 그런 방향으로 발전하고 있다는 것이다. 국제정세에 대한 《민족일보》의 이런 낙관론은 당시 혁신계 사이에 일반화한 것으로, 이들이 국내 여건의 미성숙에도 불구하고 통일운동을 서두르지 않을 수 없다고 판단하게 한 요인으로 작용하였다.[58)]

《민족일보》는 중립화 통일을 위한 전 단계로 남북교류를 활성화해야 하며, 전 민족이 적극적인 통일운동을 전개해야 한다고 주장하였다. 이 신문의 남북교류론과 통일운동론에 관하여는 다음 절에서 차례로 논의하기로 한다.

(4) 미국의 태도에 관한 《민족일보》의 주장

《민족일보》는 민족분열을 조장하고 재통일을 방해해온 나라가 곧 미국과 소련이라는 기본인식 아래 미국이 한반도 통일을 위해 전향적인 태도를 취해야 한다고 주장하였다. 한반도 분단책임의 절반이 미국에 있으므로 정치적·도의적 책임을 지고 통한문제에 적극적인 태도를 보여야 한다는 것이다. 이 신문은 6·25 전쟁에서 뿌린 10여만 명의 미국 청년들의 생명과 그 동안의 원조자금이 헛되지 않게 하기 위해서라도 미국이 통한에 적극성을 보여야 한다고 역설하였다.[59)]

---

57) 위의 신문 1961년 3월 23일자 논설 "조국분단의 책임은 남북의 집권당이 다같이 져야한다".

58) 유재일은 변혁에서 민중이 주체임을 인정하고 성장하는 조직노동자를 중심으로 기층대중 조직의 역량을 강화하여야 하지만 당시 혁신세력은 그렇게 하지 못하였다고 지적하였다(유재일, 위의 논문 p.314). 김광식은 당시 혁신세력이 대중노선을 취하기보다 지식인 중심의 정치투쟁에 매진했다고 지적하고 이를 '지식인 조급주의'라고 비판하였다. 이런 지적은 《민족일보》에 대해서도 설명력을 갖는다.

이 신문은 미국이 한반도 분단을 기정사실화한 바탕에서 정책을 펴야 한다고 주장한 미 상원 외교위원회에 제출된 한 보고서에 대해 논평하면서, 미국이 분단상태의 현상유지를 전제로 한 대한정책을 연장하는 것은 최근 연방제 통일안을 제의한 북한정권에 사실상 동조하는 것으로, 이것은 곧 국토양단의 항구화를 의미하는 것이라고 지적하였다.[60] 이 신문은 또한 미국의 대한정책에 대해 포괄적으로 언급하면서 미국이 "동서냉전의 승리만을 위해서가 아니라 진정으로 한국사람들을 반세기 이상에 걸친 외세의 지배로부터 벗어나게 하고 통일된, 민주적이며 경제적으로 부흥된 독립국가를 이룩할 수 있는 방향으로" 근본적인 정책전환을 가져오지 않는다면 "앤타이 아메리카니즘의 딜레마"는 해소되지 않을 것이라고 경고하였다.[61]

(5) 남북한 정부의 태도에 대한 《민족일보》의 주장

《민족일보》는 통일문제에 적극적인 관심을 쏟으면서 남북한 정부를 싸잡아 비판하였다. 남북한 정부에 대한 이 신문의 비판적 태도는 남북의 이승만과 김일성 두 원수에 대한 부정적인 인식에 뿌리를 두었다. 이 신문은 이승만을 반민주적이고 반민족적인 독재자로서 미국을 업고 분단을 야기한 인물로, 김일성을 소련의 괴뢰로서 6·25 동란을 도발한 인물로 규정하였다.[62]

분단책임에 대한 남북한의 태도에 대해서도 이 신문은 한결같이 비

59) 《민족일보》 1961년 3월 23일자 논설 "조국분단의 책임은 남북의 집권당이 다 같이 져야한다".

60) 위의 신문 1961년 2월 24일자 논설 "두 개의 한국은 그대로 둘 수 없다".

61) 위의 신문 1961년 4월 6일자 논설 "앤타이 아메리카니즘의 본질—미국의 대한 정책의 근본적 전환을 바라며".

62) 위의 신문 1961년 2월 24일자 논설 "두개의 한국은 그대로 둘 수 없다".

판적이었다. 남북의 이승만 정권과 김일성 정권은 말끝마다 '북한 괴뢰정권'이니 '남한의 미 제국주의자들의 앞잡이'니 하며 분단의 책임을 상대편에게만 뒤집어씌우려 했다는 것이다.[63] 이 신문은 남북의 집권자들이 똑같이 미·소의 냉전전략을 무조건적으로 추종함으로써 영토와 인민의 분열을 조장했을 뿐만 아니라 재통일을 방해하고 있다고도 지적하였다.[64]

UN 정치위원회가 남북 동시초청을 결의한 뒤에 취한 태도에 대해서도 이 신문은 남북 정부를 아울러 비판하였다. 북한 공산정권은 성명에서 '조선인민이 참가하지 않는 여하한 결정도 무효'라고 지극히 당연한 듯이 말을 하면서도 같은 성명서에서 '미 제국주의자들이 남반부를 강점' 운운하며 동서냉전에 있어 소련측 입장만을 지지해온 종전의 태도를 조금도 바꾸지 않았으며, 남한의 장면 정권도 UN에서 한국문제 토의가 지지부진한 모든 책임을 북한측에만 돌리려 한다는 것이다. 이 신문은 이 예를 들어, 남북의 집권자들이 전 민족적 비극에 대해 한결같이 무성의하거나 소극적이어서 국토양단에서 오는 비극에 하루빨리 종지부를 찍고 싶어하는 남북의 애국시민들에게 커다란 실망을 주고 있다고 비판하였다.[65]

이 신문은 남한의 이승만 정권과 장면 정권의 통일정책을 시대착오적이거나 반통일적이라고 비판하였다. 우선 이승만 정권은 이른바 북진통일만을 부르짖음으로써 국제적으로 시대착오적인 전쟁도발자와 같은 인상을 주었을 뿐이며 국내적으로 국민들로 하여금 전쟁의 공포 속에 떨게 하였다[66]고 지적하였다. 사실, 서중석에 따르면 이

---

63) 위의 신문 1961년 3월 23일자 논설 "조국 분단의 책임은 남북의 집권당이 다 같이 져야한다".

64) 위의 논설.

65) 《민족일보》 1961년 4월 25일자 논설 "남북의 집권자들은 부질없는 선전전만 일삼지 말라".

승만의 북진통일론은 미국의 의심까지 불러일으켜 절실히 군비증강이 필요한 시기였는데도 불구하고 미국으로 하여금 한국에서 거의 경찰력이나 다름없는 군대를 유지하도록 제한하게 하였다.[67]

《민족일보》는 장면 정권에 대해서도 통일문제에 소극적이거나 부정적인 점을 들어 적극 비판하였다. 이 신문은 장면 정부가 '통한각서'를 발표했지만 이승만 정권이 내세운 통한방안에서 한치의 진전도 없다고 주장하는가 하면[68] 정부가 통일문제에 태만하여 "자유민주 아닌 통일은 불원이요, 하는 따위의 시대역행적 길만 걸으려 한다"고 역설하였다.[69] 이 신문은 민주당 정부가 'UN 감시하의 총선거를 통한 평화통일'이라는 허울 좋은 선전만을 일삼으면서 아무런 능동적 움직임을 보여주지 않고 있으며, "자신들이 내세우는 통일방안 이외의 모든 통일논의를 이단시하고 무서운 눈초리로 단속하고 있다"고 비난하였다.[70] 민주당 정권의 이런 태도는 겉으로 UN 감시하의 남북한 총선거라는 막연하고도 타율적인 통일론을 내세우며 실제로는 '우선 건설하자, 통일은 후에 하자'는 '선건설 후통일'정책의 소산으로, 이는 통일을 단념한 소치라는 것이다.[71] 이 신문은 민주당 정권이 통일문제에 소극적일 뿐만 아니라 무능하기 짝이 없다고 주장하며 장면 정권의 퇴진을 촉구하였다.[72]

이 신문은 윤보선 대통령이 기자회견 석상에서 "북한과의 접촉으로

66) 위의 신문 1961년 2월 16일자 논설 "국토통일을 위한 노력의 의식적 사보타주는 민족적 죄악이다".
67) 서중석, 《한국현대민족운동 연구》 2(역사비평사, 1996) p. 299.
68) 《민족일보》 1961년 3월 23일자 논설 "조국분단의 책임은 남북의 집권당이 다 같이 져야 한다".
69) 위의 신문 1961년 5월 8일자 논설 "통일의 전진을 위하여".
70) 위의 신문 1961년 4월 18일자 논설 "잃어버린 혁명 속에서 새로운 빛을 찾자".
71) 위의 논설.
72) 《민족일보》 1961년 4월 22일자 논설 "통일외교에 실패한 장 정권은 물러나야 마땅하다".

는 민주통일을 이룩할 수 없으며 UN 감시하의 총선에 의한 통일도 당분간은 바라지 않는다"고 밝힌 것도 반통일론을 뚜렷이 한 것에 지나지 않는다고 지적하였다.[73] 이와는 달리 이 신문은 통일문제에 적극적 태도를 보인 제1야당 신민당의 청조회(淸潮會) 회원들이나, UN 총회에 참석하고 돌아와 "통일을 하겠다는 열의가 있다면 (UN에만 맡겨두지 말고) 남북협상을 해서라도 통일과업을 이룩해야 한다"고 밝히고 통일협의체 구성을 제의한 서민호(徐珉濠) 민의원 부의장 등을 높이 평가하며, 남북교류나 남북협상론을 혁신계의 전매특허처럼 생각하거나, 이런 주장을 하면 용공분자로 모는 경향이 지양되어야 한다고 주장하였다.[74]

《민족일보》는 북한정권에 대해서도 여러 차례 비판을 서슴지 않았다. UN 정치위원회가 남북한을 동시 초청하기로 결의하자 이 신문은 북한에 대해 "소련의 냉전정책을 아무런 비판 없이 추종해온 사대주의적이고 의타적인 종전의 태도를 버리고 진정 민족주의의 입장에 돌아와 민족의 이익에 충실할 것"을 촉구하였다. 북한이 동시초청에 대한 성명을 발표하면서 미국을 공격하고 미군철수를 주장하자 이런 여전한 상투적인 주장은 냉전을 해소하기는커녕 도리어 격화 또는 촉구시키는 것밖에 아니라고 비난하였다.[75]

이 신문은 북한의 김일성이 서울대 민통련의 남북 학생회담 제의를 마치 자기 일파의 정치목적을 돕기 위한 것으로 착각하고 있다고 비난하였다. 이 신문은 북한이 경제건설이라는 미명 하에 시민의 기본

---

73) 위의 신문 1961년 5월 9일자 논설 "모처럼 찾은 통일외교의 이니시아티브를 뺏기지 말라".

74) 위의 신문 1961년 5월 4일자 논설 "조국은 혁신주의자만의 것도 보수주의자만의 것도 아니다" 및 1961년 5월 15일자 논설 "범민족적인 통일운동의 추진이 필요하다".

75) 위의 신문 1961년 4월 20일자 논설 "북한의 UN 참가 통고와 정부의 태도".

권리를 무자비하게 박탈하고 있는데 그런 김일성 공산독재의 힘을 빌려 남한에서 통일운동을 펼 의사는 추호도 없다고 전제하고, "빵 없는 자유도 바라지 않지만 자유 없는 빵도 싫어한다는 사실을 김일성 일파는 똑똑히 알아두어야 할 것"이라고 못박았다.[76] 미 · 소 양국의 냉전전략을 일방적으로 추종했다는 점에서 김일성 정권은 남한의 보수 반동정권과 조금도 다름없는 반민족적 과오를 범하고 있다는 것이 이 신문의 일관한 지적이다.[77]

3) 《동아일보》와 《조선일보》의 주장

이미 적은 바 있지만, 1961년 4월 UN 정치위원회가 북한이 UN의 권능과 권위를 인정한다는 조건 하에 남북한 정부대표를 UN에 동시 초청하기로 결정하자 북한은 "UN에서 조선문제가 토의되는 이상 조선민주주의 인민공화국 정부는 자기 대표를 파견할 것"이라는 성명을 발표하였다. 이 성명은 미군철수 등을 촉구함으로써 사실상 UN의 조건부 초청 안을 거부한 것이었지만 남한 조야에서는 초청수락으로 받아들여 한바탕 논란이 일었다.

이런 상황에서 열린 참의원 본회의에서 장면 총리는 만약 북한이 총선거 실시를 수락할 경우 승리할 수 있다고 보느냐는 야당 의원의 질의에 대해 "자유, 민주, 공정한 선거를 실시한다는 보장이 없다면 아무리 UN의 결정이라 하여도 반대하며, 자유선거가 실시될 수 없다면 남북이 두 개로 있는 것이 낫다"[78]고 답변하였다. 이 발언을

76) 위의 신문 1961년 5월 11일자 논설 "북한 정권은 먼저 민족자주정신에 서 있다는 증거를 보여라".

77) 위의 논설.

78) 《동아일보》 1961년 4월 21일자 1면 기사 "공정한 남북총선거 보장 없다면 분단 지속이 낫다. 장 총리 UN 대책 질의에 답변".

논평한 《동아일보》의 논설은 통일문제에 대한 이 신문의 시각을 잘 반영하고 있다. 《동아일보》는 "UN이 자유 민주 통일을 보장하는 결의를 하도록 거국적인 외교역량을 발휘하려 노력해야겠지만, 만약 공산주의의 악을 충분히 이해하지 못한 일부 회원국들의 '나이비테'[79]가 자유 민주 통일에 장해를 가져올 때는 그에 응할 수 없다는 것은 당연한 일"이라며 장면 총리를 두둔하였다.[80]

이 신문은 5·16 군사정변이 난 뒤인 1961년 5월 19일 논설을 통해 통일문제에 대한 태도를 다시 밝혔다. 이 논설에서 "김일성 도당이 항복하면 평화통일이 되는 것이요 그렇지 않으면 실력으로 소탕하는 길밖에 없다"고 전제하고 서두를 필요 없이 실력을 배양하기 위해 '위대한 건설'에 총진군할 것을 역설하였다.[81]

서민호 민의원 부의장이 통일협의체 구성을 제창하는가 하면 신민당 일부에서 남북교류 등의 진취적 통일정책을 추진하고, 학생들이 남북 학생회담을 비롯한 남북협상을 촉구하는 결의문을 채택하는 등 다양한 세력이 통일문제에 대해 새로운 접근을 시도하자 《동아일보》는 이런 일련의 움직임을 강력히 비판하였다. 통일협의체 구성이나 남북교류, 남북 학생회담 등을 주장하지만 북한에서 자율적인 민간단체나 학생대표가 나올 수 없다는 것이 비판의 요지였다.

이 신문은 논설에서 "통한문제의 핵심은 공산통일을 하겠느냐 자유민주통일을 하겠느냐에 있다"고 전제하고 "국민의 대다수가 자유민주통일을 염원하고 있음에도 불구하고 극소수의 사이비 한국민들이 공산통일을 책모하고 있다"고 공격하였다.[82] UN에서 남북한 동시초청 등 새로운 변화를 일으키고 있는 아아(亞阿) 블럭 대표들에 대해 '나

---

79) 영어 naivete를 소리대로 옮긴 말.
80) 《동아일보》 1961년 4월 22일자 논설 "국가의 운명을 정쟁의 도구로 삼지 말라".
81) 위의 신문 1961년 5월 19일자 논설 "혁명완수를 위하여 총진군하자".
82) 위의 신문 1961년 5월 7일자 논설 "소박하고 무책임한 통한방안을 다시 경고한다".

이비테'하다고 한 이 신문이 국내의 진취적인 통일논의에 대하여는 '사이비 한국민의 공산통일 책모'라고 몰아세운 것이다.

《동아일보》에 비해 《조선일보》는 통일문제에 상대적으로 유연하고도 신중한 태도를 보였다. 이 신문은 제1야당인 신민당 소장파가 진취적인 통일정책을 당의 정강으로 채택할 것을 요구하고 나섰으나 당이 이를 부결한 데 대해 아쉬움을 토로하며 "민주당과 신민당의 지도자들이 국토통일을 촉진하는 방안에 대해 좀더 열의와 주도성을 가져야 할 것"이라고 지적하였다.[83] 그러나 이 신문은 통일논의에 신중을 기해야 한다는 기본인식을 바탕으로 주관에 입각한 통일논의를 펴기보다는 정부산하에 구성키로 한 통일문제 연구기구에 많은 관심을 기울였다.

83) 위의 신문 1961년 2월 21일자 논설 "신민당의 국토통일정책은 무엇인가?".

5. 《민족일보》의 남북교류론

1) 남북교류 논의의 전개과정

전술한 바 있거니와, 북한은 남한에서 4·19 혁명이 일어나자 남한을 겨냥하여 적극적 통일공세를 폈다. 1960년 4월 21일 '남북조선의 정당 사회단체 대표 연합회의' 긴급소집을 제의하는가 하면, 27일에도 남북 제 정당 사회단체 연석회의를 열어 남북 자유왕래를 실현하고 남북연합 경제위원회를 구성하며 남북 총선거를 통해 통일정부를 수립하는 방안을 논의하자고 제의하였다.[84)]

1960년 7월 들어 대학가에서 남북 학생회담을 제창하자 이에 대한 찬반논의가 일면서 남북교류론이 사회적 쟁점이 되었다. 통일사회당은 남북 학생교류를 촉구하고 아울러 정당 사회단체협의체 구성을 제의하였다. 사회대중당도 거들고 나섰다. 이 당은 남북 서신교환의 즉각시행, 기자, 교수, 학생, 법조인의 시찰 및 교환 등을 주장하였다. 사회당도 남북 학생회담을 찬성하면서 서신교환, 인사왕래, 경제, 문화교류, 남북 정당 및 사회단체 회담개최 등을 제의하였다. 민자통은 남북 학생회담을 적극 지지하면서 서신교류, 문화교류, 경제교류, 남북 체육대회 개최 등을 촉구하였다.[85)]

남북교류론은 의회에서도 논쟁의 대상이 되었다. 1960년 12월에 민주당 소속의 참의원 정상구 의원은 제한된 범위 안에서 서신교환과 더불어 국제적십자사를 통한 물물교환과 같은 '지극히 고도의 기술을

---

84) 전인영, "장면 정권기의 남북관계와 통일정책", 《한국현대사의 재인식 5》(오름, 1998) p. 277.

85) 위의 논문 pp. 285~287.

구사한' 방식으로 남북교류의 물꼬를 트자고 제안하였다. 이에 대해 장면 총리는 서신교환을 할 경우 편지를 받은 북한주민이 탄압을 받게 될 위험이 있다는 이유로 반대하였다.86)

1961년 1월 6일 장면 총리는 기자회견을 통해 "정부로서는 남북교류안을 확고부동하게 일관성을 가지고 반대한다"고 다시 밝혔다. 그러나 야당인 신민당의 소장파그룹인 청조회가 남북교류안을 정강으로 채택하는 방안을 추진함으로써 남북교류문제는 다시 정치적 쟁점으로 떠올랐다. 청조회는 남북간의 서신교환, 언론인의 교환시찰, 구호양곡 제공, 월남동포의 부양가족 교환 등 광범한 차원의 남북교류를 주장하였다. 이 안은 당의 전당대회에서 부결되었다. 그러나 남북교류론은 5·16 군사정변이 나기 직전까지 다양한 세력에 의해 줄기차게 제기되었다.87)

2) 남북교류에 관한 《민족일보》의 주장

《민족일보》가 게재한 '남북문제 논설 29개 가운데 '남북교류'를 주제로 한 논설은 6개로 20.7%에 해당한다. 이 신문은 이에 대해 상당한 관심을 보인 셈이지만 보수신문인 《동아일보》는 남북교류를 주제로 한 논설을 하나도 싣지 않았으며, 《조선일보》는 단지 1개만을 실었다. 《민족일보》는 남북교류의 필요성을 강조하고 구체적 방안을 제시하는 논설 5개를 게재하고 정부의 남북교류에 대한 부정적인 태도를 비판하는 논설 1개를 실었다. 반면에 《조선일보》가 게재한 논설 1개는 학생들이 주장하는 남북 학생회담에 대해 우려를 나타낸 것

86) 강광식, 위의 논문 p. 187.

87) 서울대 민족통일연맹 대의원대회는 1961년 5월 4일 성명서를 통해 학생, 기자교류 및 남북학생 친선체육대회 개최 등을 주장한 바 있다.

이었다. 《민족일보》와 보수신문은 양적으로 차이를 보이기도 했지만, 질적으로도 뚜렷한 접근방법의 차이를 드러낸 것이다.

《민족일보》는 통일을 위한 전 단계로 남북교류를 활성화해야 한다고 주장하였다. 남북통일을 이룩하기 위해서는 남북교류가 그 초보적 단계를 마련하게 된다는 것이었다.[88] 《민족일보》가 남북교류를 중시한 논거는 두 가지로 나눌 수 있다. 첫째는 남북의 유무상통이 경제적으로 서로 이익이 될 것이라는 실리적 판단이다. 이 신문은 우선 남북간의 경제교류의 필요성을 2회 연속 논설을 통해 주장하였다. 이 논설에서 이 신문은 "남북통일을 불가분리의 대전제로 한다면 남한의 생산품과 북한의 생산품을 유기적으로 유무상통케 한다는 것은 감정적 적대의식을 떠나 경제적으로 호상 이익이 될 것"이라고 강조하였다.[89] 또한 이 신문은 이 논설에서 남북의 유무상통뿐만 아니라 거시적 견지에서도 경제교류가 유익하고도 가능하다는 울프 박사[90]의 보고서에 동조하였다. 즉, "당분간 국토분단이 지속된다 하더라도 서로 경쟁적인 산업의 과대시설을 피하기 위하여 특별한 남북 통상교섭을 고려하는 것이 경제적으로 유익할 뿐만 아니라 그 가능성이 농후하다"는 것이다.[91]

둘째는 남북교류를 통해 남북이 같은 민족임을 확인하고 정서적 유대를 강화할 수 있으며, 이런 '상호융화'[92]가 곧 평화통일을 위한 '예비적 조정'[93]이 될 수 있다는 인식이다. 이런 취지에서 《민족일보》는 경제교류 외에 서신교환, 언론인 교환, 시찰단 교환, 월남가족

88) 《민족일보》 1961년 2월 19일자 논설 "신민당의 남북교류 안 삭제가 의미하는 것".
89) 위의 신문 1961년 4월 10일자 논설 "남북교류의 시기는 성숙하였다-하".
90) 정부의 5개년 경제개발계획 수립을 조언하기 위해 방한한 미국의 후진국경제 전문 경제학자.
91) 《민족일보》 위의 논설.
92) 위의 논설.
93) 《민족일보》 1961년 4월 24일자 논설 "남북교류 주장에 대한 장 총리의 패배주의".

의 부양가족 교환 등 진취적 남북교류 방안을 당의 정강으로 수용할 것을 요청한 신민당 소장파 모임인 청조회의 노력을 높이 평가하였다.[94] 이 신문은 "남북교류에 대한 찬반에는 쌍방이 다 그만한 이유가 있다"고 전제하고 "정치성과 위험성이 가장 낮은 것부터 시작하여 점차 그 범위와 도수를 넓혀가는 것"이 합리적이라고 주장하며, 서민호 민의원 부의장이 제의한 체육교류 제의를 적극 성원하였다.[95] 즉, 도쿄에서 열리는 18회 올림픽대회에 남북 혼성팀을 보내자는 것이었다.

이 신문이 학생들의 통일운동을 적극 지지한 취지도 같은 맥락에서 이해할 수 있다. 이 신문은 5·16 군사정변이 난 당일인 1961년 5월 16일자 논설을 통해 학생회담에 대해 전폭적 찬의를 밝힌 바 있다. 이 논설은 《민족일보》가 학생들의 일련의 통일운동을 성원하는 이유를 잘 설명하고 있다. 이 신문은 이 논설에서 학생회담이 정치회담도 아니려니와 또한 정치회담이 될 수도 없고, 거기서 가결해야 할 정치문제가 논의될 수도 없으며 또한 통일방식을 결정하지도 않을 것이지만 "이념이 다르고 체제가 다른 남북의 인민들 상호간에 선의와 신뢰가 교류되는 근저"를 마련할 수 있기 때문에 남북 학생회담이 의의를 갖는 것이라고 강조하였다.[96]

94) 위의 신문 1961년 2월 19일자 논설 "신민당의 남북교류 안 삭제가 의미하는 것".
95) 위의 신문 1961년 5월 12일자 논설 "우선 체육교류로부터 시작하자".
96) 위의 신문 1961년 5월 16일자 논설 "민족의 자주노력으로써 남북협상의 단계까지 정세를 발전시키자".

3) 《동아일보》와 《조선일보》의 주장

《동아일보》는 남북교류를 주제로 한 논설은 하나도 싣지 않았다. 《조선일보》는 신민당의 일부 의원들이 남북교류를 당의 정강정책으로 채택하도록 추진하였으나 부결되자 논평을 통해 "북한은 평화통일과 경제, 문화교류를 호소해왔지만 민주당 지도자들은 시기상조, 위험천만이라는 단순한 이유만으로 북한측의 협상공세를 일축해 왔다"고 말하고, "북한측의 제의에는 경계해야 할 위험한 요소가 다분히 내포되어 있지만 그렇다고 해서 전 민족의 숙원이며 지상과제인 국토통일을 무작정 방기해둘 수는 없다"고 지적하였다.[97] 그러나 이 신문 역시 남북교류의 필요성이나 구체적인 방법론에 대하여는 적극적인 관심을 보이지 않았다.

---

97) 위의 논설.

6. 《민족일보》의 통일운동론

1) 통일운동의 전개과정

7·29 총선에서 참패한 혁신계 인사들은 이합집산 과정을 거쳐 사회대중당, 사회당, 혁신당, 통일사회당으로 재편하였다. 이들 정당 사이에 대통합 논의가 제기되었지만 정당간의 노선 차이나 주도권 경쟁 등으로 별다른 진전을 보지 못했다. 이런 상황에서 일부 혁신계 인사들은 정당통합에 매달리기보다 구체적인 운동을 펴는 과정에서 통합을 이루는 길을 모색하기로 방향을 바꾸었다. 그 결실이 바로 민족자주통일중앙협의회(민자통)였다.

6·25 전쟁 이후 최대의 정치적 대중조직인 민자통의 결성은 크게 세 단계로 나누어 살펴볼 수 있다. 첫째 단계는 혁신정당이 총선 이후 이합집산하고 있을 때 민족건양회 인사들이 중심이 되어 민자통을 결성하려 한 준비단계이다. 둘째 단계는 혁신정당, 사회단체 그리고 개별인사들이 가입하여 명실상부한 연합전선적 형태로 발전한 단계이다. 셋째 단계는 중립화 통일을 주장하는 통일사회당 계열의 인사들과 일부 종교인들이 탈퇴하여 혁신세력이 분열되고[98] 다른 한편으로는 미국과 민주당 정권의 혁신세력 탄압책으로 입안된 2대 악법에 대한 반대투쟁으로 민자통의 조직이 강화된 단계이다.[99] 1961년 2월 25일 정식으로 발족한 민자통에는 사회대중당, 사회당, 혁신당 일부, 동학당 일부 등의 정당과 광복동지회 일부, 유도회 일부, 민족건

98) 민자통에서 이탈한 통일사회당, 혁신당 일부, 광복동지회 일부, 천도교 일부 등은 중립화 조국통일총연맹(중통련)을 결성하였다.

99) 정창현, “4월 민중항쟁 직후 혁신정당운동과 민족자주통일 중앙협의회”, 《한국현대사》 2(풀빛, 1991) pp. 242~244.

양회, 구국동지회, 민주민족청년동맹, 통일민주청년동맹 준비위, 천도교 일부, 천도교 부녀회, 4월학생혁신연맹, 피학살자 유족회, 출판노조 일부, 교원노조 일부, 교수협회, 사회문제연구회 등의 사회단체가 가입하였다.100)

민자통이 등장함으로써 남북문제는 관념적인 정책논쟁의 틀을 벗어나 운동의 단계, 정치투쟁의 단계로 발전하였다. 민자통은 자주 평화 민주의 3대 원칙에 입각한 통일운동의 전개를 표방하고 그 구체적 실천방안으로 즉각적 남북협상, 남북 민족대표자의 민족통일건국최고위원회 구성, 통일협의를 위한 남북대표자 회담, 외세의 배격 등을 제의하였다. 민자통은 각 시도협의회 결성대회와 시국강연회를 통해 일반대중에게 통일의 중요성을 여론화하는 데 주력하였다.101)

한편 통일논의는 1960년 9월 이후 대학가에서도 활발히 전개되었다. 9월 24일과 25일 고려대에서 열린 전국대학생 시국토론회에서 민족주의적 중립화 통일운동을 전개하자는 의견이 제기되었다.102) 통일운동의 선봉에 나선 것은 서울대 학생들이었다. 이들은 1960년 11월 1일 서울대 강당에서 서울대 민족통일연맹 발기대회를 열고 통일운동에 매진할 것을 결의하였다. 민족통일연맹(민통련) 결성은 다른 대학으로 퍼져 1960년 12월까지는 경희대, 건국대, 고려대, 동국대, 성균관대, 연세대, 중앙대 등 시내 11개 대학에 민통련(또는 민족통일연구회)이 발족하거나 결성 준비위원회를 구성하였으며, 부산대, 경북대, 전남대를 비롯한 여러 지방대학도 같은 조직을 잇달아 결성하였다.103)

---

100) 위의 논문 p. 245.

101) 강광식, 위의 논문 p. 184.

102) 서중석, "4월혁명 운동기의 반미 통일운동과 민족해방론", 《역사비평》 14 (1991년 가을호) p. 142.

103) 민통련에 대해서는 황 건, "민통련과 민족통일운동", 《한국사회 변혁운동과 4

서울대 민통련은 1961년 5월 3일 대의원총회에서 남북 학생회담을 정식으로 제안하는 결의문을 채택하였다. 이 결의문은 지금까지의 통일논의를 일거에 대중운동의 차원으로 끌어올리는 계기가 되었다. 이틀 뒤인 5월 5일에는 민통련 단위조직의 결성을 마친 전국의 18개 대학과 경북고의 대표 및 옵서비 30여 명이 참석한 가운데 민족통일 전국학생연맹(민통전학련)의 결성 준비회의가 열렸다. 이 회의에서는 남북 학생회담의 장소를 판문점으로 하며, 5월중에 회담을 개최하되 정확한 일자는 대표선출 이후 결정하기로 하고, 정부에 남북 학생회담에 임하는 모든 편의를 제공할 것을 촉구하였다.[104] 민자통이나 민통련이 역점을 둔 운동은 통일운동이었지만 이들 조직은 또한 한미경제협정 체결반대나 2대 악법(반공법과 데모규제법) 반대 등 그때그때 제기된 정치쟁점에 대해 조직을 바탕으로 전국적으로 시위를 주도하는 등 파상적으로 정치투쟁을 펴나갔다.

서중석에 따르면, 혁신계 일부 인사와 청년 학생들은 미·소의 세력균형에 기반을 둔 중립화 통일론에서 점차 제3세계의 민족해방에 주목하는 민족해방 자주통일론에 접근하여 갔다. 후자는 중립화 통일론의 일환으로 전개된 면도 있지만 중립화 통일론에서 벗어난 면이 더욱 컸으며, 주로 변혁지향적 청년학생들에 의해 주도되었다.[105]

그러나 민자통이나 민통련이 주장한 바가 용공적인 것은 아니었다. 유재일에 따르면, 민자통의 원류는 해방정국의 중간파라고 할 수 있다. 이들 원류는 해방직후 국가형성 노선을 부르주아 민주주의 혁명의 틀 안에서 반봉건적 요소를 청산하고 일부 사회주의 경제정책을 도입함으로써 좌우의 독재를 배격한 민족통일국가를 수립하는 것으

월혁명》2(한길사, 1993) pp. 152~172 참조.

104) 황 건, "민통련과 민족통일운동", 《한국사회 변혁운동과 4월혁명》2(한길사, 1993) pp. 166~167.

105) 서중석, 위의 논문 p. 147.

로 삼고 있었다.[106] 남로당의 혁명노선은 6·25 전쟁 이후 남한에서 특별한 예외를 제외하고는 자취를 감추었으며,[107] 민자통이 추구한 것도 민주적 사회주의의 범주를 벗어난 것이 아니었다. 민통련 학생들의 주장 역시 기본적으로는 민자통의 그것과 대동소이하였다.

민자통이나 민통련이 전개하는 통일운동이 비록 친북 용공적인 것이 아니었다 하더라도 이런 일련의 강력하고도 도전적인 통일운동은 장면 정부를 매우 곤혹스럽게 만들었다. 장면 총리 스스로 국회에서 "자유선거가 보장되지 않는 한 UN이 결의한다 하더라도 통일보다 분단을 택하겠다"고 밝힌 바 있지만 정부는 실제로는 '선건설 후통일'의 통일유보론을 견지하고 있었기 때문이다. 미국도 이런 흐름을 보며 한반도에서 통일문제가 갈수록 어려운 문제로 대두할 것이라고 전망하였다.[108]

2) 통일운동에 관한 《민족일보》의 주장

《민족일보》가 게재한 남북문제 논설 29개 가운데 통일운동을 주제로 한 논설은 4개로 13.8%에 해당한다. 이 신문은 이에 대해 상당한 관심을 보인 셈이지만 보수신문인 《조선일보》는 민통련의 남북학생회담 제의를 부정적으로 평가한 논설 1개를 실었을 뿐이며, 《동아일보》는 이 문제를 주제로 한 논설을 아예 하나도 게재하지 않았

---

106) 유재일, "4월혁명 직후 민자통의 통일운동", 《사회와 사상》(1989년 5월호) p. 313.

107) 김광식, "4월혁명과 혁신세력의 등장과 활동", 《한국사회 변혁운동과 4월혁명》 1(한길사, 1990) p. 189.

108) CIA, "Short-Range Outlook in the Republic of Korea"(Special National Intelligence Estimate, No. 42-61, 21. March, 1961; Country file: Korea. Box. 127. John F. Kennedy Library) p. 4.

다. 《민족일보》의 통일운동에 관한 사설 4개 가운데 혁신계에 분파주의를 극복할 것을 촉구한 것이 1개이며 나머지 3개는 민통련의 남북 학생회담에 관한 것이다. 학생들의 남북회담을 적극 성원하고자 한 이 신문의 태도가 반영된 것으로 이해할 수 있다.

《민족일보》는 민자통 결성을 앞두고 통일사회당계가 중립화조국통일총연맹(중통련)을 발기하며 민자통과 결별하자 혁신계의 분파행동을 개탄하며, 통일운동이 민족의 절실한 요구에서 출발한 것이라면 민자통이 특정한 정치집단의 세력부식을 위한 도구가 되어서는 안 된다고 지적하고, 아울러 "통일운동의 불통일을 초래해서는 절대로 안 된다"고 역설하였다.[109] 이 신문은 그 뒤 사회대중당 중심의 민자통이 활발한 통일운동을 벌였음에도 불구하고 이 단체의 통일운동에 관한 논설은 더 이상 싣지 않았다.

《민족일보》는 서울대 학생들이 민통련을 결성, 통일운동을 벌이자 이에 대하여는 연달아 논설을 싣는 등 적극 지지하였다. 이 신문은 1961년 5월 3일 서울대 민통련이 대의원대회를 열어 남북 학생회담과 학생교류를 추진키로 결의하자 이를 적극 성원하고 나섰다. 이 신문은 5월 5일자 논설에서 학생들이 4·19 때와는 달리 "비정상적 수단이 아니라 인내성 있는 설득에 치중"한 사실을 높이 평가하고, "순수한 민족애에서 나온 학생들의 비상한 결의와 행동에 대해 위험시하거나 경원할 것이 아니라 적극적인 성원과 협조를 보내야 한다"고 주장하였다.[110]

5월 5일 민족통일 전국학생연맹(민통전학련)이 결성 준비대회를 열어 남북 학생회담 개최를 재확인하자 이에 대해서도 《민족일보》는 "현실 정치인은 제한된, 그리고 현실적으로 실현 가능성이 있는 남북

---

109) 《민족일보》 1961년 2월 22일자 논설 "통일운동에 분파행동 있을 수 없다".
110) 위의 신문 1961년 5월 5일자 논설 "조국통일의 선봉들에게 감사한다".

교류를 빨리 이룩할 수 있도록 전력을 기울여야 한다"고 강조하였다. 이 신문은 이 논설에서 "일반대중은 기자교환, 학생교류, 제한된 남북간 여행의 자유, 남북교역 등이 실현되면 통일의 길이 개척되었다고 만족해야 할 것이며, 정치적 통일이 지연되더라도 너그럽게 참아줄 수 있을 것"이라고 전제하고 이런 견지에서 민통전학련의 제창을 정당하게 평가한다고 밝혔다.[111)]

이 신문은 5·16 군사정변이 난 당일인 1961년 5월 16일자에 다시 논설을 통해 학생회담에 전폭적 찬의를 밝혔다. 이 신문은 이 논설에서 학생회담이 정치회담도 아니려니와 또한 정치회담이 될 수도 없고, 거기서 가결해야 할 정치문제가 논의될 수도 없으며 또한 통일방식을 결정하지도 않을 것이지만, "이념이 다르고 체제가 다른 남북의 인민들이 상호간에 선의와 신뢰가 교류되는 근저"를 마련할 수 있기 때문에 남북 학생회담이 의의를 갖는 것이라고 주장하였다.[112)] 공통의 민족감정이야말로 조국통일의 정신적 근저가 될 것이며 학생들이 순수한 민족감정을 서로 나누는 것만으로도 의미가 크기 때문에 이를 전폭적으로 지지한다는 것이다.

이 신문이 학생들의 통일운동을 적극 성원한 것은 통일이 바로 민족문제를 해소하고 민생문제까지도 해결하는 첩경이라는 기본인식에 바탕을 둔 것이었다. 이 신문은 이런 전제 하에 대학생들의 통일운동이 통일문제에 대해 부정적이거나 소극적인 정부나 기득권층에 강력한 영향을 끼칠 수 있다고 믿었다. 그러나 전술한 바 있듯이, 학생들이 통일운동의 구체적 목표로 제시한 남북 학생회담이 실현된다 하더라도 남북간의 정서적 공감대를 형성하는 정도에 머물 수밖에 없다는

111) 위의 신문 1961년 5월 7일자 논설 "학생들의 통일의욕을 무정견으로 억압치 말라".

112) 위의 신문 1961년 5월 16일자 논설 "민족의 자주노력으로써 남북협상의 단계까지 정세를 발전시키자".

판단도 작용한 것으로 이해할 수 있다. 이 신문은 남북 학생회담의 부정적인 파급력이 대수롭지 않을 것이라고 전제하고 정부당국에 학생들의 의지를 꺾지 말도록 촉구한 것이다.

3) 《동아일보》와 《조선일보》의 주장

《동아일보》는 통일운동을 주제로 한 논설은 하나도 싣지 않았으며 《조선일보》는 단 1개의 논설을 냈다. 그러나 두 신문은 다른 의제에 관한 논설을 통해 이에 반대한다는 태도를 거듭 밝혔다. 《동아일보》는 민통련의 남북 학생회담 제의나 서민호 민의원 부의장의 통일협의체 구성제안에 대해 북한에 자율성을 가진 민간단체나 학생대표가 존재하지 않는다는 이유로 반대하였다. 나아가 이 신문은 남북교류를 주장하는 사람들을 가리켜 "자기들만이 통한을 염원하는 진정한 애국자라고 자기도취에 빠져 있는 듯하다"고 비판하였다. 또한 이 신문은 "국민의 절대 다수가 자유민주 통일을 염원하고 있으나 극소수의 사이비 한국인들이 공산통일을 잭모하고 있다"고 지적하고, "이런 사이비 한국인이 있는 한 이들이 간지를 다하여 자유민주 통일의 실현을 방해할 것이기 때문에 자유민주통일이 쉽사리 달성되리라고 생각하지 않는다"고도 주장하였다.[113] 통일운동을 벌이는 사람들을 사이비 한국인으로 매도하고 나아가 공산통일을 획책하는 것으로까지 몰아붙인 것이다.

《조선일보》 역시 민자통의 남북 학생회담 제의에 대해 부정적이었다. 이 신문은 "우리 학생들이 판문점에서 만나게 될 북한학생들은

113) 《동아일보》 1961년 5월 7일자 논설 "소박하고 무책임한 통한방안을 다시 경고한다".

명목은 학생이라 하더라도 공산주의 세계제패의 전사로 선발되고 그 목적을 위하여 충분히 훈련된 첨병학생"일 것이라고 전제하고, "그들의 맹신과 흉계를 시정시킬 가능성은 천의 하나도 없는 반면에 그들의 인류말살의 흉계를 본의 아니게 돕거나 그들의 선전자료에 불과하게 될 천의 999의 가능성이 있다"며 학생회담 제의는 시도의 가치조차 없는 것이라고 일축하였다.[114]

---

114) 《조선일보》 1961년 5월 6일자 논설 "시도의 가치 없는 남북 학생회담의 제의".

7. 요약 및 논의

1) 요약: 남북문제에 관한 《민족일보》와 보수신문의 인식 차이

《민족일보》는 통일문제가 역사적이고도 절대적인 시대적 과제라는 인식 하에 통일문제에 매우 적극적인 태도를 보였지만 보수신문인 《동아일보》와 《조선일보》는 관심도 낮았으려니와 태도도 사뭇 소극적이었다. 두 보수신문은 겉으로는 UN 감시하의 자유선거에 의한 평화통일을 내세우면서도 실제로는 '선건설 후통일'의 통일유보 정책을 견지한 민주당 정권의 태도에 동조하거나 별다른 이의를 제기하지 않았다. 두 신문의 이런 태도는 전술한 바 있듯이 UN 동시초청 문제나 통일정책, 남북교류 및 통일운동론에 여실히 드러난다.

UN 정치위원회가 남북한을 동시 초청키로 한 결정에 대해 《민족일보》는 "16년간이나 끌어온 영토분단과 사상의 대립상태에 종지부를 찍는 데 조금이라도 도움이 될 수 있는 회의라면 굳이 거부할 이유가 없다"는 전향적 태도로 시종한 반면, 두 보수신문은 남북 동시초청은 국제사회에서 북한을 인정하고 북한의 발언권을 강화할 우려가 있기 때문에 적극 저지해야 한다고 주장하였다. 특히 《동아일보》는 "공산주의자들과는 공존할 수도 타협할 수도 없고, 오직 생사의 대결을 감행하는 길밖에 없다"는 완강한 태도를 거침없이 드러냈다.

《민족일보》는 통일문제에 적극적 태도를 보이면서 "자주적, 중립화적 방법이 아니고는 통일이 이룩될 가능성이 전무하다"고 단언하고, 이 중립화 통일론으로 전 민족이 단결해야 통일을 이룰 수 있다고 주장하였다.[115] 그러나 《동아일보》는 이와는 확연하게 다른 태도

115) 《민족일보》 1961년 2월 27일자 논설 "조국통일을 위하여 전 민족이 하나의 방향으로 단결되어야 한다".

를 보였다. 이 신문은 자유민주 통일이 아니면 UN의 결정이라 하더라도 수용할 수 없음을 분명히 하였으며, 국제사회에서 새로이 발언권을 확대하고 있는 아아(亞阿) 블럭에 대해 '나이비테'하다고 규정하는가 하면 국내의 중립화 통일논의를 '사이비 한국민의 공산통일 책모'라고까지 몰아세웠다. 《조선일보》는 "기성 정치인들에 대한 국민의 불신도가 점고하고 있는 이유의 하나는 국토통일에 대한 자신 있는 방안을 제시함이 없이 덮어놓고 통일의욕을 억압하는 것"이라고 지적하고 통일정책에 관한 전진적 방안이 제시되어야 한다고 주장하였다.[116] 그러나 이 신문은 통일논의에는 신중할 필요가 있다는 전제 하에 통일논의 자체에 대한 주장은 펴지 않고 정부 산하의 통일연구기관 설립에 관심을 쏟았다.

《민족일보》는 통일이 지상의 과제라는 인식을 전제로 다양한 남북교류의 필요성을 역설하였다. 특히 이 신문은 학생들의 남북 학생회담을 적극 성원하였다. 그러나 이 신문은 정치성이 없고 위험도 뒤따르지 않는 체육교류가 가장 바람직하다고 보고 18회 도쿄 올림픽에 남북 혼성팀을 보내자는 서민호 민의원 부의장의 제의를 크게 환영하였다. 그러나 《동아일보》나 《조선일보》는 남북교류 자체에 별다른 관심을 보이지 않았다.

《민족일보》는 민자통이나 민통련의 통일운동을 적극 지지하였다. 이 신문은 통일을 위해서는 남북의 인민들이 선의와 신뢰를 촉진하는 것이 필요하다고 전제하고, 학생회담을 통해 남북학생이 순수한 민족감정을 서로 나누는 것만으로도 의미가 크다고 주장하였다.

그러나 보수신문들은 한결같이 남북 학생회담 개최나 남북 통일협의체 구성에 부정적 태도를 보였다. 이들 신문의 통일운동에 대한 부정적인 시각의 기저에는 북한정권의 성격에 대한 부정적 인식이 깔려

---

116) 《조선일보》 1961년 2월 21일자 논설 "신민당의 국토통일정책은 무엇인가?".

있다. 즉, 두 신문은 북한정권의 성격상 북한에서 자율적인 민간단체나 학생대표가 존재할 수도 없으며 회담이 열리거나 협의체가 구성되면 북한 정권의 선전장으로 악용될 가능성이 높다고 믿은 것이다.

한반도 분단의 책임이 미국이나 소련 또는 이승만 정권이나 김일성 정권 등 대립적인 양 세력의 어느 한 편에 있다고 믿고, 다른 편을 타도나 전복의 대상으로 삼는 것을 냉전적 사고라고 규정할 수 있다. 반면에 분단의 책임을 외부의 미·소 양국 또는 내부의 좌우 양 세력이 공동으로 져야 한다고 인식한다면 그것은 수정주의적 사고로 정의할 수 있다. 이런 개념에 따르자면 남북문제에 있어 《동아일보》나 《조선일보》가 냉전적 사고에 머문 반면에 《민족일보》는 수정주의적 시각을 분명히 드러냈다고 할 수 있다. 남북문제에 있어 《조선일보》는 《동아일보》에 비해 상대적으로 전향적인 태도를 보였지만 그러나 친미 반북 반소 반공주의라는 본질적 차원에 관한 한 두 신문이 다 강고한 태도를 견지하였다.

2) 논의: 텍스트인가 콘텍스트인가?

"북한 괴뢰집단에서 주장하는 것과 동일한, 또는 그 기본방향이 동일한 위장 남북 평화통일방안을 비롯하여 남북협상, 경제, 문화 서신 교류, 학생회담 등 대한민국의 국시를 무시하고 오히려 반국가단체의 목적사항을 선전, 선동함으로써 동 단체의 활동을 고무, 동조"[117] 했다는 것이 《민족일보》에 대한 혁명검찰부의 공소요지다. 1심 재판부는 "이북 괴뢰집단의 주장내용과 상응한 한국의 중립화와 정치적 평화통일에 앞선 남북협상, 경제 서신 문화교류 및 학생회담 등을

117) 한국혁명재판사 편찬위원회, "민족일보 사건", 《한국혁명재판사》 3(동아출판사, 1962) p. 198.

적극 찬동 추진한다는 지(旨)로 사설 논설 기사 등을 게재 발간케 하여 이를 선전, 선동함으로써 반국가단체인 이북 괴뢰집단의 활동을 고무 동조"[118] 했다는 점을 인정하여 조용수 등에게 사형을 선고하는 등 중형을 내렸다. 변호인들은 상소심에서 "어찌하여 그 논설을 가지고 이북 괴뢰집단에 동조한 것이라는 설명도 없이 막연히 판시하였음은 중대한 사실의 오인"[119] 이라고 주장하였으나 상소심 재판부는 이 이의를 기각하였다.

《민족일보》 사건에서 문제가 된 것은 중립화 통일론과 남북교류론이다. 그러나 《민족일보》는 남북교류를 중립화 통일의 전제적 과제로 인식하였기 때문에 《민족일보》 주장의 핵심은 역시 중립화 통일론이라고 할 수 있다. 사실 한반도의 중립화 통일론은 갈퉁(Johan Galtung)이 지적한 바와 같이 한국 전체가 자본주의화하든지 혹은 사회주의화하든지 아니면 사회민주주의를 택하는 세 가지 가능성을 전제로 한다.[120] 《민족일보》가 추구한 것은 사회주의화가 아니었다. 유재일은 민자통의 노선이 민주적 사회주의였다고 지적한 바 있는데[121] 《민족일보》가 추구한 것도 그에 다를 바 없다.[122] 김광식이 지적한 바와 같이 남로당의 사회주의 혁명노선은 6·25 전쟁 이후 남한에서 특별한 예외를 제외하고는 자취를 감추었으며[123] 《민족일

---

118) 위의 책 pp. 207～208.

119) 위의 책 p. 221.

120) Galtung, Johan, "한반도 통일을 위한 중립화 모색", 강종일 이재봉 편, 《한반도의 중립화통일은 가능한가》(들녘, 2001) p. 191.

121) 유재일, 위의 논문 p. 304.

122) 《민족일보》는 "민주적 사회주의의 길"이라는 이봉산(李奉山)의 기고를 3회에 걸쳐 연재하였다. 그에 따르면 민주적 사회주의(*Democratic Socialism*)란 민주주의를 기조로 하고 민족주의에 입각, 사회주의 이론을 흡수하여 이를 지향하는 것을 그 기본 이론으로 삼고 있으며, 어디까지나 반공주의 반파시즘주의를 뚜렷이 하고 있다(민족일보 1961년 4월 16일자 2면).

123) 김광식, 위의 논문 p. 189.

보》에서도 그런 전 시대적 노선을 발견할 수 없다.

이 밖에도 몇 가지 사실에 비추어 《민족일보》가 편 통일론이 북한의 그것과 동일하거나 기본노선이 동일하다는 재판부의 판결에 이의를 제기할 수 있을 것이다. 첫째, 《민족일보》의 중립화 통일론은 반공 반김일성주의를 기반으로 하고 있다. 《민족일보》는 한결같이 북한 김일성 정권에 대해 비판적 태도를 견지하였다.

둘째, 중립화 통일론은 북한의 통일정책과는 그 본질이 다르다. 북한은 1949년 6월 통일방안으로 '남북 제 정당사회단체 대표자회의'를 소집하여 거기서 선거지도위원회를 구성하고 이 위원회 지도 아래 남북 총선거를 실시할 것을 제안하였고, 1954년 제네바 정치회담에서는 중립국 감시하의 총선거 방안을 제시하였으나, 1960년 8월에는 과도적 대책으로 연방제 방안을 내놓았다.[124] "북과 남이 서로 상대방의 사상과 제도를 그대로 인정하고 용납하는 기초 위에서, 북과 남이 동등하게 참가하는 민족 통일정부를 창건"[125] 하자는 것이 연방제안의 핵심이다. 이 연방제 통일안은 두 개의 한국을 전제로 한 것으로 하나의 중립국가를 지향하는 《민족일보》의 통일론과는 본질적 차이가 있음을 부정할 수 없다.

북한은 1960년 8월 위의 연방제 안을 제시하면서 아울러 경제적·문화적 교류와 협력을 모색할 것을 제안한 바 있다. 《민족일보》의 남북교류 주장이 북한의 이 경제·문화적 교류협력 제안과 동일하거나 기본노선이 동일한가? 그렇다고 볼 수 없다. 《민족일보》는 중립화 통일을 실현하기 위한 전 단계로 남북교류를 활성화해야 한다고 주장한 반면에, 북한은 연방제를 전제로 한 남북의 교류와 협력을 제

124) 노중선, "통일방안 논의의 변천과정과 현황", 김낙중·노중선 편, 《현단계 제 통일방안》(한백사, 1989) p. 15.
125) 김일성, "조선로동당 제6차 대회에서 한 중앙위원회 사업총화 보고", 《조국의 자주적 평화통일을 위하여》(평양, 조선로동당 출판사, 1981) p. 515.

의하였기 때문이다. 지향하는 바가 전혀 다른데도 일부 내용이 유사하다고 하여 그것을 북한의 주장과 동일하거나 기본노선이 동일하다고 단정할 수 없을 것이다.

셋째, 중립화 통일론은 그 뿌리가 깊다는 점을 간과해서는 안 된다. 멀리는 개화기의 선각자 유길준도 중립화론을 주장하였다.[126] 4월혁명 이후만 하더라도 김삼규, 김용중 등이 줄기차게 중립화 통일론을 폈으며, 여러 혁신정당이 중립화 통일론을 정강으로 채택하였다. 또한 같은 시기에 미국의 유력한 상원의원 맨스필드(Mike Mansfield)와 반공 정치학자 스칼라피노(Robert A. Scalapino)도 한반도의 중립화를 제의한 바 있다.

이렇듯이 여러 갈래의 이론제기가 가능한데도 불구하고 군사정부가 《민족일보》를 폐간 조치하고 발행인 조용수를 사형에 처한 이유는 어디서 찾아야 할까? 우리는 《민족일보》가 편 주장의 내용(*text*)보다 그 주장이 제기된 시점의 사회적 상황(*context*)을 주목할 필요가 있다. 군사혁명을 일으킨 박정희 군부로서는 안으로 진보적 지식인이 주도하는 반정부 시위나 통일운동을 원천 봉쇄할 필요가 있었고, 밖으로 박정희 소장과 그 가족의 공산주의 활동전력[127]에 기인한 미국의 의구심을 풀어야 하였다. 두 문제를 해결하는 데 《민족일보》와 조용수는 희생양으로 삼을 만한 여러 조건을 두루 잘 갖추고 있었다.

---

126) 강만길, "유길준의 한반도 중립화론", 《분단시대의 역사인식》(창작과비평사, 1978) pp. 102~117.

127) 박정희의 셋째 형 박상희(민전 선산군 사무국장)는 1946년 10월 3일 구미폭동을 주동하여 구미에 있는 선산경찰서를 접수하였으나 다음 날 진압경찰이 출동하자 달아나다 경찰에 사살되었다. 박정희의 외숙 이재복은 남로당 군사부 책임자였다. 남로당에 가입한 바 있는 박정희는 숙군(肅軍)수사 때 체포되어 1949년 2월 고등군법회의에서 사형 구형에 무기징역과 파면, 급료 몰수형을 선고받은 바 있다. 박 소령에게 적용한 구체적 죄명은 병력 제공죄였다〔조갑제, 《내 무덤에 침을 뱉어라》 2(조선일보사, 1998)〕.

제 7 장

《민족일보》는 '북괴를 고무 동조'하였는가

1. 문제제기

《민족일보》가 독자의 호응을 얻어 뿌리를 내릴 무렵인 1961년 5월 16일 박정희 육군소장이 주도한 군사쿠데타가 일어났다. 군사정부는 6월 22일 특수범죄처벌에 관한 특별법을 법률 633호로 공포했다. 전문 7조로 된 이 특별법은 선거에 관련한 살인, 상해, 방화, 손괴 등 특수밀수, 국사 또는 군사에 관한 독직, 반혁명 행위, 특수 반국가행위, 단체적 폭력행위 등 여섯 가지 유형의 위반자를 처벌하기 위해 제정하였다. 이 법은 공포한 날로부터 3년 6개월 전의 행위에 대해서까지 적용 가능하게 한 소급입법으로, 소관 재판을 진행하기 위해 혁명재판소와 혁명검찰부를 별도로 구성할 수 있게 함으로써 실제로는 위법행위에 대해 군사재판을 시행하였다.

혁명검찰부(검찰관 吳在玉)는 7월 23일 《민족일보》 관련자 13명을 이 특수범죄처벌에 관한 특별법의 6조 위반 등의 혐의로 구속하였다. 6조는 특수 반국가행위의 처벌을 목적으로 한 것으로 정당이나 사회단체의 주요 간부의 지위에 있는 자가 반국가단체의 이익이 된다는 정을 알면서 그 단체나 구성원의 활동을 찬양, 고무, 동조하거나 또는 기타의 방법으로 그 목적수행을 위한 행위를 한 자에 대해 사형, 무기, 또는 10년 이상의 징역에 처한다고 규정하였다. 혁명검찰은 공소장에서 《민족일보》가 논설이나 기고 등을 통해 "북한 괴뢰집단에서 주장하는 것과 동일한, 또는 그 기본방향이 동일한 위장평화 남북통일 방안을 비롯하여 남북협상, 경제, 문화 서신교류, 학생회담 등 대한민국의 국시를 무시하고 오히려 반국가단체의 목적사항을 선전, 선동함으로써 동 단체(북한)의 활동을 고무, 동조"[1] 하였다고 주장하였다.

《민족일보》 사건에 대한 혁명재판의 첫 공판은 1961년 7월 29일에 열렸다.[2] 재판장은 김홍규(金弘圭) 대령, 관여 검찰관은 오재옥(吳在玉) 중령이었다. 8월 12일 열린 8회 공판에서 검찰은 조용수 등 4명에게 사형, 이상두에게 징역 15년, 나머지 8명에게 5년을 구형했다. 8월 22일 열린 선고공판에서 재판장 김홍규 대령은 판결문을 통해 "이북 괴뢰집단의 활동을 고무, 동조"했음을 인정하고,[3] 조용수, 안신규, 송지영에 대해 사형을 선고하였다. 재판부는 이들 외에 이상두에게 징역 15년을, 양수정, 이건호에게 징역 10년을, 정규근, 양실근에게 징역 5년을 선고하고, 이종률, 전승택, 김영달, 조규진, 장윤근에게는 무죄를 선고하였다.

1심 판결이 나자 이종률에 대한 판결에는 검찰이, 나머지 유죄판결을 받은 피고인에 대한 판결에는 해당 피고인들이 상소하였다. 2심

---

1) 한국혁명재판사 편찬위원회의 "민족일보 사건", 《한국혁명재판사》 3집(서울, 동아출판사, 1962) p. 8.

2) 이날 혁명재판소는 5개 법정에서 최인규(崔仁圭) 등 부정선거 관련 사건, 신도환(辛道煥) 등 4·18 고대 시위대 습격사건, 임흥순(任興淳) 등 부정선거 공무원자금 조달사건, 이정재(李丁載) 등 단체적 폭력행위 사건 등을 비롯한 7건에 관한 공판을 동시에 개정했다.

3) 한국혁명재판사 편찬위원회의, 위의 자료집 p. 18.

공판은 10월 25일부터 진행되었다. 재판장은 육군대령 전우영(全禹榮), 검찰관은 검사 이종원(李鍾元)이었다. 재판부는 10월 31일 선고공판을 열어 조용수, 송지영, 안신규, 정규근, 양실근의 상소와 조규진, 양실근의 검찰관 상소를 기각하는 한편, 이종률, 이건호, 양수정에 대한 원 판결을 파기하고 이종률과 이상두에게 10년 징역을, 양수정 이건호에게 징역 5년을 선고하였다.

《민족일보》 사건의 재판에서는 다음 세 가지가 핵심쟁점으로 떠올랐다. 그 첫째 쟁점이 재판관할의 적법성 여부였다. 이에 관하여는 첫공판부터 논쟁이 붙었다. 변호인측은 특수범죄처벌에 관한 특별법 6조는 "정당 사회단체의 주요 간부의 지위에 있는 자가 국가보안법 제 1조에 규정된 반국가단체의 이익이 된다는 정을 알면서 그 단체나 구성원의 활동을 찬양, 고무, 동조하거나 기타의 방법으로 그 목적수행을 위한 행위를 한 자"를 처벌대상으로 명기하고 있는데, 《민족일보》는 정당이나 사회단체라고 할 수 없어 혁명재판소가 관장할 성격의 사건이 아니라고 이의를 신청했다. 1심 재판부는 관할권에 대해 "민족일보사는 언론기관으로서 기사보도 및 여론형성 등의 사회적 목적을 가지고 사회활동을 영위하는 단체"이기 때문에 "특별법 6조의 사회단체에 불외(不外)"하다고 규정하고 변호인측의 주장을 채용하지 않았다.[4] 그러나 2심 재판부는 "사회단체의 본질은 조직의 개방성과 비영리성에 있다 할 것이므로, 영리를 목적으로 하고 조직에 있어 개방성이 없는 상사법인인 민족일보사를 특별법 6조의 사회단체에 해당한다고 하였음은 사회단체의 법의(法意)를 오해한 의율착오(擬律錯誤)의 위법이 있다"며 원심 판결을 파기하였다.[5]

그러나 2심 재판부는 "피고인 조용수가 사회대중당의 주요 간부로

4) 위의 자료집 p. 21.
5) 위의 자료집 p. 30.

서 혁신정치운동과 이 사건 범행의 수단으로 민족일보사를 설립하여 범죄를 감행하였음을 인정하기 족하며 피고인의 정당 주요 간부의 지위에 있는 자로서의 소위(所爲)는 결국 원 판결 적용법조(法條)와 동일한 법조 하에 처단될 것이므로 의율착오의 위법은 판결에 영향이 없다"고 판시하고 피고인에 대한 재판권 인정에서도 위법이 없다고 결론지었다.[6]

둘째 쟁점은 혁명검찰이 자금 제공자로 지목한 이영근(李榮根)의 정체와 자금출처에 대한 것이었다. 이영근의 정체에 대해 혁명검찰은 "조봉암의 비서였던 이영근이가 대남간첩 지령을 받고 활약중 체포되어 서울고등법원에 공판계속(公判繫屬) 중 일본에 밀항 도주하여 재일 혁신계를 가장하여 북한 괴뢰집단의 목적사항을 강력히 실천하려고 획책"하고 있었다고 주장하였다.[7]

사건의 핵심이 된 이영근은 원래 조봉암의 심복이었다. 조봉암이 공산주의자였을 때 그 역시 공산주의자였고, 조봉암이 전향했을 때 그 역시 전향했다. 조봉암이 이승만 정권 하에서 농림부장관을 할 때 이영근은 한때 과장으로 재직했으나 그 밖의 전 기간을 조봉암의 비서로 일했다.[8] 조봉암이 대통령 선거에서 이승만 후보와 맞섰다가 선거 후에 끝내 공산주의자로 몰려 투옥되자 이영근은 지주를 잃은 격이 되었다. 당시 관계당국에서는 이때 이영근이 다시 사상적 동요를 일으켜 공산주의에 기울었으며, 북한 사회안전성 제3처장 김향준 및 대남공작단책 안영선으로부터 지령을 받고 대구, 부산 등지에서 간첩으로 암약했다고 믿고 있었다. 그는 체포되어 재판에 회부되었다. 재판부가 이영근에게 간첩혐의에 대해서는 무죄, 국가보안법 위반혐의에 대해서는 유죄로써 5년형을 선고하자 이영근은 이에 불복,

6) 위의 자료집 p. 30.
7) 위의 자료집 p. 5.
8) 이상우, "민족일보 인혁당 사건의 전말", 《신동아》(1985년 6월호) p. 326.

서울고등법원에 상소를 제기했다. 그러나 그는 병보석으로 풀려난 상태에서 밀항선을 타고 일본으로 건너가고 말았다.

그 후 그는 일본에서 1959년 1월 1일 순간 《조선신문》을 창간하였다가 그 해 11월 21일 《통일조선신문》으로 개재하여 경영하였으며, 한때 열성적으로 조봉암 구명운동을 벌이기도 하였다.[9] 《민족일보》 사건의 1심 재판에서 변호인측은 이영근이 간첩이라는 확실한 근거가 없다고 주장하였으며,[10] 재판부는 판결에서 이영근에 대해 "대남간첩의 혐의로 기소되어 공판 계속중 밀항 도주"[11] 한 사실만을 언급하였다.

한편, 자금출처에 대해 혁명검찰은 조용수 등이 간첩인 이영근으로부터 혁신계 통합과 신문사 창간을 위한 공작금을 수령하였다고 주장하였다. 《민족일보》의 창간을 추진하던 조용수는 자금을 확보하기 위해 여러 지인들에게 도움을 요청하였으며, 그 가운데 이영근도 포함된 것이 사실이다. 자체 재정기반이 없는 이영근은 여러 방면으로 후원금을 각출하였다. 당시 재일동포 사회의 정황과 이영근의 독특한 양면적 입지로 미루어 민단은 물론 조총련계 동포로부터도 성금을 받았을 것으로 추정되고 있다.[12] 그러나 《민족일보》를 지원하기 위한 자금은 거의 민단계로부터 나온 것이었다. 재일동포 사회에서 제1의 재력가로 꼽힌 박용구(朴容九 또는 朴龍九)가 가장 많은 돈을 지원하였다. 조용수가 재판과정에서 《민족일보》 지원자로 실명을 밝힌 배기호(裵基鎬), 이희원(李禧元), 정동필(鄭東弼) 등도 모두 민단계였다.

---

9) 위의 글 p. 326.

10) 한국혁명재판사 편찬위원회의, 위의 자료집 p. 30.

11) 위의 자료집 p. 16.

12) 박윤석, "현대사 인물 재조명 — 민족일보 사장 조용수", 《신동아》(1999년 2월호) p. 485.

1심 재판에서 변호인측은 이영근이 간첩이라는 증거도 없고, 신문사 창간자금을 민단계나 대한민국을 지지하는 인사들로부터 받았다고 주장하였다. 이에 대해 1심 재판부는 이영근의 정체에 대해서는 언급하지 않고 조용수가 "이영근으로부터 조소수를 통하여 자금을 수령"[13] 한 사실만을 적시하였다. 2심에서도 변호인들은 "원 판결은 판시 사실을 인정할 만한 하등의 증거가 없음에도 불구하고, 또 공판정에서나 검찰관 작성의 피의자 심문조서 내용에도 판시 사실과 부합되는 진술이 없음에도 불구하고 이를 오인하여 판결에 중대한 영향을 미치게 한 위법을 범하였다"고 주장하였으나,[14] 2심 재판부는 "범죄사실 인정에 소장(消長)이 없는 것을 들어 원심의 전권사항인 증거취사와 사실 인정을 비난함에 불과한 것"이라고 하여 변호인측의 "논지는 이유 없다"고 결론짓고,[15] 이영근의 정체나 자금출처 자체와 무관하게 신문내용만으로 유죄를 판결하였다.

셋째 쟁점은 《민족일보》의 논설이나 기고 또는 사건기사가 북한의 주장과 동일하여 북한을 고무, 동조한 것으로 볼 수 있는지에 관한 것이었다. 《민족일보》 활동의 이적성을 주장하기 위해 혁명검찰은 《민족일보》의 논설기사 26건을 증거로 제시하였다. "민족적 자주적 노력으로써 남북협상의 단계에까지 공세를 발전시켜라", "통일을 원치 않는 태도", "범민족 통일운동의 추진이 필요하다", "우선 체육교류로부터 시작하자", "남북 학생회담 갖게 하라" 등 남북통일이나 남북교류를 주장한 것이 대부분이었다. 1심에서 재판부는 검찰이 제시한 논설 등 26건 가운데 7건을 제외한 19건을 들어 "반국가단체인 이북 괴뢰집단의 활동을 고무, 동조"한 것으로 인정하였다.[16]

---

13) 한국혁명재판사 편찬위원회의, 위의 자료집 p. 16.
14) 위의 자료집 p. 30.
15) 위의 자료집 p. 31.
16) 위의 자료집 p. 18.

조용수의 변호인인 전기일(全夔一) 변호사는 "민족일보가 발간중 게재한 사설, 논설, 기사 중에는 대한민국의 민주주의 발전을 위하여 역설하고 이북 괴뢰집단을 비난 공격한 허다한 사실을 간과 또는 무시하고 부분적으로 판시 항목만을 가지고 반국가 행위를 인정한 것은 부당"하며, "원 판결이 어찌하여 그 사설 논설을 가지고 이북 괴뢰집단에 동조한 것이라는 설명도 없이 막연히 판시"한 것은 중대한 사실의 오인이라고 주장하였다.[17]

안신규 변호인 태윤기(太倫基) 변호사는《민족일보》의 논설 등이 "북한 괴뢰집단의 이익이 되기 위하거나 또는 그 활동을 고무, 동조하기 위한 것이 아니고 헌법이 보장하는 언론출판의 자유, 나아가서는 비판의 자유인 국민기본권의 소행"이기 때문에 "합헌적 정당행위에 속할망정 특수범죄처벌에 관한 특별법 6조에 해당한다고 해석할 하등의 이유가 없다"고 주장하였다.[18]

태윤기 변호사는 또한 미국 최고재판소가 판결에 적용한 '명백하고도 현존하는 위험의 원칙'을《민족일보》사건 재판에서 제기하였다. 태 변호사는 "미국 최고재판소 판례에 의하면 폭동 또는 치안 파괴를 선동하는 경우 외에 난순한 질서 혼란의 가능성만으로써 소추하는 것은 불충분"하며, "급박하고 현실의 질서 파괴라는 명백한 사실, 즉 명백하고도 현재의 위험을 처벌하기 위한 성문법이 있는 경우에 한하여 유죄가 성립한다"고 지적하고, "원심 판결이 하등 구체적 증거나 명백하고도 현재의 위험이 없음에도 불구하고 막연히 자유범위 내에 속하는 사설 논설 등을 지칭하여 북한 괴뢰집단의 이익이 된다는 정을 알면서 그 활동을 고무, 동조하였다고 판단한 것은 위헌"이라고 주장하였다.[19]

17) 위의 자료집 p. 31.
18) 위의 자료집 p. 37.
19) 위의 자료집 pp. 37~38.

그러나 2심 재판부는 《민족일보》에도 반공기사가 있고 다른 신문에도 북괴와 동일논조의 기사가 게재되어 있다는 주장에 대해 "본건 범죄사실 인정에 소장이 없는 것"으로 "이유 없다"고 판결하였으며, "헌법에 규정한 언론출판과 비판의 자유도 국시에 반하지 않고 사회에 위험이 없는 한도 내에서 보장되며 성문 처벌법규에 해당하는 행위까지도 보장하는 것으로 해석할 수 없다"고 조용수, 송지영, 안신규 등에 대한 상소를 기각하였다.

《민족일보》가 게재한 논설이나 기고, 사건기사 등의 내용이 무엇이기에 재판부가 발행인 등에게 사형까지 선고하기에 이르렀는가? 이 연구에서는 검찰이 "북한 괴뢰집단에서 주장하는 것과 동일한 또는 그 기본방향이 동일한" 것이라고 주장하며 북한을 고무, 동조한 증거로 제시한 기사의 내용은 무엇이며, 이 가운데 재판부가 이적성을 인정한 기사내용은 무엇인지에 대해 구체적으로 살펴보고자 한다.

2. 사법제재의 대상이 된 기사

1) 검찰이 제시한 문제기사

혁명검찰은 조용수에 대한 공소장에서 "북한 괴뢰집단에서 주장하는 것과 동일한, 또는 그 기본방향이 동일한, 위장평화 남북통일방안을 비롯하여 남북협상, 경제, 문화 서신교류, 학생회담 등 대한민국의 국시를 무시하고 오히려 반국가단체의 목적사항을 선전, 선동함으로써 동 단체의 활동을 고무, 동조"했다고 주장하고, 그 증거로 다음과 같은 26건의 기사를 제시하였다.

(1) 5월 16일자 논설: 민족적 자주적 노력으로써 남북의 협상의 단계까지 정세를 발전시키라.
(2) 5월 16일자 2면 논단: '통일을 원치 않는 태도' 이 독재(李獨裁)의 사고방식과 동일한 민주당, 과대망상의 몰상식을 폭로한다.
5월 16일자 2면 기고: 너희를 저주하노라.
(3) 5월 15일자 1면 기사: 민통련(民統聯)서 학생회담 구체안을 제시.
5월 15일자 논설: 범민족적인 통일운동의 추진이 필요하다.
(4) 5월 14일자 1면 기사: 학생교류는 자주통일의 서막.
(5) 5월 12일자 1면 기사: 남북학생교류 촉구에 협의체 구성을 제의.
5월 12일자 논설: 우선 체육교류부터라도 시작하자.
(6) 5월 9일자 논설: 모처럼 찾은 통일외교의 이니시아티브를 뺏기지 말라.
5월 8일자 논설: 통일에의 전진을 위하여.
(7) 5월 7일자 1면 기사: 우렁찬 통일에의 고동.
5월 7일자 1면 기사: 남북 학생회담 편의 제공하라.
5월 7일자 논설: 학생들의 통일의욕을 무정견으로 억압치 말라.

(8) 5월 6일자 1면 기사: 통일은 먼저 남북교류로 시작하자.
(9) 5월 5일자 1면 기사: 남북 학생회담 갖게 하라.
(10) 5월 5일자 논설: 조국통일의 선봉들에 감사한다.
(11) 5월 4일자 1면 기사: 통일 위한 선행조건으로 남북한의 학생회담을 열자.
(12) 5월 1일자 논설: 메이데이에 노동자는 각성하라.
(13) 2월 23일자 논설: 중립화 통일론에 대한 모함을 삼가라.
(14) 4월 22일자 논설: 통일외교에 실패한 장 정권(張 政權)은 물러가야 마땅하다.
(15) 4월 21일자 1면 기사: 국토통일의 전주곡 된 침묵 데모.
(16) 4월 20일자 3면 기사: 젊은 사자들의 침묵 데모. 이북 쌀 이남 전기.
(17) 4월 10일자 1면 기사: 악법철회 탄압중지를 요구한다(전국교원노조대표 600명 결의).
(18) 4월 9일자 논설: 남북교역 시기는 성숙하였다.
(19) 4월 9일자 2면 강연요지: 반공법으로 자유를 박탈.
(20) 3월 25일자 1면 기사: 통곡하는 민주광장.
(21) 3월 20일자 논설: 성분조사 운운의 협박으로 학생들의 반민주 악법 반대투쟁을 억압치 말라.
(22) 3월 20일자 2면 기고: 대중을 농간 말라.
(23) 3월 15일자 논설 : 반공임시특별법은 물론 보안법 보강 시도도 아예 포기하라.
(24) 3월 13일자 논설: 반민주악법 반대투쟁을 위해 온 민주세력은 공동전선을 펴라.
(25) 3월 12일자 논설: 반공특별법은 기본인권의 유린이다.
(26) 2월 27일자 논설: 조국통일을 위하여 전 민족이 하나의 방향으로 단결하여야 한다.

검찰이 증거로 제시한 기사건수는 기준이 분명치 않다. 대체로 같은 날짜에 실린 논설이나 기고, 사건기사 또는 소묘기사(*sketch news*)를 1건으로 처리하였지만 5월 5일자 기사와 논설은 별도기사로 산정하였으며, 5월 8일자와 9일자 논설은 날짜가 다른데도 1건으로 산정하였다. 다른 날짜 신문의 기사는 별개의 기사로 하고, 같은 날짜 신문에 나온 것이라 하더라도 논설이나 기고, 사건기사 또는 소묘기사 등으로 형태가 다른 경우에는 별개의 기사로 간주한다면 검찰이 제시한 증기기사는 모두 32건에 이른다.

한편, 검찰이 제시한 기사의 제목은 주제목이나 부제목 가운데 자극적인 것을 선정하였다. 이를테면 5월 16일자 2면 논단의 제목을 검찰은 "통일을 원치 않는 태도"라고 적시하였으나 이 논단의 주제목은 "국제정치에 있어서의 한국의 위치와 통일문제"이며, 부제목으로 "통일을 원치 않는 태도", "이 독재(李獨裁)의 사고방식과 동일한 민주당", "과대망상의 몰상식을 폭로한 것" 등이다. 5월 14일자 1면 기사에 대해서도 검찰은 제목을 "학생교류는 자주통일의 서막"이라고 하였으나 이 기사의 주제목은 "남북 학생회담 실현 위해 지원하라, 서울운동장에서 궐기대회"였으며, 부제목이 "모두 통일의 광장으로", "학생교류는 자주통일의 서막", "장 총리 · 유엔에 메시지 · 시위행진도" 등이었다. 주제목을 중심으로 검찰이 제시한 기사를 재정리하면 〈표 7-1〉에서 보는 바와 같이 32건의 내용 가운데 논설이 16건으로 반을 차지하며, 외부기고(기고, 논단 및 강연요지)가 4건, 사건기사가 10건, 사건에 관한 소묘기사가 2건이다.

〈표 7-1〉 검찰이 제시한 문제기사

발행월일	형 태	기사의 주제목	공소장에 적힌 제목
5월 16일	논 설	민족의 자주적 노력으로써 남북협상의 단계까지 정세를 발전시키자.	민족적 자주적 노력으로써 남북협상의 단계까지 정세를 발전시키라.
5월 15일	논 설	범민족적 통일운동 추진이 필요하다.	좌와 같음
5월 12일	논 설	우선 체육교류부터라도 시작하자.	좌와 같음
5월 9일	논 설	모처럼 찾은 통일외교의 이니시아티브를 뺏기지 말라.	좌와 같음
5월 8일	논 설	통일에의 전진을 위하여	좌와 같음
5월 7일	논 설	학생들의 통일의욕을 무정견으로 억압치 말라.	좌와 같음
5월 5일	논 설	조국통일의 선봉들에 감사한다.	좌와 같음
5월 1일	논 설	메이데이에 노동자는 각성하라.	좌와 같음
4월 22일	논 설	통일외교에 실패한 장 정권은 물러가야 마땅하다.	좌와 같음
4월 9일	논 설	남북교역 시기는 성숙하였다.	좌와 같음
3월 20일	논 설	성분조사 운운의 협박으로 학생들의 반민주악법 반대투쟁을 억압치 말라.	좌와 같음
3월 15일	논 설	반공 임시특별법은 물론 보안법 보강 시도도 아예 포기하라.	좌와 같음
3월 13일	논 설	반민주악법 반대투쟁을 위해 온 민주세력은 공동전선을 펴라.	좌와 같음
3월 12일	논 설	반공특별법은 기본권 유린이다.	좌와 같음
2월 27일	논 설	조국통일을 위하여 전 민족이 하나의 방향으로 단결되어야 한다.	좌와 같음
2월 23일	논 설	통일방안에 관한 시비—중립화 통일론에 대한 모함을 삼가라.	중립화 통일론에 대한 모함을 삼가라.

발행월일	형 태	기사의 주제목	공소장에 적힌 문제
5월 16일	논 단	국제정치에 있어서의 한국의 위치와 통일문제	통일을 원치 않는 태도, 李독재의 사고방식과 동일한 민주당(과대망상의 몰상식을 폭로한다).
5월 16일	기 고	너희를 저주하노라. — 소위 반공련의 지상 성명을 읽고	너희를 저주하노라(반공연맹에 대하여).
4월 9일	강연요지	반공법으로 자유를 박탈	좌와 같음
3월 20일	기 고	장면 정권과 반민주법안	대중을 농간 말라.
5월 15일	사건기사	민통련서 학생회담 구체안을 제시	좌와 같음
5월 14일	사건기사	남북 학생회담 실현 위해 지원하라.	학생교류는 자주통일의 서막
5월 12일	사건기사	남북학생교류 촉구 위해 협의체 구성을 제의	좌와 같음
5월 7일	사건기사	남북 학생회담 편의 제공하라.	좌와 같음
5월 6일	사건기사	"통일은 먼저 남북교류로 시작하자."	통일은 먼저 남북교류로 시작하자.
5월 5일	사건기사	"남북 학생회담 갖게 하라."	남북 학생회담 갖게 하라.
5월 4일	사건기사	통일 위한 선행조건으로 남북학생회담을 열자.	좌와 같음
4월 21일	사건기사	기성 보수 세력에 대한 일대 각성 촉구	국토통일의 전주곡 된 침묵데모
4월 20일	사건기사	젊은 사자들의 침묵 데모, 이북 쌀 남한 전기	이북 쌀 남한 전기, 젊은 사자들의 침묵 데모
4월 10일	사건기사	악법 철회 탄압중지를 요구	악법 철회 탄압중지를 요구한다.
5월 7일	소묘기사	우렁찬 통일에의 고동	좌와 같음
3월 25일	소묘기사	통곡하는 민주광장	좌와 같음

2) 재판부가 이적성을 인정한 문제기사

1심 재판부는 판결문에서 검찰이 문제내용으로 제시한 기사 26건 가운데서 7건을 제외한 19건에 대해 그 내용이 북괴노선과 동일하거나 기본노선이 같다고 판시하였다. 다른 날짜에 나온 기사를 별개로 계산하고 같은 날짜에 나온 것이라 하더라도 기사형태가 다를 경우에는 별개의 기사로 간주한다면, 검찰은 32건의 기사에 대해 이적성이 있다고 주장하였으며, 재판부는 이 가운데 12건을 제외한 20건에 대해 이적성을 인정하였다고 할 수 있다. 재판부가 문제기사의 범주에서 제외한 기사는 논설이 5건, 외부기고가 1건, 사건기사가 5건, 소묘기사가 1건으로, 반공법 제정을 반대한 논설이나 기고, 통일운동에 관한 사건기사나 소묘기사 일부가 이에 포함되었다. 그 내역은 〈표 7-2〉와 같다. 위의 기사를 제외하고 1심 재판부가 반국가단체인 북한을 찬양, 고무 또는 동조하였다고 인정한 20개 기사를 유형별로 재정리하면 〈표 7-3〉과 같다.

〈표 7-2〉 1심 재판부가 문제 기사 범주에서 제외한 기사

발행월일	형 태	기사의 주제목	공소장에 적힌 제목
5월 1일	논설	메이데이에 노동자는 각성하라.	좌와 같음
3월 20일	논설	성분조사 운운의 협박으로 학생들의 반민주악법 반대투쟁을 억압치 말라.	좌와 같음
3월 15일	논설	반공 임시특별법은 물론 보안법 보강 시도도 아예 포기하라.	좌와 같음
3월 13일	논설	반민주악법 반대투쟁을 위해 온 민주세력은 공동전선을 펴라.	좌와 같음
3월 12일	논설	반공특별법은 기본권 유린이다.	좌와 같음
4월 9일	강연요지	반공법으로 자유를 박탈	좌와 같음
5월 15일	사건기사	민통련서 학생회담 구체안을 제시	좌와 같음
5월 14일	사건기사	남북 학생회담 실현 위해 지원하라.	학생교류는 자주통일의 서막
5월 12일	사건기사	남북학생교류 촉구 위해 협의체 구성을 제의	좌와 같음
4월 21일	사건기사	기성 보수세력에 대한 일대 각성 촉구	국토통일의 전주곡된 침묵데모
4월 10일	사건기사	악법철회 탄압중지를 촉구	악법철회 탄압중지를 촉구한다.
3월 25일	스케치기사	통곡하는 민주광장	좌와 같음

〈표 7-3〉 1심 재판부가 인정한 기사

발행월일	형 태	기사의 주제목	공소장에 적힌 제목
5월 16일	논 설	민족의 자주적 노력으로써 남북협상의 단계까지 정세를 발전시키자.	민족적 자주적 노력으로써 남북협상의 단계까지 정세를 발전시키라.
5월 15일	논 설	범민족적 통일운동의 추진이 필요하다.	좌와 같음
5월 12일	논 설	우선 체육교류로부터 시작하자.	좌와 같음
5월 9일	논 설	모처럼 찾은 통일외교의 이니시아티브를 뺏기지 말라.	좌와 같음
5월 8일	논 설	통일에의 전진을 위하여	좌와 같음
5월 7일	논 설	학생들의 통일의욕을 무정견으로 억압치 말라.	좌와 같음
5월 5일	논 설	조국통일의 선봉들에 감사한다.	좌와 같음
4월 22일	논 설	통일외교에 실패한 장 정권은 물러가야 마땅하다.	좌와 같음
4월 9일	논 설	남북교역 시기는 성숙하였다.	좌와 같음
2월 27일	논 설	조국통일을 위하여 전 민족이 하나의 방향으로 단결되어야 한다.	좌와 같음
2월 23일	논 설	통일방안에 관한 시비—중립화 통일론에 대한 모함을 삼가라.	중립화 통일론에 대한 모함을 삼가라.
5월 16일	논 단	국제정치에 있어서의 한국의 위치와 통일문제	통일을 원치 않는 태도, 李 독재의 사고방식과 동일한 민주당(과대망상의 몰상식을 폭로한다).
5월 16일	기 고	너희를 저주하노라.—소위 반공련의 지상성명을 읽고	너희를 저주하노라(반공연맹에 대하여).

발행월일	형 태	기사의 주제목	공소장에 적힌 제목
3월 20일	기 고	장면 정권과 반민주법안	대중을 농간 말라.
5월 7일	사건기사	남북 학생회담 편의 제공하라.	좌와 같음
5월 6일	사건기사	"통일은 먼저 남북교류로 시작하자."	통일은 먼저 남북교류로 시작하자.
5월 5일	사건기사	"남북 학생회담 갖게 하라."	남북 학생회담 갖게 하라.
5월 4일	사건기사	통일 위한 선행조건으로 남북학생회담을 열자.	좌와 같음
4월 20일	사건기사	젊은 사자들의 침묵 데모, 이북 쌀 남한 전기	이북 쌀 남한 전기, 젊은 사자들의 침묵 데모
5월 7일	소묘기사	우렁찬 통일에의 고동	좌와 같음

3. 문제기사의 요지와 성격

북한을 고무, 동조한 것으로 1심 재판부가 인정한 기사는 검찰이나 재판부가 예시한 바대로 하면 19건이지만, 전술한 바 있듯이 같은 날짜 신문에 나온 것이라 하더라도 논설이나 기고, 또는 사건기사 등으로 형태가 다를 경우에 별개의 기사로 간주한다면 20건에 이른다. 이 가운데 논설이 11건, 외부기고(논단 또는 기고)가 3건, 사건기사가 4건, 소묘기사가 2건이다. 여기서는 문제된 논설이나 기고의 요지를 간추린 뒤 사건기사와 소묘기사의 전문도 소개하기로 한다.

1) 문제논설의 요지

재판부가 북한을 고무, 동조했다고 인정한 논설은 11건으로 이 가운데 통일정책에 관한 것이 2건, 남북교류에 관한 것이 2건이며, 나머지 7건은 통일운동에 관한 것이다.

(1) 통일정책에 관한 문제논설의 요지

통일정책에 관한 논설 2개 가운데 장면 정권의 통일정책을 비판한 논설이 1건이고 중립화 통일론에 관한 것이 1건이다. 《민족일보》는 1961년 2월 23일자 "통일방안에 관한 시비—중립화 통일론에 대한 모함을 삼가라" 제하의 논설에서 "동서냉전의 제물로써 분단된 국가는 평화공존의 타결로써 중립화 통일을 성취할 수 있게끔 사태가 전환되고 있다"고 지적하고, 평화공존이 '두 개의 한국'을 초래하겠지만 "이러한 소강상태는 문제해결을 모색하는 과정"으로 불가피하다고 말하고, "하나의 한국을 기원하고 두 개의 한국을 부인하려면 통일한국을 상정할 수밖에 없을 것이며, 통일한국을 이룩하는 것은 동서 평화공존의 타결로써 중립화 통일을 성취시키는 데 있다"고 강조하였다.

《민족일보》가 주목한 '사태전환'이란 대외적으로는 아시아, 아프리카 지역의 여러 나라가 국제정치 무대에서 발언권을 행사함으로써 미·소 양대국의 독선을 견제하고 있고, 대내적으로는 '조국의 평화적 통일을 방해하고 북진통일정책으로 동족상잔의 흉악한 분위기를 조성하면서 전제정권의 영구화를 꾀하던 이승만 일당을 국민 대중의 힘으로 타도한 것'을 말한다.[20] 《민족일보》는 이런 사태전환을 바탕으로 중립화를 통해 민족통일을 달성하는 것이 바람직하다고 주장하였다.

한편 《민족일보》는 4월 22일자 "통일외교에 실패한 장 정권은 물러가야 마땅하다" 제하의 논설에서 장면 정부가 UN의 한반도 토의에 대응하는 과정에서 드러난 바와 같이, UN 외교는 물론 "집권한 뒤로 내세운 통일외교가 모조리 실패에 돌아갔을 뿐만 아니라 그것마저 본질이 반민족적이라는 비난을 면할 수 없다"고 지적하고 장면 정권은 물러나야 마땅하다고 주장하였다. 두 논설의 요지는 아래와 같다.

① 1961년 2월 23일자 논설: 통일방안에 관한 시비 — 중립화 통일론에 대한 모함을 삼가라.

> 국제정세의 대세는 한국의 중립화 통일을 촉진하는 방향으로 움직이고 있는 것이 사실이며, 오스트리아나 라오스의 예를 들지 않더라도 자명한 이치이다. 동서냉전의 제물로써 분단된 국가는 평화공존의 타결로써 중립화 통일을 성취할 수 있게끔 사태가 전환되고

---

20) 《민족일보》 1961년 5월 16일자 논설 "민족의 자주적 노력으로써 남북협상의 단계에까지 정세를 발전시키자".

있는 것이다. 동서간의 냉전이 평화공존으로 전환된 이유와 경위를 고찰할 때 어느 한 편이 상대편을 굴복시킨다는 것이 불가능하게 되었음을 인정하지 않을 수 없을 것이다. 그렇다면 중립화 통일 이외의 어떠한 대안을 생각할 수 있을 것인가? 하나의 한국을 기원하고 두 개의 한국을 부인하려면 통일한국을 상정할 수밖에 없을 것이며 통일한국을 이룩하는 것은 동서 평화공존의 타결로써 중립화 통일을 성취시키는 데 있을 것이다.

② 1961년 4월 22일자 논설: 통일외교에 실패한 장 정권은 물러가야 마땅하다.

유엔총회 정치위원회에서 아아(亞阿)의 중립국가들이 유엔의 통한방안을 새로운 각도에서 모색하는 길로써 남북한 대표를 동시에 유엔에 초청하자는 움직임을 보였고, 종전대로 대한민국 대표만을 초청하자고 우겨대던 미국이 표결에서 패배하는 것을 두려워한 나머지 '유엔의 자격과 권한을 인정'해야 된다는 조건을 붙여서 북한도 참석시키자는 수정안을 내어서 그대로 통과된 데 대하여 장면 정부가 취한 태도는 민족과 국가의 운명을 두 어깨에 짊어진 집권자의 그것으로는 볼 수 없다. 장면 정부가 걷고 있는 길은 그들이 통일문제에 부정적이라는 점을 제쳐놓고서라도 얼마나 외교에 무능하냐 하는 것을 느끼게 하고도 남음이 있다. 집권한 뒤로 내세운 통일외교가 모조리 실패에 돌아갔을 뿐만 아니라 그것마저 본질이 반민족적이라는 비난을 면할 수 없는 장 정권은 마땅히 그 자리를 물러나야 할 것이다.

(2) 남북교류에 관한 문제논설의 요지

남북교류를 주장한 《민족일보》 논설 가운데 검찰이 문제삼은 논설은 2개이다. 《민족일보》는 1961년 4월 9일과 10일 "남북교역의 시기는 성숙하였다"는 제목의 사설을 2회 연재하였는데 이 가운데 9일자 논설을 문제논설로 제시하였으며, 또한 5월 12일자 "우선 체육교류부터 시작하자"는 제목의 논설을 문제논설로 제시하였다.

《민족일보》는 4월 9일자 논설에서 먼저 미국의 저명한 후진국경제학 전문가인 울프 박사가 남한이 북한과 통상교역을 하는 것이 유익할 것이라는 보고서를 우리 정부에 낸 사실을 지적하고, 4월 10일자 논설에서 남한의 쌀, 광목, 고무신, 타이어, 설탕, 밀가루, 학용품, 잡화 등과 북한의 전력, 비료, 철강제품, 전기기기, 공작기계, 농업용 기계류를 물물교역 조건으로 교류할 것을 주장하였다.

이 신문은 10일자 논설에서 남북교류를 주장하면서, 우리는 특히 공업제품이나 시설, 기자재류에 있어서 외부로부터 많이 도입하여야 할 처지에 있으나, 멀리 바다 건너에서 비싼 가격으로 그것도 오랜 시일을 걸려 들여오고 있으며, 그 가운데서도 일본산품을 거의 무제한으로 수입함으로써 이들 상품이 국내시장에서 국산품을 압박하고 있다고 지적하고, 동포가 생산한 물건을 받아들이는 것이 바람직하다고 주장하였다. 이 신문은 이 논설에서 남북교역을 통해 공산위협이 가중한다고 하지만 교역에 선전효과를 거두는 것은 피차 마찬가지니까 그런 우려는 상쇄되는 것이며, 경제적 접촉에 국한해서 생각한다면 피차의 물건에까지 '주의'가 붙어다니는 것은 아닐 바에야 더 이상 남북교역을 주저할 아무런 이유도 없다고 강조하였다.

한편 《민족일보》는 5월 12일자 "우선 체육교류부터 시작하자" 제하의 논설에서 1964년에 일본 도쿄에서 열리는 제 18회 올림픽대회에는 남북 혼성팀을 파견하자는 서민호 민의원 부의장의 제의를 적극 지지하였다. 이 신문은 이 논설에서 정치성과 위험성이 작은 것부터 남북교류를 시작하여 점차 그 범위와 도수(度數)를 넓혀간다면 동족으로서의 유대와 친의(親誼)를 유지할 수 있을 것이며 언젠가는 오고야 말 통일의 날에 대한 마음의 준비를 갖출 수 있게 될 것이라고 주장하였다. 검찰이 문제 삼은 두 논설의 요지는 다음과 같다.

① 1961년 4월 9일자 논설: 남북교역 시기는 성숙하였다 — 상

정부의 5개년 경제개발계획을 검토하기 위하여 내한한 바 있었던 미국의 저명한 후진국경제학 전문가인 울프 박사는 주목할 만한 보고서를 남기고 이한하였다. 동 보고서 내용은 5개년 계획뿐만 아니라 한국경제의 전반적 부문에 걸쳐서 실태를 분석, 비판하였을 뿐더러 장차 남북통일 후의 한국경제의 존재양상에 대하여서까지 경청할 만한 의견을 피력하고 있다. 특기할 것은 이때까지 한국정부 및 미국원조측에 의하여 공개적으로 거부되던 남한과 북한의 통상교역이 유익하리라는 것과 한국의 군사역량 일부를 경제개발에 유효하게 동원하는 것이 실리적이라고 지적한 점이다.

울프보고서는 "합리적 개발계획을 작성함에 있어 남북한의 경제적 경쟁을 간과하기 쉽지만 이를 간과한다는 것은 위험하다는 것은 말할 것도 없다"고 지적하고 있다. 이 뜻은 우리가 남한만의 경제개발에 집착하고 북한에서 경제적으로 어떠한 발전이 이루어지고 있는가에 대하여 무시하거나 등한시하여서는 민주주의 대 공산주의간의 이데올로기 싸움에서 우세를 지닐 수 있다고 하여도 경제적 경쟁에서 패배하고야 말고 이것이 나아가서는 우리 제도에 대한 국민의 신뢰를 상실하는 결과가 되어 궁극적 완전패배를 자초하고 말지도 모른다는 실로 중대한 계고인 것이다.

② 1961년 5월 12일자 논설: 우선 체육교류부터 시작하자

제 15차 유엔총회의 후반 회담을 참관하고 돌아온 뒤로 남북교류의 적극 추진과 민족자주정신에 입각한 통일방안의 모색을 역설해온 바 있는 서민호 민의원 부의장은 우선 1964년에 일본 도쿄에서 열리는 제 18회 올림픽대회에는 남북 혼성팀을 보낼 수 있도록 만반의 준비를 갖춰야 한다고 주장한 것으로 보도되고 있다. 우리는 이에 전적으로 찬의를 표하는 동시에 보수당에도 서 부의장과 같은 민족적 양심을 가진 정치인이 있다는 것을 매우 마음 든든하게 생각하는 바이다.

제 2차 대전이 끝난 뒤로 우리 민족과 똑같은 운명에 시달려온 독일민족이 동서 혼성팀을 올림픽대회에 파견해 왔다는 것은 널리 알려진 사실이거니와 스포츠 자체가 국가나 단체 간의 정치적, 군사적 갈등이나 대립을 초월한 평화와 인류애를 증진시킴을 그 근본정신으로 삼고 있음은 두말할 필요도 없다. 그렇다면 다른 것은 몰라도 최소한 체육의 교류쯤은 굳이 4·19를 기다릴 것 없이 이미 먼 옛날에 실시됐어야 옳을 일이었다.

지금 남북교류에 대한 찬반에는 쌍방이 다 그만한 이유가 있다고 우리는 생각한다. 그러므로 우선 가장 정치성과 위험성이 작은 것부터 시작하여 점차 그 범위와 도수(度數)를 넓혀간다면 비록 국제정세가 우리 뜻대로 남북통일을 금명년간에 실현시켜 주지 않는다손 치더라도 우리는 동족으로서의 유대와 친의(親誼)를 유지할 수 있을 것이며 언젠가는 오고야 말 통일의 날에 대한 마음의 준비를 갖출 수 있게 될 것이다.

(3) 통일운동에 관한 문제논설의 요지

검찰이 제시한 통일운동에 관한 문제논설은 모두 7개이다. 이 가운데 서울대 민통련의 활동을 지지·성원하는 논설이 3개로 가장 많고, 정부가 학생의 통일운동을 지원함으로써 통일외교의 주도권을 유지할 것을 촉구한 논설이 1개, 서민호 민의원 부의장의 통한협의체 구성제의를 지지한 논설이 1개, 통일운동을 남북협상의 단계로까지 진전시켜야 한다고 주장한 논설이 1개, 통일론에 관한 정견 차이로 혁신계가 내부분열을 보이는 것을 비판한 논설이 1개이다.

《민족일보》는 1961년 5월 5일과 7일, 8일 등 3회에 걸쳐 서울대 민통련의 통일운동을 지지하는 논설을 내보냈다. 5월 5일자 "조국통일의 선봉들에 감사한다" 제하의 논설에서는 통일의 전제로써 언론, 문화, 사회단체 및 서신 등의 교류가능성을 모색하고 실현할 것을 촉구하였다. 이 신문은 이 논설에서 학생들의 비장한 결의와 행동에 대해 위험시하거나 경원할 것이 아니라 이들의 노력이 열매를 맺을 수 있도록 모든 편의를 베풀 것을 남북 집권자에 촉구하였다. 이 신문은 5월 7일자 "학생들의 통일의욕을 무정견으로 억압치 말라" 제하의 논설에서도 국민의 통일의욕을 무작정 억압할 수는 없다고 전제하고, 현실 정치인은 제한된, 그리고 현실적으로 실현성이 있는 남북간의 교류가 하루 빨리 이룩되도록 전력을 기울일 것을 촉구하였다. 이 신문은 5월 8일자 "통일에의 전진을 위하여" 제하의 논설에서 학생들의 통일운동을 비정치적인 것이라고 규정하고, 현역 정치인의 입장에서는 권장해야 마땅하다고 주장하였다.

한편 이 신문은 5월 9일자에 "모처럼 찾은 통일외교의 이니시아티브를 뺏기지 말라" 제하의 논설을 실었다. 이 신문은 이 논설에서 학생들이 남북 학생회담 개최를 주창함으로써 통일외교의 주도권을 갖게 되었다고 지적하고 정부나 여당이 이를 지원함으로써 모처럼 학생들이 북측으로부터 빼앗은 통일외교의 주도권을 다시 뺏기는 어리석음을 계속하지 말 것을 촉구하였다.

또한 《민족일보》는 5월 15일과 16일 통일운동에 관한 논설을 연달아 실어 범민족적 통일운동이 필요하며 이를 위해서는 서민호 민의원 부의장이 제의한 통한협의체 구상이 필요하고, 통일운동을 전개하여 궁극적으로는 남북간의 협상으로까지 진전시킬 것을 촉구하였다. 이 신문은 5월 15일자 논설에서 신민당의 서민호 민의원 부의장이 같은 당내의 청조회 의원들뿐 아니라 혁신정당 및 사회단체 대표들과도 의논하여 통일문제의 순리적 해결방법을 찾아내기 위한 기관으로서 통한협의체를 구성하자는 데에 초보적인 합의를 보았음을 밝히고 이를 지지하였다. 이 신문은 5월 16일자 "민족의 자주적 노력으로써 남북협상의 단계에까지 정세를 발전시키자" 제하의 논설에서는 서신과 인물의 왕래와 문화교류를 통하여 남북 자유선거의 전제조건을 마련하고 이 조건의 강화와 영속화를 위하여 물질교류까지 추진해야 할 것이며, 이런 민족의 자주적 노력을 바탕으로 미·소 양국에 대하여 민족적 입장에서 대한 정책의 전환을 촉구할 수 있을 것이라고 주장하였다.

한편 《민족일보》는 통일운동에 앞장서야 할 혁신계가 파쟁에만 몰두하고 있다고 비판하였다. 이 신문은 통일론자들에 있어 중립화라는 것은 이미 움직일 수 없는 하나의 대전제가 되었다고 전제하고, 중립화 통일론을 전면에 내세울 것인가 하는 문제로 민자통 결성에 차질이 빚어져서는 안 된다고 강조하며 통일운동을 위해 혁신계가 고질적인 분파행동을 그칠 것을 강력하게 촉구하였다. 통일운동에 관한 7개의 논설의 요지는 다음과 같다.

① 1961년 5월 5일자 논설: 조국통일의 선봉들에 감사한다

(서울대 민통련 학생들은 결의문에서) 궁극적 통일의 전제로써 최소한 동서독간에 실시되고 있는 언론, 문화, 사회단체 및 서신 등 교류의 가능성을 모색하고 실현할 것을 요구하며 "장면 정권과 김일성 정권은 이 이상 더 민족적 진실의 해명을 패배의식과 소수 일파의 안일에 의해 방해하지 말라"고 대들고 있다. 이 결의문에 대해 전폭적 찬의를 보내는 바이다. 남북의 집권자들과 기성인들에게 할 말이 있다. 그것은 다름이 아니라 순수한 민족애에서 나온 이 학생들의 비장한 결의와 행동에 대해 위험시하거나 경원할 것이 아니라 적극적인 성원과 협조를 보내야 한다는 것이다. 이들이 결코 모스크바에서 훈련받은 공산주의의 선전원들도 아니며 워싱턴의 조종을 받은 미국의 앞잡이들은 더구나 아님은 이들의 결의문이 웅변적으로 말해주고 있다. 현 정부는 서슴지 말고 이들이 이북의 학생들과 만나기 위한 준비를 서두를 수 있도록 모든 편의를 주어 이들의 노력이 열매를 맺을 수 있도록 할 것을 바라는 바이다.

② 1961년 5월 7일자 논설: 학생들의 통일의욕을 무정견으로 억압치 말라

지난 3일 서울대학 민족통일연맹 대의원대회는 다시금 남북 학생간의 교류를 제창하였고 또 5일에 개최된 민족통일 전국학생연맹 결성준비대회에서도 역시 전기한 제의가 재확인되었다고 한다. 그리고 이러한 학생들의 획기적인 제의는 당연한 일이지만 정계에 커다란 파문을 일으키고 있다. 본란은 기회가 있을 때마다 학생들의 통일촉구 운동에 대한 정당한 이해와 평가를 가져야 한다고 주장해온 바 있지만 이번 사태에 관해서도 우리는 다음과 같은 고언을 현실 정치인들에게 제정(提呈)해 두고자 한다. 첫째로, 한국 통일문제는 한국민족 자신이 누구보다도 가장 열렬하게 해결지으려고 자조해야만 비로소 그 실마리가 풀리기 시작한다는 점이다. 둘째로, 한국 통일문제는 결코 격리된 단일문제가 아니라 세계문제의 일각이라고 함을 적확하게 인식해야 한다는 점이다. 셋째로, 국민들의 통일을 갈망하는 심정은 날로 부풀어오르고 있다는 사실을 솔직하게 시인하고 이러한 심정이 불만이나 울분으로 변하지 않도록 적기 적절한 배출구를 마련해줘야 한다는 점이다. 한국 통일문제는 세계문제 해결의 진도와 보조를 맞추어 나가는 데서만 해결될 수 있는 것이다. 그렇다고 해서 국민의 통일의욕을 통일달성의 그날까지 무작정 억압할 수는 없는 것이다. 따라서 현실 정치인은 제한된, 그리고 현실적으로 실현성이 있는 남북간의 교류가 하루빨리 이룩되도록 전력을 기울여야 할 것이다. 일반대중은 기자교환, 학생간의 교류, 제한된 남북간의 여행의 자유, 남북교역 등의 실현으로 통일의 길은 개척되었다고 만족해야 할 것이며 정치적 통일이 지연되더라도 너그럽게 참아줄 수 있을 것이다.

③ 1961년 5월 8일자 논설: 통일에의 전진을 위하여

스티븐슨 결의안이 통일에 관한 좌표를 적어도 6·25 사변 이전의 선까지 회복시킨 것이라면 민통련 학생들의 남북접촉 호소와 그에 대한 북한측의 즉각적인 반응은 기왕의 남북협상을 연상시키는 상태까지 문제를 추궁한 것으로서, 이제 바야흐로 통일문제는 모색의 단계에서 구체적 실천의 단계로 옮아졌다고 해도 과언은 아니다. 그러나 통일에의 이러한 전진을 앞에 놓고 연출하는 각계각층의 초점을 잃은 혼미야말로 더욱 답답하고도 서글픈 일이라 아니할 수 없다.

첫째로 우리가 서글프게 생각하는 것은, 민통련 학생들의 남북협상 요구에 대하여 현역 정치인들이 취하는 인식태도의 소박하고도 유치함이다. 무릇 협상의 성질에는 정치적인 것과 비정치적인 것이 있다. 학생들이 학생이라는 독특한 신분을 배경으로 통일문제에 앞장서자는 그 태도는 비정치적인 것이요, 따라서 여기에 어떠한 정치적 선입견을 가미하여 지지요 반대요 할 성질의 것이 아니라 현역 정치인의 입장에서는 마땅히 권장해야 할 성질의 것이다.

둘째로 지적해야 할 것은 통일문제에 관한 정부 여당의 태만이다. 무릇 통일문제는 아무리 순수 민족적 문제라 하더라도 미·소 냉전을 도외시하고서는 해결될 수 없는 문제이다. 따라서 이 문제 해결의 중요 책임은 적어도 민주적 존재로 자처하는 정부가 있는 한 그가 선도서서 해결하지 않으면 안 될 문제이다. 그것은 남북의 경제나 문화교류와 같은 비정치적인 것으로부터 직접 구체적인 통일협상에 이르는 정치적인 것에 이르기까지 정부 여당의 주요 책임이다.

셋째, 혁신정당에게 묻는다. 여태까지 국민들은 혁신세력이야말로 통일을 가장 갈구하는 세력으로 간주하여 왔을 뿐만 아니라 적어도 외형상으로는 가장 강력하게 주장하여 온 것도 사실이다. 그러나 과연 구체적으로는 무엇을 하였는가? 학생들이 주장한 남북학도 회담을 적극 찬성한다면 그의 실현을 위하여 구체적인 노력이 마땅히 있어야 함에도 불구하고 속수무책으로 파벌싸움에만 정력을 기울이고 있는 현상은 무엇인가? 무엇 때문에 정부 및 각 정당의 연석회의 등을 개최하여 통일문제의 전진에 앞장서지 못하는가?

④ 1961년 5월 9일자 논설: 모처럼 찾은 통일외교의 이니시아티브를 뺏기지 말라

남북통일이 자주적인 의사와 국제협조 없이는 절대 불가능하다는 것은 누구나 다 아는 상식이다. 그러나 최소한 우리가 할 수 있는 일, 즉 정치적인 통일문제는 뒤로 미뤄놓더라도 단일민족끼리 나눌 수 있는 정의와 교류만이라도 유지하고 있어야 한다는 게 우리의 주장이며 우리 민족의 자주적인 노력이 선행되어야 비로소 기대할 수 있음은 두말할 필요도 없다. 도대체 정부나 여당이 남북학생들끼리 친선관계 증진마저 한사코 반대하여 얻을 수 있는 정치적 소득이 무엇이란 말인가? 만약 정부나 여당이 통일문제에 대해 끝내 부정적 태도로 나올 때 우리 학생들은 정부나 여당을 정말로 반통일론자로 간주하게 될 것이며, 종말에 가서는 본의 아니게 북한의 공산주의자들이 원하는 코스를 밟지 않을 수 없게 될 것이다. 정부나 여당은 모처럼 학생들이 뺏은 통일외교의 이니시아티브를 다시 북한측에 뺏기는 어리석음을 더 이상 계속하지 말기를 바란다.

⑤ 1961년 5월 15일자 논설: 범민족적 통일운동의 추진이 필요하다

최근 15차 유엔총회에 다녀온 바 있는 신민당의 서민호 민의원 부의장은 같은 당내의 청조회 의원들뿐 아니라 혁신정당 및 사회단체 대표들과도 의논하여 전 민족의 지상과업인 통일문제의 순리적 해결방법을 찾아내기 위한 기관으로서 통한협의체를 구성하자는 데에 초보적인 합의를 보았을 뿐만 아니라 머지 않아 그 열매가 맺어질 단계에 이르렀으며 이렇게 되는 경우 자신은 당적까지 떠날 각오를 가지고 있는 것으로 보도되고 있다.

여기서 우리는 통일문제를 다룸에 있어서 먼저 따지고 들어가야 할 점 몇 가지를 밝혀둘 필요를 느낀다. 첫째로, 통일을 이룩함에는 우리 민족 자체의 자주적인 노력이 필요불가결한 한편 미·소 양국을 비롯한 관계 제국간의 협조가 수반되어야 비로소 가능하다는 사실을 깨달아야 할 줄 믿는다. 그러므로 민족 자주적인 노력을 기울이는 방향에 서서 한국문제에 이해적(利害的) 관계성이 있는 나라들의 협조를 얻는 데도 노력을 게을리 할 수 없는 것이다.

둘째로는 진심으로 통일을 원하는 정당이나 개인은 통일을 이룩하는 과정에서나 통일 후 정치활동에서나 선의의 경쟁과 평화적인 공존이라는 2개 원칙을 받아들이라는 것이다. 왜냐하면 이 원칙들이 무시되는 사회에는 독선과 폭력만이 지배하게 마련이기 때문이다. 남북의 집권자나 정당 사회단체부터가 이 원칙들을 받아들일

용의가 되어있지 않는 한 통일을 위한 평화적인 분위기의 조성이 속히 실현되지 않을 것이다.

⑥ 1961년 5월 16일자 논설: 민족의 자주적 노력으로써 남북 협상의 단계에까지 정세를 발전시키자

우리 민족이 자주적으로 통일운동을 전개하는 데 있어서 설정하는 목표는 남북에 흩어져 사는 민족 구성원 개개인의 의사가 공통적으로 자유스럽게 반영될 수 있는, 남북을 통한 동시적이요 민주적 방식에 의한 총선거를 실시할 수 있는 바로 그것이다. 그렇다면 동시적이요 민주적인 자유선거를 실시할 수 있는 전제는 무엇일까? 이념이 다르고 체제가 다른 남북의 인민들이 상호간에 선의와 신뢰가 교류되는 근저를 마련하는 것이다. 정치적 사상의 차이를 초월해서 순수한 민족적 감정을 기초로 한 남북의 학생회담을 갖자는 민족통일 전국학생연맹의 제의는 서상(敍上) 한 이유로써 통일촉진을 위하여 지극한 의의를 갖는 것으로서 다시금 전폭적인 찬의를 표명 않을 수 없다.

학생회담은 정치회담이 아니고 또한 될 수도 없다. 거기서는 가결해야 할 정치문제가 논의될 수 없으며 또한 통일방식을 결정하지도 않을 것이다. 그 회담에서 민족의 자랑 김소월의 시를 한 구절 읽고 와도 좋고, 슬플 때에 우리 민족이 다 같이 부르던 봉선화를 노래하고 와도 좋을 것이다. 서신과 인물의 왕래와 문화의 교류를 통하여 남북 자유선거의 전제조건을 마련하고 이 조건의 강화와 영속화를 위하여 물질교류까지 추진시켜야 할 것이다. 한만 국경의 수풍발전소에서 터져 나오는 거대한 전력을 남한에 도입하고 호남의 곡물을 북한에 보내면서 생활공동체로서의 유대를 맺는다면 스스로 통일문제에 따르는 감시문제와 선거관리 문제는 이 기초 위에서 남북의 협상이 가능하게 될 것을 우리는 확신하는 바이다. 이와 같은 민족 자체의 자주적 노력으로써 이 정도의 단계까지는 정세를 발전시킬 수 있을 것이며 여기에서 미·소 양국에 대하여 민족적 입장에서 대한정책의 전환을 촉구할 수 있을 것이다.

⑦ 1961년 2월 27일자 논설: 조국통일을 위하여 전 민족이 하나의 방향으로 단결하여야 한다

'민족, 자주, 평화, 민주적인 조국통일을 기한다'는 구호를 내걸고 민족자주통일 중앙협의회 결성대회가 지난 25일 서울시내 천도교당에서 성대하게 개최되었다. 많은 혁신정당의 세력이 민자통에 가담하고 있다는 것을 우리는 안다. 그러나 모든 혁신정당의 전 세력이 이에 가담하고 있는 것도 아니라는 것을 우리는 또한 잘 알고 있다. 이와 같이 혁신정당들이 민자통에의 가입여부를 결정한 분기점은 '중립화 통일'이라는 슬로건을 명백히 내거느냐 내걸지 않느냐 하는데 있었던 것이라고 전해지고 있다.

자주적 중립화적 방법이 아니고서는 통일이 이룩될 가능성은 전무하다. 그러므로 통일론자들에 있어 중립화라는 것은 이미 움직일 수 없는 하나의 대전제가 되지 않을 수 없는 것이다. 그렇다면 통일운동의 결심제가 중립화라는 구호를 명백히 하느냐 하지 않느냐로 분열을 노정한다는 것은 치졸한 사고방식의 표현이 아니겠는가? 우리는 전 혁신세력이 적어도 조국통일문제에 있어 완전히 일치된 보조를 취해주기를 요망하지 않을 수 없다. 전 혁신세력뿐만 아니라 전 민족이 일치된 보조를 취해야 할 것이다. 조국통일을 위하여 전 민족은 하나의 방향으로 단결되어야 한다.

2) 문제기고의 요지

재판부가 "북한의 주장과 동일하거나 그 기본노선이 동일"함을 인정한 내용 가운데는 사회당 대변인 유병묵의 "장면 정권과 반민주법안" 제하의 1961년 3월 20일자 논단과, 단국대 교수 김영달의 "국제정치에 있어서의 한국의 위치와 통일문제(하)" 제하의 1961년 5월 16일자 기고, 서대문구 독자 이철호의 "너희를 저주하노라—소위 반공련의 지상 성명을 읽고" 제하의 1961년 5월 16일자 투고도 포함되었다.

유병묵의 기고는 민주당 정부의 반공법 개정 기도를 비판한 글이다. 그는 이 기고에서, 민주당 정부가 과거 이승만 정권의 국가보안법 강화 시도에 대해 "공산당을 취체한다는 미명 하에 야당을 탄압하고 국민의 기본권리를 박탈"하기 위한 것이라고 주장하였음을 상기시킨 뒤, 민주당 정부가 "4월혁명 이후 언론과 정치적 활동의 자유가 보장되자 그 간극을 틈 타 공산당의 정치적 교란과 경제적 혼란이 무의식 대중에 침투되어 있다"는 이른바 사정변경론을 내세우고 있으나, "공산당의 교란과 파괴공작이 침투할 수 있는 요소는 민주주의의 관용성에 있는 것이 아니라 민주주의를 억압하고 말살하는, 국민의 기본권리와 인권을 박탈하고 유린하는 독재와 부패정치에 있다"고 논박하였다.

김영달 교수의 기고는 5월 15일자부터 상하로 나누어 2회 연재된 것으로 검찰은 5월 16일자 기고만을 문제내용으로 제시하였다. 5월 16일자 기고에서 김영달은 국제정치의 역학관계상 통일방안으로는 중립화의 길을 택할 수밖에 없다고 강조하였다. 그는 "미·소 양극 권력정치의 경합과정에서 한국이 양단되었다면, 미·소 어느 측이고 한국이 어느 한 국가의 세력권에 병합된 다음 타국을 가상적국으로 하는 군사기지가 되는 것은 바라지 않을 것"이라고 전제하고, "그렇다면 한국의 통일은 양극 권력정치가 타협할 수 있는 중립화의 길밖에는 없다"고 주장하였다.

독자인 이철호의 기고는 1961년 5월 16일자에 실린 것으로, 서울대 민통련의 성명에 대해 반공단체연합회가 낸 성명을 반박한 글이다. 이 글에서 이철호는 대학생들의 통일운동을 용공으로 몰아붙이는 것은 "이승만 레코드"라고 주장하고, 반공단체연합회에 대해 "공산도배 때문에 피 흘린 수백만 지하영령과 38선에서 공산침략자와 대치하고 있는 백만 국군장병을 모독하지 않기 위해서는 무엇이 참다운 애국이며 무엇이 참다운 애족인가, 애국학, 애족학의 한 걸음이라도 공부하고" 대학생들의 순수한 운동을 비판하라고 역설하였다. 세 기고문의 요지는 다음과 같다.

① 1961년 3월 20일자 기고: 장면 정권과 반민주법안(기고 : 유병묵 사회당 대변인)

> 민주당은 과거 이승만 치하에서는 국가보안법 개악을 반대하였다는 사실은 우리의 기억에 생생한 바 있다. 민주당은 자기모순을 합리화하려고 사정변경의 원칙을 내세우고 있다. 민주당에 의하면 4월혁명 이후 보장된 언론과 정치적 활동의 자유라는 민주주의적 관용성의 간극을 틈타서 공산당의 정치적 교란과 경제적 혼란이 무의식 대중에 침투되어 있다는 것이다. 이것이 그들이 말하는 3, 4월 위기 또는 폭동설인 것이다. 그러나 우리가 알고 있는 정치적 혼란과 경제적 파탄은 공산당의 침투공작에 의한 것보다는 민주당 정치의 부패타락과 그 사대주의적 노예근성에 있다는 사실이다. 민주당 정부 6개월간의 사정변경이란 4월혁명의 의식적 태업으로 발생한 부패와 타락 이외에는 아무것도 없는 것이다. 공산당의 교란과 파괴공작이 침투할 수 있는 요소는 민주주의의 관용성에 있는 것이 아니라 민주주의를 억압하고 말살하는, 국민의 기본권리와 인권을 박탈하고 유린하는 독재와 부패정치에 있는 것이다.

② 1961년 5월 16일자 기고: 국제정치에 있어서의 한국의 위치와 통일문제 — 하

미 · 소 양극 권력정치의 경합과정에서 한국이 양단되었다면, 미소 어느 측이고 한국이 어느 한 국가의 세력권에 병합된 다음 타국을 가상적국으로 하는 군사기지가 되는 것은 바라지 않을 것이다. 그렇다면 한국이 통일된 후에도 어느 한 국가에 대해서 적대성을 띠지 않을 것이라는 구체적 보장이 서야만 국제적 양극세력도 우리 민족의 통일을 용납할 것이다.

한국 통일문제는 국방면과 같이 정치 정책적인 면에서도 동일한 성격을 띠고 있다. 한국이 통일 후에 일변도적 성격을 띠게 된다면 한국통일에 직접 관련이 있는 외부세력은 어느 세력이고 한국통일에 보조를 안 맞출 것이다. 그렇다면 한국통일을 위한 방안은 무엇일까? 대립적 국제세력의 이해관계 — 대립적 미 · 소 중공의 상호 이해관계를 조정, 통합하는 방향으로 적극 추진하면서 자주적인 통일적 독립의 방법을 찾아내야 한다. 만약 통일된 후에도 국제세력이 침투할 수 있는 기회를 준다면 국내 사회발전은 물론 그 통일 자체도 위험한 상태에 빠지게 된다. 그렇다면 한국의 통일은 양극 권력정치가 타협할 수 있는 중립화의 길밖에는 없지 않는가.

③ 1961년 5월 16일자 기고 : 너희를 저주하노라 — 소위 반공련의 지상 성명을 읽고

해방 후 15년간 남북분단에서 오는 민족적 비운의 소용돌이 속에 몸부림치며 또 위축될 대로 위축된 채로 우리 30대가 4 · 19의 사자들과 같이 그 벅찬 그리고 감격의 거사를 못하였던 원인의 하나는 왜정(倭政)의 군국주의 하에 오직 일본이 동아 공영권의 맹주라는 사상을 배웠고 칼 찬 순사의 고문과 일본도(日本刀) 헌병의 감시의 눈초리 속에 우리말을 피해야 했고 우리 글, 우리 역사를 말살 당하려는 환경 속에 8·15 해방을 별 감정 없이 맞이한 때문이다. 화(禍) 있을 진저 해방 후 쥐구멍을 찾던 무리들이여. 그대들을 저주하노라. 참으로 공산도배 때문에 피 흘린 수백만 지하영령과 38선에서 공산 침략자와 대치하고 있는 백만 국군장병을 모독하지 않기 위하여는 무엇이 참다운 애국이며 무엇이 참다운 애족인가, 애국학, 애족학의 한 걸음이라도 공부하고 그러한 발을 하라. 반공이란 이승만 레코드를 다시 돌려야 국민은 이제 귀를 기울이지 않을 것이다.

3) 문제 사건기사와 소묘기사의 내용

(1) 사건기사의 내용

검찰이 문제삼고 법원이 이적성을 인정한 내용에는 사건기사(*straight news*)와 소묘기사(*sketch news*)도 포함되었다. 사건기사는 서울대 민통련의 대회 결의문, 성명, 이에 대한 북한의 반응 및 민통련의 전국대학생 조식인 민통전학련 결성대회 결의문 등에 관한 기사 등 4건이다. 기사 전문은 다음과 같다.

① 1961년 5월 4일자 1면 기사 : 통일 위한 선행조건으로 남북한의 학생회담을 열자. 서신, 문화, 언론인 등 교환을 결의, 서울대 민통련 대의원대회

서울대학교 민족통일연맹에서는 3일 하오, 통일을 위한 선행조건으로 남북학생들의 회담을 주장하고 "장 정부와 북한도 학생들의 요구를 무조건 수락하라"고 말하였다. 이날 하오 5시 법대에서 열린 서울대 민통련 대의원대회서는 민족적 비극을 이 이상 정치인들에 맡길 수 없다고 지적하고 학생들의 회담을 주장하기로 결의하였다. 동 결의에 의하면 말로만 되풀이 주장되어온 서신교환, 문화교류, 언론인 교환 등이 실천에 옮겨지기 위해 우선 학생회담의 필요성을 역설하고 있다. 학생회담이 통일문제 해결의 주도적 역할을 할 것이라고 주장한 동 결의문은 학생들은 비정치적이므로 순수성이 있다고 강조하였다. 끝으로 동 결의문은 국내외 정세가 통일달성에 급진적으로 변하였다고 주장한 다음 조국의 자주적 통일을 위하여 국내에서 활발한 운동이 전개되어야 한다고 말하였다. 또한 동 결의문은 전국학생들이 남북 학생회담에 적극적으로 참가해주도록 호소하였다.

② 1961년 5월 5일자 기사 : 남북 학생회담 갖게 하라. 서울대 민통련서 성명 통해 재강조

서울대학교 민족통일연맹에서는 4일 '남북 학도회담, 남북학도간의 기자교류, 학술토론대회, 예술 학문 창작의 교류, 체육대회' 등을 결의한 지난 3일의 결의문을 뒷받침하는 성명서를 발표하였다. 변천하는 국내외 정세는 어느 때보다도 성숙하였다고 지적한 동 성명서는 민족사의 전진을 위하여 역사는 학생들의 궐기를 요청하고 있다고 말하였다. 또한 동 성명은 지난 4·19 기념식에 이어 서울대학교 학생들의 무언의 데모시 '남북학생 판문점 회담'을 주장한 플래카드는 몇십 가지의 탁상공론보다도 값비싼 것이며 백만학도들의 권리 천명이었다고 밝혔다. 이어 동 성명은 장 정권에 통일을 맡길 수 없다고 주장한 후 일본 도쿄에서 '민단'과 '조총련'이 공동으로 조국통일 문화제를 개최하고 외국인들의 주선 아래 남북대표가 만나게 되었는데 무엇 때문에 우리 민족문제를 우리 땅에서 해결할 수 없느냐고 반문하였다. 끝으로 동 성명서는 전국 학생들에게 통일전선에 궐기할 것을 호소하였다.

③ 1961년 5월 6일자 기사: 통일은 먼저 남북교류로 시작하자. 이북 방문시 자유 · 신변 보호, 서울 · 평양서 협상할 용의, 북한 서울대 민통련 제의를 대환영

북한괴뢰는 5일 통일문제에 관한 남북 학생회담을 개최하지는 남한 학생들의 제의를 열렬히 환영하였다. 북한괴뢰 내무성과 북조선 학생위원회, 민청 중앙위원회 및 북로당은 그와 같은 회담을 평양 또는 서울에서 즉각 개최할 것을 요구하는 정식 성명을 발표하였다. 전기한 남한 학생측 제의는 '서울대학교 민족통일연맹'에 의하여 지난 4일 행하여졌다. 도쿄에서 청취된 평양방송에 의하면 북괴 내무성은 남한학생들이 통일문제에 관한 회담을 위하여 평양으로 온다면 그들에게 완전한 '여행상, 활동상 자유와 신변의 안전'을 보장하였다. 북괴 내상은 또한 '협상 · 교류 · 각종 공공행사 · 관광 · 남북 학생간의 시찰 · 가족 및 친척 내지 친구들간의 상봉 목적'을 위하여 북한으로 가기 원하는 학생들도 숙사시설과 더불어 전기한 바와 동일한 보장을 제공받을 것이라고 선언하였다. 북괴 내상은 다른 부류의 남한인들에 대하여서도 동일한 조치가 적용될 것이라고 말하였다. 그러나 그는 남한당국이 남한으로 가는 북한대표들에 대하여 동일한 조치가 적용될 것임을 '완전보장해야 할 것'이라고 주장하였다. 북로당 중앙위원회 부위원장 박근철도 또한 서울대학교 학생들의 제의에 관하여 성명을 발표하였다. 그는 서울대학교 학생들의 제의를 '애국적 제안'이라고 말하고 동 제안은 '북한학생들 및 청년들의 즉각적 지지를 받았다'고 부언하였다. 그는 전기 북한단체들이 서울대 학생들의 제의에 동의하였으며 남한대표들을 평양으로 초청하였다고 지적하였다. 동시에 그는 북한측도 초청을 받으면 서울로 올 용의가 있다고 말하였다. 그는 '무엇보다도 먼저 남북간의 협상 및 교류'로부터 노력이 시작되지 않는다면 통일은 결코 이루어질 수 없는 것이라고 말하였다. 박근철은 직접적인 남북한 접촉 및 회담 등에 관한 평양측의 허다한 제의를 상기시키며 '남북간에 아무런 회합이 없이는 통일문제 해결의 실마리를 찾을 수 없다'고 주장하였다. 그는 '만일 우리가 어떤 장소에 놓여서 과거를 불문에 붙이고 조국과 민족의 운명을 허심탄회하게 토의하게 되면 우리가 서로 합의에 도달하지 못할 이유가 없을 것이다'라고 선언하였다. 그는 김일성을 수반으로 하는 북한괴뢰 노동당은 '언제 어디서든지' 정치적 또는 사회적인 단체들간에 개최되는 회담과 협상에 참석할 충분한 용의를 갖고 있고 말하였다.

④ 1961년 5월 7일자 기사 : 남북 학생회담 편의 제공하라. 5월 내로 판문점서 개최, 민통 전학련 결성 준비대회서 결의

민족통일 전국학생연맹은 서울대학교 민통련의 남북 학생회담 제의를 적극적으로 지지한 다음 남북 학생회담 장소를 판문점으로 정하여 5월 이내로 실행하자고 결의하였다. 5일 하오에 열린 결성 준비대회에서 민통련은 5개 항목의 결의문을 채택하고 남북 학생회담에 대하여 이상과 같이 결의하였다. 19개 대학 및 고등학교 대표자들이 참가, 결의한 결의문은 다음과 같다.

결의문: 지난 5월 3일 서울대학교 민족통일연맹에서 남북 학생회담을 제의한 데 관하여 우리 민족통일 전국학생연맹 결성 준비위원회는 이를 적극 지지할 것을 재확인하며 이를 위한 과감한 실천을 기하기 위하여 다음과 같이 결의한다.

일, 북한 학생 및 당국의 적극적인 호응을 환영한다.

일, 남북 학생회담 장소는 판문점으로 한다.

일, 회담시일은 5월 이내로 하며 정확한 일자는 추후에 발표한다.

일, 정부는 우리의 학생회담에 임하는 모든 편의를 제공하라.

일, 민족통일 전국학생연맹은 지역별로 대표를 선정하여 회담준비를 위하여 만반의 태세를 갖춘다. (민족통일 전국학생연맹 결성 준비대회)

한편 이날 대회에 참가한 학교는 다음과 같다.

서울대, 외대, 경희대, 항공대, 경북대, 대구대, 청구대, 부산대, 수산대, 전남대, 조선대, 국학대, 단대, 고대, 연대, 한양대, 성대, 국민대, 경북고교.

(2) 소묘기사 내용

검찰이 문제 삼고 법원이 이적성을 인정한 소묘기사는 서울대를 비롯한 각 대학의 4·19 기념식에 관한 것이 1개, 민통전학련 결성 준비대회에 관한 것이 1개이다. 기사 전문은 다음과 같다.

① 1961년 4월 20일자 기사 : 젊은 사자들의 침묵 데모, "이북 쌀 남한 전기", 서울대생 각종 슬로건 내걸고

4·19 한 돌을 맞은 학생들은 서울대, 고려대, 연세대 등에서는 그들만의 독자적 기념식을 마쳤는데 서울운동장에서 기념식을 마친 각 대학생들은 멸공을 외치며 질서 있게 시위를 했다. 이 밖에 '청년전선', '4월혁명 부상단 정양원불구위원회' 등에서는 최인규를 처단하는 시늉을 한 가장행렬, 그리고 '장 정권 물러가라. 이 이상 못 살겠다'는 '플래카드'를 들고 시위했는데 특히 서울대학교의 '침묵시위'는 이채를 띠었다.

○… 상오 열시 2천여 명의 서울대학교 학생들은 이날의 기념식을 독자적으로 마치고 11시 35분 교문을 출발, 입으로는 구호를 외치지 않는 종전에 없던 '침묵데모'에 들어갔다. 꼭 작년과 같은 코스로 원남동, 종로4가, 화신 앞, 미 대사관, 국회의사당 앞에 이르러 10분간의 농성을 마치고 중앙청을 지나 독재의 본영이었던 청와대로 향했다. 많은 학우들이 피 흘리며 쓰러졌던 당시의 경무대 앞을 돌아 학우들의 명복을 빈 데모대열은 나부끼는 '플라카드'에서 무언의 항변으로 혁명정부의 각성을 촉구했다.

○… 기념식에서 '4·19 제2선언문'과 '흘린 피를 더럽히고 반민족사적 방향으로 역류시키는 어떠한 반민족적인 세력도 타도할 것' 등의 4개 항목의 결의문을 채택했는데 이날 '플라카드'에는 전에 볼 수 없었던 다음과 같은 슬로건을 볼 수 있었다.

•이 땅이 뉘 땅인데 오도 가도 못하느냐 •언론인 사회단체 남북교류 •이북 쌀 남한 전기 •민족 자주통일 •학원자유 위협하는 법 반대 •4월의 피는 절규한다 •외세는 물러가라 •남북 서신교환 •실업자의 일터는 통일에 있다 •한국문제는 한국인의 손으로 •어용학생단체 자진해산해라 •대학의 자유는 민족의 생명 •소련에 속지 말고 미국을 믿지 말라. 일본은 일어난다. 조선사람 조심하라. •학원에 경찰은 간섭 말라.

○… '침묵데모'를 평화리에 마친 학생들은 다시 모교로 돌아가서 2시 반, 작년에 희생된 김치호 군 외 2명의 기념비 제막식을 마치고 해산했다.

○… 또한 이날 서울운동장에서 기념식을 마친 성균관대, 동국대, 홍익대 그리고 건국대 학생 등 약 5백 명은 12시 넘어 운동장을 출발, 을지로를 거쳐 시가행진을 했는데 이들의 구호는 '4·19 민족정신으로 멸공 통일하자'고 되어 있었다.

② 1961년 5월 7일자 기사 : 우렁찬 통일에의 고동

○… 혜지와 총명에 빛나는 젊은 학생들의 불타는 조국애는 통일촉진의 전위로서 새로운 광명을 겨레들 앞에 비치고 있다. 억누를 길 없는 정열과 힘이 솟구치는 학생들의 통일에의 외침은 16년 동안 무쇠같이 가로막아온 북한의 하늘 멀리 울려 퍼져나갔다.

○… 내 나라, 내 겨레가 통일 없이 살 수 없으며 민족의 사활문제를 남의 나라에 맡겨둘 수 없다는 학생들의 주장…. 언제까지나 사대와 의존에서 벗어나지 못하고 헤어날 수 없는 절망으로 몰아넣기만 하는 기성세대를 믿을 수 없다는 젊은 함성들…. 여기에서

우렁찬 통일의 고동이 울려나오기 시작한 것이다.
○… 판문점에서 5월중에 남북 학생회담을 열자고 과감하게 외치고 나선 슬기로운 학생들의 모임이 5일 서울대학 구내다방에서 열렸다. '민족통일 전국학생연맹 결성 준비대회'는 정년 이 땅의 희망의 심볼이 되어 통일을 이룩하고야 말 '젊은 한국의 얼'의 결정이다.

4. 문제논설의 논리구조와 그 성격

혁명검찰은 반공법과 관련한 논설이나 기사를 포함시켜 《민족일보》의 이적성을 입증하고자 하였지만 1심 재판부는 통일정책, 남북교류 및 통일운동에 관한 논설, 기고 또는 기사에 한정하여 그 내용이 북한의 주장과 동일하거나 기본노선이 동일하다고 판시하였다.[21] 검찰이 증거로 제시한 내용 가운데 재판부가 이적성을 인정한 문제논설만을 대상으로 할 경우, 《민족일보》가 개진한 주장의 핵심은 중립화 통일론이라고 할 수 있다. 이 신문은 중립화 통일을 궁극적인 시대적 과제로 인식하였다. 《민족일보》는 한반도가 동서냉전의 제물로서 분단되었기 때문에 중립화 통일이 불가피하다고 주장하였다. "하나의 한국을 기원하고 두 개의 한국을 부인하려면 통일한국을 상정할 수밖에 없으며 통일한국을 이룩하는 것은 동서 평화공존의 타결로서 중립화 통일을 성취시키는 데 있다"는 것이었다.[22] 《민족일보》는 국제사회에서 제3세계의 발언이 강화되고 미·소의 절대적 영향력이 흔들리고 있는 것을 보며, 중립화 통일에 유리한 조건이 조성되고 있는 것으로 판단하였다.

《민족일보》는 중립화 통일이라는 궁극적 목표를 달성하기 위해서는 그 전단계로 남북간의 교류를 활성화해야 한다고 주장하였다. 《민족일보》는 "서신과 인물의 왕래와 문화의 교류를 통하여 남북 자유선거의 전제조건을 마련하고, 이 조건의 강화와 영속화를 위하여

---

21) 재판부가 이적활동으로 인정한 내용 가운데 통일운동과 관련이 없는 것은 민주당의 이른바 2대 악법 제정 기도를 비판한 "장면 정권과 반민주법안"이라는 제목의 사회당 대변인 유병묵의 기고 1건이다.

22) 《민족일보》 1961년 2월 23일자 논설 "통일방안에 관한 시비".

물질교류까지 추진해야 한다"고 강조하였다.[23] 이 신문은 전면적인 남북교류에 문제가 따른다면, 정치성과 위험성이 작은 체육교류부터 시작하는 것도 바람직하다고 역설하였다.[24]

《민족일보》는 남북교류를 활성화하여 궁극적으로 중립화 통일을 이루는 것이 시대적 과제이지만 이런 과제를 실현하기 위해서는 적극적인 통일운동이 선행되어야 한다고 주장하였다. "이념이 다르고 체제가 다른 남북의 인민들이 상호간에 선의와 신뢰가 교류되는 근저를 마련하는 것"이 중요하며, 선의와 신뢰를 촉진하기 위해 "통일운동에 전 정력을 경주"해야 한다는 것이다.[25] 《민족일보》는 남북간에 선의와 신뢰를 쌓는 데 도움이 된다는 판단 하에, 학생들이 제창한 남북학생회담을 적극 지지하고 성원하였다. 이 신문은 "정치적 사상의 차이를 초월해서 순수한 민족적 감정을 기초로 한 남북의 학생회담을 열자는 민족통일 전국학생연맹의 제의는 통일촉진을 위하여 지극한 의의를 갖는 것"이라고 강조하였다. 이 신문은 "학생회담은 정치회담이 아니고 또한 될 수도 없다"고 전제하고 다음과 같이 반문하였다.

> 그 회담에서 민족의 사랑 김소월의 시를 한 구절 읽고 와도 좋고 슬플 때에 우리 민족이 다 같이 부르던 봉선화를 노래하고 와도 좋을 것이다. 지열과 같이 불타오르는 애족심을 환기하여 그 열로써 국경 아닌 분계선, 38철벽을 용해하여 버리면 될 것이다. 이것이 위험하고 이것이 싫단 말인가?[26]

---

23) 위의 신문 1961년 5월 16일자 논설 "민족의 자주적 노력으로써 남북협상의 단계에까지 정세를 발전시키자".

24) 위의 신문 1961년 5월 12일자 논설 "우선 체육교류부터 시작하자".

25) 위의 신문 1961년 5월 15일자 논설 "조국통일의 선봉들에 감사한다".

26) 위의 신문 1961년 5월 16일자 논설 "민족의 자주적 노력으로써 남북협상의 단계에까지 정세를 발전시키자".

《민족일보》가 주장한 바는 이상에서 보는 바와 같이 중립화 통일을 궁극적인 목표로 삼고, 이를 실현하기 위한 전단계의 조치로 남북교류를 활성화해야 하며, 이런 일련의 과제를 실천하기 위해서는 적극적인 통일운동을 전개해야 한다는 3단계 중립화 통일론으로 요약할 수 있다. 바꾸어 말하자면 《민족일보》는 1단계로 적극적인 통일운동을 펴, 2단계로 남북교류를 실현하고, 3단계로 중립화 통일을 달성해야 한다고 강조한 셈이다. 사법당국은 바로 이런 주장 자체가 국시를 위반하고 북한을 고무, 동조한 것이라고 판단하여 《민족일보》의 발행인인 조용수에게 극형을 선고하였다.

5. 논의: 사법적 제재의 정당성 재검토

지금까지 살펴보았듯이 《민족일보》의 통일에 관한 주장의 핵심은 중립화 통일론이라고 할 수 있다. 그럼 이런 주장을 폈다고 하여 《민족일보》 주요 간부들에게 중형을 선고하고 발행인 조용수를 사형에 처한 사법조치는 정당한 것이었는가? 현 시점에서는 이에 대하여 몇 가지 논거로 이론을 제기할 여지가 있는 것이 사실이다.

첫째, 《민족일보》가 제기한 중립화 통일론 자체가 사회주의를 지향한 것이 아니었다는 사실이다. 한반도의 중립화 통일론은 갈퉁이 지적한 바와 같이 한국 전체가 자본주의화하든지 혹은 사회주의화하든지 아니면 사회민주주의를 택하는 세 가지 가능성을 전제로 한다.[27] 《민족일보》가 추구한 것은 사회주의화가 아니었다. 유재일은 민자통의 노선이 민주적 사회주의였다고 지적한 바 있는데[28] 《민족일보》가 추구한 것도 마찬가지였다.[29]

---

27) 요한 갈퉁, "한반도 통일을 위한 중립화 모색", 강종일·이재봉 편, 《한반도의 중립화통일은 가능한가》(들녘, 2001) p. 191.

28) 유재일, 위의 논문 p. 304.

29) 서중석에 따르면, 1951년 7월 3일 프랑크푸르트에서 열린 사회주의자 인터내셔널(SI)에서는 "사회주의는 민주주의의 최고 형태이며, 민주주의는 사회주의를 통해서만 충분히 실현된다"는 선언을 채택하였다. 이 선언이 시사하듯이 사회 민주주의와 민주 사회주의는 반드시 구별되는 것이 아니고 동의어로 쓰일 때가 많다. 1960년 4·19 혁명 이후 등장한 한국사회당의 김철(金哲)은 "한국사회당의 노선은 사회대중당의 민주사회주의와 달리 민주적 사회주의"라고 주장하였다. 그러나 그는 민주적 사회주의가 민주사회주의와 구체적으로 어떻게 다른지에 대해서는 명확하게 설명하지 않았다. 고정훈은 민주적 사회주의란 "민주주의의 완성을 의미하는 승공적 사회주의"라고 밝히고 한국의 승공적 민주사회주의는 북구 3국, 영국의 노동당 우파, 독일의 빌리 브란트, 이스라엘의 민주사회주의 노선, 일본 민사당 등 반공 혁신노선과 제휴하여야 하며, 일본 사회당 좌파, 아아블럭의 사회당과는 절대로 제휴할 수 없다고 주장하였다

《민족일보》는 "민주적 사회주의의 길"이라는 이봉산(李奉山)의 기고를 3회에 걸쳐 연재하였다. 그에 따르면 민주적 사회주의(*Democratic Socialism*)란 영국의 노동당 노선을 모델로 한 것으로, 민주주의를 기조로 하고 민족주의에 입각, 사회주의 이론을 흡수하여 이를 지향하는 것을 그 기본이론으로 삼으며, 어디까지나 반공주의와 반파시즘주의를 전제로 한다.[30] 김광식이 지적한 바와 같이 남로당의 사회주의 혁명노선은 6·25 전쟁 이후 남한에서 특별한 예외를 제외하고는 자취를 감추었으며[31] 《민족일보》에서도 그런 전 시대적 노선을 발견할 수 없다.

냉전체제 하에서 중립화로 통일을 달성한 뒤 남북한에 통일된 민주적 사회주의 정부를 구성한다는 가설은 이승만 대통령의 북진통일 정책이나 장면과 박정희 정부의 '선 건설 후 통일'의 통일 유보정책에는 반하는 것이었다. 그러나 중립화 통일론은 《동아일보》의 표현을 빌리자면 '나이비테'[32] 하다는 비난의 표적이 될 수는 있을지 모르나 그것을 반체제적이거나 친북적인 것으로 규정할 수는 없을 것이다.

둘째, 《민족일보》 통일론이 친북노선이 아닌 반북, 반김일성주의를 기저에 깔고 있다는 사실 역시 간과해서는 안 된다. 전술한 바 있지만 이 신문은 미국이 "이승만과 같은 반민주적이고 반민족적인 독재자로 하여금 단독정부를 세우게 하였고"[33] 소련 역시 "김일성과

(서중석, 《조봉암과 1950년대》 상, 역사비평사, 1999, pp. 314~320). 4·19 혁명 직후 진보주의자들이 민주사회주의라는 개념 대신에 민주적 사회주의라는 개념을 사용한 것은 그들의 노선이 사회주의적인 것이 아니라 민주적인, 반공적인 것임을 강조하기 위한 것으로 해석할 수 있다.

30) 《민족일보》 1961년 4월 16일자 기고 "민주적 사회주의의 길".

31) 김광식, 위의 논문 p. 189.

32) 《동아일보》는 1961년 4월 22일자 "국가의 운명을 정쟁의 도구로 삼지 말라" 제하의 논설에서 UN에 남북한 대표를 동시 초청하고자 한 아아블럭 국가대표들에 대해 '나이비테'(*naivete*) 하다고 비판한 바 있다.

33) 《민족일보》 위의 논설.

같은 괴뢰적 인물을 내세워"[34] 우리 영토와 인민의 분열을 조장했으며 재통일을 방해해 왔고[35] 6·25 동란까지 도발케 하였다고 주장하였다.[36] 이 신문에 따르면 이승만이나 김일성이나 다 같이 "동서대립이라는 국제정세에 편승한 반민족적 정치세력"[37] 일 따름이다.

셋째, 중립화 통일론은 재판부가 판정한 것과는 달리 북한의 통일정책과는 그 본질이 다르다는 점을 지적할 수 있다. 《민족일보》의 중립화 통일론은 하나의 한국을 지향하는 방안이다. 이는 "서로 상대방의 사상과 제도를 그대로 인정하고 용납하는 기초 위에서 북과 남이 동등하게 참가하는 민족 통일정부를 창건"[38] 하자는 1960년의 김일성의 고려연방제 통일안과는 판이하다. 김일성의 안은 잠정적이나마 두 개의 한국을 인정하자는 것이기 때문이다.

중립화 통일을 목표로 하고 그 전 단계로 남북교류를 활성화해야 한다는 《민족일보》의 주장은 북한의 주장과 유사한 것이 사실이다. 북한은 연방제 통일안을 제시하면서 경제, 문화 분야의 교류와 협력을 모색할 것을 제의한 바 있다. 그러나 북한의 남북교류론은 어디까지나 연방제를 전제로 한 것이고 《민족일보》의 남북교류론은 중립화 통일을 전제로 한 것으로 그 지향하는 바가 확연히 다르다. 따라서 남북교류론의 일부내용이 유사하다고 하여 '북괴의 주장과 동일하거나 그 기본노선이 동일하다'고 규정할 수는 없을 것이며, '국시를 무시하고 반국가단체의 목적사항을 선전, 선동'[39] 했다고 단정할 수는

34) 위의 논설.

35) 《민족일보》 1961년 3월 23일자 논설 "조국분단의 책임은 남북의 집권당이 다 같이 져야한다".

36) 위의 신문 1961년 2월 24일자 논설 "두 개의 한국은 그대로 둘 수 없다".

37) 위의 신문 1961년 2월 26일자 논설 "분단된 민족으로서의 슬픔".

38) 김일성, "조선로동당 제6차 대회에서 한 중앙위원회 사업총화 보고", 《조국의 자주적 평화통일을 위하여》(평양: 조선로동당 출판사, 1981) p. 515.

39) 한국혁명재판사 편찬위원회의, 위의 자료집 p. 8.

없을 것이다.

사실 남북교류론은 당시 야당인 신민당의 소장파 의원들로 구성된 청조회도 그 필요성을 인정하고 이를 당론으로 수용해 줄 것을 당에 요청하였다. 이들은 남북한간의 서신교환, 언론인 교환, 시찰단 교환, 월남가족의 부양가족 교환 등의 진취적인 교류방안을 제시하고, 이를 당의 정강, 정책에 반영하고자 하였으나 뜻을 이루지는 못하였다. 이렇듯이 《민족일보》의 남북교류론은 북한의 주장과 유사하면서도 아울러 보수야당인 신민당의 청조회 소속 의원들의 주장과도 유사한 것이어서 《민족일보》의 논지만을 문제삼는 것은 법 적용의 보편성을 부정하였다는 비판으로부터 자유로울 수 없다.

최근에 강민(姜珉)은 남북한의 통일정책에 대해 논하면서 그 기본전략이 ① 실험주의여야 하며, ② 그런 실험을 통해 창조적 활동과정(*the process of rational creative action*)으로 발전할 수 있어야 하고, ③ 사회체계 전반의 수준에서 학습을 통해 통일에 대한 도전에 효과적으로 대응해야 하며, ④ 남북한의 공생의 원리가 전제되어야 한다고 주장하였다.40) 남북통일은 어떤 특정한 방안으로 정책을 확정하여 그 방법만을 고집할 것이 아니라, 남북의 정부 대표자 수준이든 아니면 민간 차원이든 서로 자주 만나고 교류하면서 다양한 방법의 실험이나 학습을 통해 통일을 추구하는 창조적 활동과정이어야 하며, 남북의 공존공영을 전제로 하는 것이라야 한다는 것이다. 《민족일보》의 남북교류론은 바로 이런 제 원칙을 반영한 것으로, 1970년대 후반 이후에는 남북 양측이 그 필요성에 동의한 바 있다.

넷째, 중립화 통일론은 《민족일보》가 주장하기 이전부터 다양한 통로로 제기되어 중요한 정치적 의제로 자리잡았다는 사실을 유의할

---

40) 강민, "학습과정으로서의 통일정책의 전개", 《한국정치학보》 11집(1977) pp. 167~168.

필요가 있다. 멀리는 개화기의 선각자 유길준도 중립화론을 주장하였다. 그는 《서유견문》에서 "우리나라가 다른 나라와 외교 및 무역관계를 시작해온 이래 국내외적으로 많은 심각한 문제에 직면해왔다"고 지적하고, "우리나라를 안전하게 하는 유일한 방법은 우리나라를 중립화하는 것"이라고 강조하였다.[41] 그는 중립화의 방법으로 스위스와 벨기에의 형식을 모방할 것을 제창하였다.[42] 개화기에 조선주재 독일영사관 부영사로 근무한 부들러(Herman Buddler)도 조선 정부에 스위스형 영세중립화를 건의했으며,[43] 조선정부의 관세업무 보좌역으로 일한 영국인 던컨(Chesney Duncan), 조선 궁내부 고문으로 초빙된 미국인 샌즈(William F. Sands) 등도 영세중립화 방안을 제시한 바 있다.[44]

중립화 통일론은 1960년의 4월혁명 이후 여러 갈래로 제기되었다. 중립화 통일론을 제기한 대표적 인사로는 일본에서 중립통일운동을 벌인 김삼규와 미국에서 줄기차게 중립화 통일론을 편 김용중을 들 수 있다. 김삼규는 한반도의 분단이 미·소 냉전의 산물이라고 전제하고, 미·소 양국 가운데 어느 한 나라에 치우치는 일방적 통일이 불가능한 상황이므로 우리의 통일 독립은 어느 세력권에도 속하지 않는 중립화 통일의 길밖에 없다고 강조하였다.[45] 1950년 조선의 중립화를 제의한 바 있는 김용중도 줄곧 중립화 통일을 주장하였다. 그는 1961년 1월에도 장면 총리에게 공개서한을 보내 "지정학적 현실을 인식하고 외세간섭을 배제하려는 노력을 통하여 나라의 중립화를 추구

41) 강종일·이재봉, 《한반도의 중립화통일은 가능한가》(들녘, 2001) pp. 16~25.
42) 강만길, "유길준의 한반도 중립화론", 《분단시대의 역사인식》(창작과비평사, 1978) pp. 102~117.
43) 강종일·이재봉, 위의 책 pp. 23~25.
44) 위의 책 p. 9.
45) 위의 책 p. 163.

할 것"을 제안하였다.[46]

한반도의 중립화 방안은 1953년에 미국 국무성 차관 히커슨(John D. Hickerson)과 극동문제 담당관 로버트슨(Walter S. Robertson)이 성안해 국무장관 덜레스(John F. Dulles)에게 직접 제출하기도 했다.[47] 4월혁명 이후에는 미국의 유력한 상원의원 맨스필드(Mike Mansfield)와 반공 정치학자 스칼라피노(Robert A. Scalapino)도 한반도의 중립화를 제의한 바 있다.[48]

한편, 혁신정당들은 1960년 10월 이후 학생운동을 중심으로 통일운동이 적극화하자 경쟁하듯이 통일론을 내놓았다. 당시 혁신계가 제시한 통일론은 두 가지 범주로 대별할 수 있다. 하나는 보다 급진적인 사회대중당과 그 외곽단체인 민자통이 제기한 자주통일론이고 다른 하나는 통일사회당 및 그 외곽단체인 중통련(중립화 조국통일운동 총연맹)이 제기한 중립통일론이다. 김민하가 분석한 바와 같이, 민자통과 중통련의 발기취지문과 주장을 살펴보면 민자통은 자주통일만을 강조하고 있지만 중통련은 국제현실을 인정하고 미소의 이해조정을 전제로 한 국제기구를 통한 통일을 모색하고 있다. 민자통은 북한정권과 북한의 연방제 통일방안에 대해서 관용적인 반면 중통련은 북한정권은 괴뢰정권이며 그들의 연방제 통일안은 흉계라면서 거부하고 있다.[49] 《민족일보》는 미소 양국의 타협과 보장 없이는 통일이 이루어질 수 없는 것이 냉혹한 현실[50]이라는 인식을 바탕으로 미

---

46) 강종일 · 이재봉, 위의 책 p. 148.

47) 황인관, "미국의 1953년 한반도 중립화 제안", 강종일 · 이재봉, 《한반도 중립화통일은 가능한가》(들녘, 2001) p. 88.

48) 강종일, "한반도 영세중립 통일방안 연구", 강종일 · 이재봉, 《한반도의 중립화 통일은 가능한가》(들녘, 2001) p. 250.

49) 김민하, 《한국혁신정당론》(중앙대 출판부, 1999) pp. 473~477.

50) 《민족일보》 1961년 3월 14일자 논설 "국제 감시 하의 총선거는 통일을 위한 새로운 진전이다".

소의 이해조정을 통해 중립화 통일을 이루고자 하였으며, 반공, 반북, 반김일성주의 노선을 명백히 내걸었다는 점에서 통사당과 중통련의 노선에 더 기울어 있었다고 할 수 있다.

이렇듯이 《민족일보》가 개진한 중립화 통일론이 혁신계 온건파의 주장과 맥을 같이하는 것으로서, 반북 반김일성주의를 기본전제로 깔고 있으며, 북한의 연방제 통일안과 확연히 달랐고, 오래 전부터 다양한 통로로 제기되어 하나의 의미 있는 의제로 자리잡고 있었는데도, 《민족일보》에 대해 북한의 주장과 동일하거나 그 기본노선이 동일한 주장을 폈다고 단정하고 발행인 조용수에게 사형까지 선고한 재판행위는 군사쿠데타라는 비상상황에서 이루어진 혁명재판에서나 가능한 성격의 것이었다.

그럼 왜 군사정부는 신문사 폐간과 발행인 처형이라는 극단적인 방법을 택했을까? 이 물음에 답하기 위해서는 《민족일보》의 중립화 통일론의 내용 자체보다는 당시의 정치적 상황을 살펴볼 필요가 있다. 박정희 군사정부는 당시 두 가지 급박한 과제에 당면해 있었다. 그 하나는 대내적인 것으로 대학생과 진보주의자들의 저항 가능성이었다. 이 문제는 박정희 군부의 관심사이자 미국의 무은 관심사이기도 하였다. 1961년 3월 미국 정보기관이 작성한 한 보고서에 따르면 미국은 한국의 불안이 부분적이나마 공산분자들 때문이라고 인식하고 있었으며, 대학생들과 진보적 지식인들이 주도하는 통일운동이 미국과 한국의 심각한 골칫거리가 될 것이라고 전망하였다.[51] 정변을 일으킨 군부로서는 대학생과 진보적 지식인들을 초기에 제압해 둘 필요가 있었다.

박정희 군부의 또 하나의 과제는 대외적인 것으로 박정희 자신과

---

51) CIA, "Short-Range Outlook in the Republic of Korea" Special National Intelligence Estimate no. 42-61, (Country File; Korea, Box 127, John F. Kennedy Library) p. 2, p. 4.

그 가족의 공산당 관련 경력에 기인한 미국의 의구심을 해소하는 것이었다. 미 국방부의 고위관리는 1960년 초까지도 박정희 소장을 공산주의자로 여기고 있었다.[52] 미 8군 사령관이었던 매그루더(Carter B. Magruder) 대장은 박 소장을 예편시키기 위해 장면 정부에 압력을 넣기도 하였다.[53] 박 소장이 주도하는 쿠데타가 일어나자 매그루더 사령관과 그린(Marshall Green) 주한 미 대사대리는 장면 정부를 지지한다는 성명을 냈다.[54] 미국 CIA는 국무성, 육군성, 해군성, 공군성 및 합참 정보기구와 합동으로 작성한 한 정보평가서에서 "박정희는 반공을 국시로 선언하였다. 그가 공산주의자들과 지속적인 유대를 가져왔다는 증거도 없다. 그러나 우리는 그가 적절한 시기에 공산주의자들을 이롭게 할 형태의 한반도 통일을 획책할 장기적 공산분자일 가능성을 배제할 수 없으며, 동시에 남한의 사태진전에 절망하여 재변절하여 다시 공산주의자들과 영합하기 위한 조치를 취할 개연성도 배제할 수 없다"[55]고 판단하여 이를 백악관 등에 보고하였다.

이런 상황에서 박정희 쿠데타군은 공산주의자 제거프로그램에 박차를 가하였다. 국가재건최고회의 의장 장도영 중장은 1961년 5월 19일 첫 기자회견을 갖고 이날 현재 930명의 친공분자를 구속했다고 밝혔다. 군부는 다양한 통로로 정변의 지도노선이 친미 반공주의임을 미국에 알렸다. 백악관은 정변 지도부에 대한 사상적 의구심을 풀고 군사정권을 승인하는 절차를 밟기 시작하였다. 쿠데타군은 이른바 용공분자를 초기에 소탕함으로써 당시 박정희 군부의 두 가지 당

---

52) 이완범, "제1차 경제개발계획의 입안과 미국의 역할", 이완범 외 《1960년대의 정치사회변동》(백산서당, 1999) p. 41.

53) 위의 논문 p. 41.

54) 위의 논문 p. 42.

55) CIA, "Special Intelligence Estimate, no. 42-2-61, Short-Term Prospects in South Korea"(1961. 5. 31) (Country File: Korea, Box 127A, John F. Kennedy Library) p. 1, p. 4.

면과제를 아울러 해소할 수 있었다. 《민족일보》는 그런 작업에 이용할 수 있는 조건을 두루 잘 갖추고 있었다.

제 8 장

《민족일보》 사건의 언론학적 함의

1. 대안언론으로서의 《민족일보》

미국에서는 남북전쟁이 일어나기 전부터 흑인의 의사를 대변하고자 하는 흑인신문이 등장했다. 그 밖에도 유토피아주의자, 공동체주의자, 여성, 이민, 대중주의자와 무정부주의자, 사회주의자와 공산주의자, 반전론자 등이 자기집단을 대변하는 신문을 발행했다. 1960년대에는 학생조직인 SDS(Students for a Democratic Society)가 기관지 *New Left Notes*를 발행했다. 다른 급진주의 조직은 월남전 반대운동을 벌이며 신문을 냈다. 케슬러(Lauren Kessler)는 이런 일군의 매체를 대안언론(*dissident press*)이라고 정의한 바 있다.[1] 어떤 사회에서 주류집단이 아닌 주변부 집단의 의사나 권익을 대변하고자 하는 매체가 대안언론에 해당한다. 그에 따르면, 대안언론은 미국의 전 역사를 걸쳐 당대의 규범과 일치하지 않는 사상이나 목표를 내걸고 주

1) Kessler, Lauren, *The Dissident Press: Alternative Journalism in American History*(1984, Beverly Hills: Sage Publications) p. 114.

류언론과 맞서왔다.[2)]

다른 학자들은 이런 부류의 언론에 대해 다른 이름을 붙이기도 한다. 대체언론(*alternative journalism*)이나 주창언론(*advocacy journalism*) 또는 지하언론(*underground journalism*)과 같은 개념이 그 예이다. 대체언론은 통상적인 언론과는 다른 경영방식이나 편집체제를 갖추어 혁명적이거나 도전적인 가치를 내걸고 특정집단의 의사를 대변하는 언론을 일컫는 경우가 많다. 주창언론은 보편적인 사고와 다른 자기 나름의 주장을 펴기 위한, 대항선전을 목적으로 하는 언론을 일컫는다. 지하언론이란 우리나라에서는 신문발행에 필요한 행정적 요건이나 절차를 무시하고 발행하는 언론을 지칭하지만 미국에서는 1960년대에 청년들이 이른바 청년문화의 기관지로 발행한 언론에 붙여진 이름이다. 그러나 많은 학자들은 이런 개념차이를 무시하고 어느 한 개념으로 비주류 언론을 통칭하기도 한다.

《민족일보》는 정부당국에 정식으로 등록하고 발행하였기 때문에 지하신문이라고 할 수는 없다. 다른 주류매체와 마찬가지로 주식회사 체제를 갖추고 독자에게 구독료를 받고 팔았으며 광고를 게재하였다. 기자의 대부분을 다른 신문사 경력기자로 충원하였으며, 그들의 출신배경은 다른 신문과 큰 차이가 있었다고 할 수 없다. 사회적 역학관계에서 절대적으로 열세에 처한 서민대중의 권익을 대변하고자 하였지만 《민족일보》는 주류신문과 당당하게 경쟁하고자 하였고 판매 면에서 상당한 성공을 거두었다. 이런 점을 고려하면 《민족일보》는 주류언론과 대립각을 세우고 진보적 대안을 제시하고자 한 대안언론의 성격을 가진 신문이었다고 규정할 수 있다.

2) 위의 책 p. 154.

2. 대안언론 출현의 역사적 배경

왜 대안언론이 출현하는가? 리머(Laurance Leamer)는 주류언론에 그 책임이 있다고 상소하였나. 대안언론의 도진은 부분적으로는 기성언론이 많은 미국인들에게 영향을 미치는 사안들을 제대로 다루지 않고 저항의 목소리에 귀를 기울이지 않기 때문에 시도된다는 것이다.[3] 자유주의이론에 따르면 진리에 도달하는 최선의 방법은 공개시장에서 다양한 의견이 자유롭게 경쟁하게 하는 것이다. 주류언론은 공개시장에 사회적 중요성이 있는 의제(*agenda*)를 상정하여 활발한 토론이 전개되게 할 책임이 있다. 리머는 주류언론이 이런 책무를 소홀히 할 때 대안언론이 대두한다고 주장하였다.

케슬러도 주류언론 책임론에 동조하였다. 그 역시 대항집단을 위한 독자적 뉴스채널이 등장하는 것은 주류언론이 다루지 않는 사상을 전파하고자 하는 필요성 때문이라고 주장하였다.[4] 그는 주류언론이 사상이나 집단에 있어 그 범주를 한정하는 한, 대항집단은 그들 자신의 대안매체를 지원할 것이라고 주장하였다.[5]

그러나 대안언론의 출현을 주류언론의 책무태만 탓으로만 돌릴 수는 없다. 사회변화 자체가 새로운 대안언론의 출현을 요구하기도 한다. 주류언론은 당대의 일반적 정서나 의사로부터 자유로울 수 없다. 그 사회의 보편적인 공론을 존중해야 한다. 주류언론이 이런 본질적인 한계에 갇혀 있을 때 사회적으로 새로운 변화가 일어나면 불가피하게 대안언론이 출현하게 마련이다.

---

3) Leamer, Laurence, *The Paper Revolutionaries: The Rise of the Underground Press*, New York: Simon and Schuster, 1972, p. 182.
4) Kessler, 위의 책 p. 155.
5) 위의 책 p. 155.

미국 언론사에서 정론지 시대의 종언을 고하게 한 1880년대의 대중신문(*popular press*)은 초기에 분명히 하나의 대안언론이었다. 대중을 겨냥한 이 탈정치적 신문의 출현은 대중세력의 대두라는 새로운 사회변화가 촉발한 것이었다. 미국사회의 공업화와 도시화가 대중세력을 성장하게 했고, 정치에 무관심한 그들을 상대로 새로운 신문이 등장하게 된 것이다. 대중신문에 이어 19세기 말에 등장한 《뉴욕타임스》가 대표하는 지적 신문(*intellectual paper*)도 수준 높은 지식공중이 형성된 데 따른 결과였다.

사회변화가 급속히 진행되는 국면에서 다양한 대안언론이 활개친 사실은 대안언론과 사회변화의 상관관계를 웅변으로 말해준다. 대안언론 시대를 연 1800년대에 *Appeal to Reason*, *The Alarm*, *Mother Earth* 등과 같은 대안신문이 노동자로 하여금 자본주의를 무너뜨리고 노동자의 나라를 만드는 불가능한 기도에 매달리게 했다.[6] 미국 자본주의가 고도성장을 기록했지만 도덕이나 공존이 아니라 악덕자본가의 탐욕으로 물들어 사회적 불평등이 만연한 데 따른 당연한 귀결이었다.

대안언론이 가장 활발했던 시기는 1965년에서 1975년에 이르는 10년간이었다. 이 시기에 미국 자본주의는 급속히 팽창했다. 대공황과 제2차 대전, 6·25 전쟁을 거치면서 거의 20여 년 이상 불안한 시대를 보낸 미국인들은 이제 오랜 만에 풍요와 안정을 구가할 수 있게 되었다. 미국인들은 긴장감을 벗어던지고 활발하게 개성을 발현하고자 하였다. 그러나 냉전체제 하에서 주도권을 확보하기 위해 미국은 대통령에게 황제와 같은 막강한 권력을 부여하였다. 닉슨 행정부 시대에 대통령의 권력은 절정에 달하였다.[7] 사회와 정치의 이런 간극

6) Streitmatter, Rodger, *Voice of Revolution*: *The Dissident Press in America*, Columbia Univ. Press, New York, 2001, p. 275.

7) Schlesinger, Arthur M., 정상준·황혜성 역, 《미국 역사의 순환》(을유문화

은 갈등의 확대 재생산에 기여하였다. 이런 상황에서 다양한 집단을 대변하는 다양한 대안언론이 우후죽순처럼 족출(簇出) 했다.

우리나라에서 1961년에 《민족일보》라는 대안언론이 나온 배경에 대해서도 급격한 사회변화와 주류언론의 한계라는 두 요인을 중심으로 추론을 펼 수 있다. 즉, 장기간에 걸쳐 북진통일을 내세우며 반공독재를 자행한 이승만 정권이 무너지자 지식인층을 중심으로 탈냉전의 광범한 변혁을 요구하게 되었으나, 기존의 주류언론이 이런 국민적 요구를 반영하는 일에 소극적이거나 부정적인 태도를 보이자, 혁신세력이 《민족일보》를 창간하기에 이른 것으로 볼 수 있을 것이다.

사, 1993) p. 372 .

3. 대안언론의 존재이유

진리가 승리하기 위해서는 사상의 공개시장에서 다양한 사상이 거래되어야 한다. 주류언론은 다양한 사상을 진열장 위에 올려놓을 책임이 있다. 그런데도 주류언론이 그 일을 소홀히 한다면 주류언론을 대신해 그 일을 할 언론이 나와야 한다. 특히 사회변화가 급격히 이루어지고 있는 상황에서 주류언론이 주류세력의 정서나 의견만을 대변할 때 대안언론이 나오는 것은 불가피하다. 대안언론의 존재이유가 거기에 있다.

대안언론을 내는 새로운 세력은 "사상을 전파하는 힘이 세상을 바꾸는 힘"이라고 믿기 때문에 저널리즘에 헌신한다.[8] 1960년대 이후 미국에서 등장한 대안언론은 리머가 말한 바와 같이 환경보호, 여성평등, 인종평등, 청년문화 발전 등에 무시할 수 없는 긍정적 영향을 미쳤다. 확신에 찬 환경운동가, 여성운동가, 흑인운동가, 청년문화인들은 대안언론을 통해 새로운 주장을 거침없이 개진했다. 물론 리머가 지적한 바와 같이 대안언론은 마리화나나 다른 약물의 사용을 대중화하는 데 기여했다.[9] 그러나 궁극적으로 대안언론의 역할 때문에 사상의 공개시장은 더욱 풍요로워졌다. 알철(Altschull, J. Herbert)의 표현을 빌리자면 지하언론인이나 탐사언론인, 주창언론인이 생각했던 개혁운동은 처음부터 미국언론에서 핵심적 요소였다.[10]

케슬러는 대안언론이 말하고자 하는 바가 무엇이며 그걸 미국사람들이 듣고자 하는가의 여부와 관계없이 대항집단은 언론출판의 헌법

---

8) Kessler, 위의 책 p. 114.
9) 위의 책 p. 181.
10) Altschull, J. Herbert, 양승목 역, 《현대언론사상사》(나남, 1993) p. 585.

적 권리를 갖는다고 주장하였다.[11] 그에 따르면, 대항집단이 공격받고 그들의 출판물이 억압받을 때 헌법 수정조항이 보장한 미국인의 권리 자체가 위험에 처하게 된다. 또한 대안사상이 주류언론에 의해 항상 배제되고 빈약한 재원의 소규모 저널로만 생명을 부지한다면 언론의 자유는 그 의미를 잃고 만다. 왜냐하면 헌법에서 언론의 자유를 말할 때 그 자유란 자신에게 말하는 자유를 의미하는 것이 아니라 다른 사람에게 말할 자유를 뜻하며, 그것도 같은 의견이 아니라 다른 의견을 말하는 자유를 의미하기 때문이다.

우리나라는 1960년에 4·19 혁명을 통해 이승만 독재를 무너뜨렸다. 새로운 사회를 위해 무엇이 필요한지에 대한 자유로운 토론을 전개하는 것이 불가피한 상황이었다. 토론의 의제로서 그 동안 금기시해 온 통일문제도 포함될 수밖에 없었다. 북진통일이라는 실현 불가능한, 민족의 대재앙을 부를 해묵은 통일론과는 다른 새로운 제안이 제기될 필요가 있었다. 보수적인 주류언론은 이런 의제를 공론화하는 데 소극적이었다. 이런 상황에서 진보적인 지식인들은 수정주의적인 통일론을 펴기 위한 대안언론의 필요성을 절감하였다. 혁신 세력이 《민족일보》를 발행한 것은 바로 그런 시대적 요구에 부응하기 위한 것이었다. 대안언론은 겸허하고도 진지한 자세로 공론형성에 참여할 필요가 있었고, 사회는 그런 언론이 착실하게 사회에 뿌리내리도록 여건을 조성할 필요가 있었다.

11) Kessler, 위의 책 p. 159.

4. 대안언론의 특성

글레싱(Robert J. Glessing)에 따르면 대안언론은 주류언론과는 확연히 다른 우상을 만든다. 미국에서 주류언론은 리처드 닉슨, 스피로 에그뉴, 빌리 그래함을 가지고 있지만 대안언론은 톰 헤이든, 엘드리지 클리버, 커비 헨슬리 등과 같은 엉뚱한 우상을 섬긴다. 주류언론은 딘 마틴, 트위기, 우주비행사를 가지고 있지만 대안언론은 팀 리어리, 알렌 긴스버그, 체 게바라를 가지고 있다. 주류언론은 조지 워싱턴, 에드거 후버, 웨스트모랜드 장군에 권위를 부여하지만 대안언론은 맑스, 말콤 엑스, 마셜 맥루한을 좋아한다. 주류언론은 결혼, 죽음, 스포츠, 주식을 다루지만 대안언론은 급진적 정치, 환각제, 종교예언에 관심을 집중한다. 주류언론은 공산주의, 히피, 마약, 성적 일탈과 싸우지만 대안언론은 경찰, CIA, 대학당국, 그리고 미국의 기득권층 대변자들과 싸운다.[12] 대안언론은 주류언론과는 다른 세력에 의해 상이한 목적으로 운영되기 때문에 이렇게 우상이 판이한 것은 불가피하다.

미국사회에서 발행된 많은 대안언론의 사례를 수집하고 분석한 스트라이트매터(Rodger Streitmatter)는 미국의 대안언론이 대체로 네 가지 특성을 보이고 있다고 주장하였다.[13] 그에 따르면 대안언론은 첫째, 사회적 경제적 정치적 혼란기에 활성화하였다. 위에서 언급한 바 있지만 노동자 신문이나 사회주의 신문, 무정부주의 신문이 모두 사회적 격변기에 나왔다. 1965년에서 1975년에 이르는 10년 동안 반

---

12) Glessing, Robert J., *The Underground Press in America*, Indiana Univ. Press, Bloomington & London, 1970, pp. 97~98.

13) Streitmatter, Rodger, 위의 책, pp. 275~278.

체제문화, 여성평등, 인종평등, 청년문화, 동성연애 등을 다루는 대안매체가 전성기를 누렸는데 이 시기 역시 전술한 바와 같이 미국사회에서 광범한 사회적 변화가 일어난 시기였다.

둘째, 대안언론은 그에 따르면 대체로 단명(短命)하다는 공통점을 가지고 있다. 그가 자세히 조사한 33개 대안매체 가운데 단지 13종만이 10년 이상의 수명을 누렸다. 단명의 가장 큰 요인은 광고나 판매부진에 따른 재정적 요인이었지만 연방정부의 통제 역시 큰 영향을 미쳤다. 미국에서 주류언론은 수정헌법에 의거해 초헌법적 자유를 구가하지만 그런 자유가 대안언론에까지도 확실하게 보장되는 것은 아니다.

셋째, 일부 대안언론은 도덕적으로 폭력에 반대했지만 대다수 대안언론은 미국 생활에 깊숙이 뿌리박힌 오류를 종식시키기 위하여 폭력을 촉구하거나 묵인했다. 노예폐지론자나 사회주의 출판물은 단순히 폭력을 묵인했다. *The Liberator*는 노예폭동을 부추기는 논설을 실었다. 무정부주의 출판물은 분명하게 폭력을 신봉했다. 1960년대의 많은 대안언론은 폭력을 찬양했다. 바로 이런 성향은 연방정부의 가혹한 탄압을 촉발했다.

넷째, 대안언론이 어떤 운동을 대변할 때, 온건한 출판물이 그 사회에 존재하면 대안언론 역시 급진적 목소리의 톤을 낮추었다. 또한 온건노선을 유지한 대안언론 중 경영적으로 성공한 경우도 있었다.

《민족일보》 역시 스트라이트매터가 말한 네 가지 특성에서 크게 벗어나지 않는다. 《민족일보》도 이승만 독재가 무너지고 사회적·경제적·정치적 혼란이 극에 달한 시기에 창간되었으며, 창간 3개월을 갓 넘기고 박정희 군사정부에 의해 폐간당했다. 또한 《민족일보》는 혼란기에 통일운동에 몰두한 대학생 세력을 지지하고 성원함으로써 집권세력으로 하여금 이 신문이 급진적이고 과격하다는 인상을 갖게 하였다. 《민족일보》의 주장은 해방 직후 사회주의운동을 주도한 박헌영의 노선에 비하면 온건하고 합리적이었지만 반공이 국시화한 상황에서 냉전 이데올로기에 젖은 기득권층에게는 반체제적인 것이었다.

5. 논의: 《민족일보》 사건의 교훈

1) 《민족일보》와 우리 사회의 포용성

알철에 따르면 대안언론은 결코 《뉴욕 타임스》의 틀에 박힌 탁월성을 원하지 않는다.[14] 대안언론은 주장하는 바가 국가이익과 거리가 있을 수 있고, 표현방식이 우아하지 않는 경우도 허다하다. 그럼에도 불구하고 케슬러는 대안언론에 대한 사회적 포용성을 강조한 바 있다. 그의 포용론에는 언론의 공개시장에 대한 확고한 확신이 자리잡고 있다. 포용성을 포기하는 것은 공개시장에서의 자유로운 토론이 진리에 도달하는 가장 좋은 길이라는 자유주의 명제 자체를 거부하는 행위이다.

대안언론에 대한 포용성은 대안언론에 대한 다양한 방법의 지원으로 연계되어야 한다. 대안언론에 대한 실증적 연구를 통해 스트라이트매터는 대안언론이 주로 혼란기에 나와 단명에 그쳤으며, 일부는 폭력을 선동하였으나, 일부는 톤을 낮추어 온건노선을 유지함으로써 경영적으로 안정을 확보하는 데 성공하기도 하였다고 정리한 바 있다. 이런 특성을 고려한다면, 사회는 대안언론이 폭력주의를 지양하고 현실적이며 합리적인 대안을 제시하는 매체로서 체제 안에 뿌리를 내릴 수 있도록 여건을 조성하여야 한다.

1960년 4·19 혁명 이후 우리나라의 사회적 공간은 우리의 포용성을 실험할 수 있는 시기였다. 이 시기에 진보주의자들에 의한 대안언론으로서 《민족일보》가 등장하였다. 이승만 독재 하에서는 토론 자체가 금기시된 여러 의제에 대해 언론의 공개시장에서 자유로운 토론

14) Altschull, J. Herbert, 위의 책, p. 589.

을 전개해 바람직한 공론을 창출할 필요가 있었다. 《민족일보》는 그런 필요에 부응하기 위해 창간되었고, 그런 책무를 수행하기 위해 노력했다. 《민족일보》는 토론의 전제로서 반공, 반김일성 노선을 여러 차례 강조했다. 《민족일보》가 지향하는 바는 민주적 사회주의였다. 《민족일보》에 기고한 이봉산(李奉山)에 따르면 민주적 사회주의란 영국 노동당을 모델로 하는 것이었다.[15] 그는 제2인터내셔널의 흐름을 택한 것이 사회민주주의이며, 제3인터내셔널의 직계가 공산주의이고, 영국 노동당의 이념에 입각한 것이 민주적 사회주의라고 강조하였다. 그는 당시 통일사회당을 비롯한 혁신계 제 정당이 민주적 사회주의 이론을 당의 기본성격으로 표방하였다고 지적하였다. 《민족일보》가 지향한 것 역시 민주적 사회주의의 범주를 벗어나지 않았다. 영국 노동당을 모델로 삼고자 하는 반공, 반김일성주의의 혁신노선 정도라면 우리 사회는 그 존재를 인정하고 그런 정당이나 매체가 체제 안에 뿌리를 내릴 수 있게 포용성을 발휘해야 마땅하다.

그러나 《민족일보》는 1961년 5월 19일 박정희 군사정권에 의해 강제 폐간되었다. 박정희 정부는 그 해 7월 23일 조용수를 비롯한 《민족일보》 관계자 13명을 특수범죄처벌에 관한 특별법 위반혐의로 기소하였다. 혁명검찰은 조용수 등이 "북한 괴뢰집단에서 주장한 것과 동일한 또는 그 기본방향이 동일한 위장평화 남북통일방안을 비롯하여 남북협상, 경제, 문화 서신교류, 학생회담 등 대한민국의 국시를 무시하고 오히려 반국가단체의 목적사항을 선전, 선동함으로써 동 단체의 활동을 고무, 동조"했다고 주장하였다. 1심과 2심 재판부는 구체적으로 어떤 주장이 북한의 주장과 동일하거나 그 기본노선이 동일한 것인지조차 분명히 가리지 않은 채 《민족일보》의 이적성을 인

15) 이봉산, "민주적 사회주의의 길", 《민족일보》 1961년 4월 16일, 17일, 11일자 기고.

정하였다.

국제사회의 반발에도 불구하고 군사정부는 그 해 12월 21일 조용수를 처형했다. 박정희 군사정부가 《민족일보》와 조용수에 대해 가한 엄혹한 탄압은 여러 정황에 비추어 매우 정략적인 판단에 의거한 것이었을 개연성이 크다. 군부는 안으로 진보적 지식인이 주도하는 저항운동이나 통일운동을 원천적으로 봉쇄할 필요가 있었고, 밖으로는 박정희 소장과 그 가족의 공산주의 활동전력에 기인한 미국의 사상적 의구심을 풀어야 했다. 《민족일보》는 이 두 가지 문제에 이용당할 좋은 조건을 갖추고 있었다.

반공, 반김일성주의를 밝히고 민주적 사회주의를 지향하는 합리적인 대안세력을 북한의 활동에 고무, 동조하였다고 트집잡아 처단한 경험은 《민족일보》가 처음이 아니다. 박정희 정부가 들어서기 전에 이승만 정부도 진보당의 조봉암을 사형시켰다.[16] 박정희 정부 이후의 독재정부도 마치 전가의 보도인 양 진보주의자들을 용공분자로 몰아 사형에 처하거나 사회적으로 매장했다. 합리적 대안에 대한 우리 사회의 포용성 결핍은 지금도 여전히 유지되고 있다.

16) 조봉암은 1925년 조선공산당 창당에 참여하여 중앙집행위원 등을 맡았으나 광복된 이듬해인 1946년 박헌영을 "소련의 주구적 행동을 했을 뿐인 좌익 소아병자"로 비판하며 조선공산당과 관계를 끊었다. 그는 1956년 한국사회에서 수용 가능한 대안정당을 지향하는 진보당을 창당하였다. 진보당의 기본노선은 반공을 전제로 한 민주사회주의였다.

2) 《민족일보》의 조급성

미국은 수정헌법에 따라 무한정의 자유를 구가하는 나라로 알려져 있다. 그러나 특정한 시기에는 미국도 단순한 애국주의에 입각해 언론에 대해 무한정한 억압을 자행하였다. 그런 상황에서 애국주의 앞에는 어떤 반론도 용납되지 않았다. 1910년대 후반의 언론탄압이 그 좋은 예다. 미국이 참전을 선언한 2개월 뒤에 의회는 국민의 반전감정을 억압하고 불복종, 불충, 군복무 거부 등을 기도하는 자들을 처벌하기 위해 간첩법을 통과시켰다. 간첩법을 시행한 1년 이내에 미국 정부는 80여 개의 급진주의 출판물에 대해 우편편의를 취소했으며, 많은 급진주의 언론인을 투옥하였다. 1918년에는 더 많은 급진주의 언론인들을 기소할 수 있도록 선동법(Sedition Act)을 개정해 비애국적 언론(*disloyal speech*)의 정의를 확대하였다. 종전에 이르러 미국에서 사회주의운동은 현저하게 쇠퇴하였다. 가장 영향력 있는 언론인들이 침묵을 강요당했으며, 많은 주요 지도자들이 투옥되었다.[17)]

미국은 어떤 상황에서 태도를 돌변하는가? 언론자유를 초헌법적으로 보장하는 듯하다가도 어떤 국면에서 애국주의 하나로 모든 반론을 잠재우고 무자비한 탄압을 자행하는가? 답은 간단하다. 미국은 미국의 존립기반 자체가 공격받고 있다고 생각하면 언제든지 애국주의를 발동한다. 그런 국면에서 자유주의는 자취를 감추고 일종의 파시즘적 광풍이 미국을 지배한다.

미국의 그런 경향은 미국에만 한정되는 현상인가? 그렇지 않다. 이른바 언론자유를 보장하는 대표적 나라라는 미국에서조차 그랬다면 다른 나라에서야 불문가지의 사실이다. 나라가 혼란이나 위기에 처했을 때 애국주의를 내세워 초법적이고도 포괄적인 탄압을 가하는

---

17) Kessler, 위의 책 p. 131.

것은 어느 나라에서나 보편적인 경향이다. 우리 사회도 언론에 대한 가혹한 탄압으로 국제사회의 따가운 눈총을 받은 일이 한두 번이 아니다. 이런 점을 감안한다면 어떤 사회가 혼란이나 위기에 봉착했을 때 대안세력은 스스로 탄압의 빌미를 제공하지 않도록 매사에 세심할 필요가 있다.

대안언론도 마찬가지다. 스트라이트매터가 많은 사례연구를 통해 밝힌 바 있지만, 대안언론은 대체로 혼란기에 족출하여 폭력주의를 선동하고 단명으로 끝난다. 그런 단명한 폭력주의로 사회를 바꿀 수는 없다. 사회변화를 원한다면 지속가능한 전략과 전술을 구사해야 한다. 이런 점에서 본다면 《민족일보》 역시 전술적 유연성을 결여했다는 비판에서 자유로울 수 없다.

《민족일보》는 반공, 반김일성주의를 분명히 하였다. 지향하는 바가 공산주의가 아니었다. 《민족일보》는 반공을 전제로 한 민주적 사회주의를 지향하였다. 이런 선택은 6·25 전쟁 이후의 한국사회에서 불가피한 것이었다. 사실 6·25 전쟁은 불안정하고도 유약한 반공국가를, 나라의 규모와 경제력에 걸맞지 않게 증강된 군사력으로 뒷받침하는 관료국가체제와 이에 기반을 둔 권위주의 정치체제로 강화시켰다.[18] 반면에 6·25 전쟁은 이데올로기 지형에 엄청난 변화를 일으켰다. 가장 극단적인 변화는, 손호철에 따르면, 정치행위자 또는 주체로서의 계급의 소멸 내지 저발달이었다. 민중들은 6·25 전쟁 이후 정치적 조직이나 리더십을 상실했을 뿐만 아니라 계급이라는 단어조차도 실종하는 극단적 사태가 생겨났다.[19] 필연적 결과로 반공이 확고부동한 국시(國是)로 자리잡았다. 1960년에 이승만 독재정권이 무너졌지만 상황의 본질은 달라지지 않았다. 이런 조건에서 진보주

---

18) 최장집, 《한국현대정치의 구조와 변화》(까치, 1989) p. 86.
19) 손호철, 《현대 한국정치: 이론과 역사 1945~2003》(사회평론, 2003) p. 135.

의자들이 선택할 수 있는 것은 민주적 사회주의뿐이었다.

《민족일보》는 이렇듯이 이데올로기 채택에는 신중하고도 합리적이었지만, 그런 신중성이나 합리성이 사건보도나 논설에 세심하게 반영되었다고 평가하기는 어렵다. 국회나 정당이 주체가 된 변화보다는 제도권 밖에 있는 세력의 영향력 확대를 기대하며, 대학생 등이 주도하는 사회운동을 제도권 안으로 끌어들이려고 노력하기보다는 저항집단의 장외투쟁을 부추기고 그들의 폭력성까지 선동한다는 오해를 받을 소지가 있는 태도를 여러 차례 드러낸 것이 그 예이다. 기사제목에 주관적이거나 자극적인 용어를 많이 쓴 것도 정부당국자에게는 대중적 저항의 선동으로 비쳤을 개연성을 부정할 수 없다.

김광식은 1960년대 초의 혁신계의 투쟁을 반추하면서 그들이 보수 대 혁신의 갈등구조에만 집착하여 보수파와 협조하거나 제휴하는 측면을 소홀히 하였다고 지적하고, 이를 지식인 조급주의로 규정한 바 있다.[20] 《민족일보》 역시 이런 지적으로부터 자유롭지 않다. 《민족일보》가 그런 조급주의를 극복할 수 있었다면, 그리고 전략적 유연성을 전술적 유연성으로 구체화하였다면, 이 신문은 단명을 면하고 더 좋은 대안언론으로 합리적인 독자와 만날 수 있었을 것이다.

3) 《민족일보》를 위한 레퀴엠(*requiem*)

새가 잘 날기 위해서는 원심력을 최대화할 좌우 날개와 구심력을 최대화할 몸통이 다 건강해야 한다. 사회도 마찬가지다. 다양한 대안이 제기되지만 합리적인 토론을 통해 어렵지 않게 결론에 다다라 통

---

20) 김광식, "4월혁명과 혁신세력의 등장", 《한국사회 변혁운동과 4월혁명》 (한길사, 1990) p. 207.

합을 이루는 사회가 좋은 사회이다. 사회가 그러하기 위해서는 다양한 스펙트럼의 언론이 존재하되, 기간언론이 확고하게 중심을 잡고 사회적 통합을 이루어야 한다.

우리 사회의 언론구조는 이런 이상적인 모형과는 거리가 멀다. 주류신문은 보수와 진보를 아우르기보다 반(反)진보의 기수가 되어 있다. 기간방송은 정권이 바뀌면 언제나 때맞춰 바뀔 개연성 위에 존재한다. 주류언론에 대한 대중적 불만 덕분에 급성장한 인터넷매체는 객관성, 균형성, 공정성이라는 전통적인 언론규범조차 무시하며 좌우의 특정정파를 편들고 있다. 이 밖에도 여러 요인이 작동해 우리 사회의 공론장은 하버마스의 표현을 빌리자면 권력화한 투기장(鬪技場)이 되고 말았다.

언론이 정파적이고 공론장이 정파성의 투기장이 되고 말았다면, 그 원인은 대중이 제공하고 있다. 대중이 정파성에 함몰되어 자기정파의 이해관계를 대변하는 언론에만 박수를 보낸다. 대중은 정파적 이해관계가 다른 언론이나 견해에는 아예 귀를 닫고 산다. 이런 경향은 지식인사회에서 오히려 더 두드러져 보인다. 이와 같은 상황에서 언론이 품격 있는 숙의(熟議)를 주도하기란 매우 어렵다.

이제라도 사회는 사상의 다원성을 인정해야 하며, 좌우의 대안언론은 활기차게 제 주장을 펴되 스스로 품격을 지켜야 하고, 그 무엇보다 주류언론은 통합의 매체로 거듭나야 한다. 이것이 여러 종류의 언론이 함께 사는 길이며, 우리 사회가 품격을 갖추어 숙의민주주의로 이행하는 전제조건이다. 우리가 불러야 할 《민족일보》를 위한 진혼곡의 내용은 다 정해진 셈이다.

부록

《민족일보》 사건 재판기록*

* 이 재판기록은 한국혁명재판사 편찬위원회가 펴낸 《한국혁명재판사》 3집에 실린 것으로 한자와 일본관련 고유명사를 한글로 바꾸었다.

○ 혁명재판 1심 공소장

서기 1961년 혁검형(혁檢刑) 제1호

<table>
<tr><td colspan="2">서기 1961년 7월 23일
혁명검찰부
검찰관 오재옥(吳在玉)
혁명재판소 귀중</td></tr>
<tr><td colspan="2">공소장</td></tr>
<tr><td colspan="2">다음과 같이 공소를 제기합니다.</td></tr>
<tr><td>피고인</td><td>1. 조용수(趙鏞壽) 2. 송지영(宋志英)
3. 이종률(李鍾律) 4. 안신규(安新奎)
5. 정규근(鄭圭槿) 6. 양수정(梁秀庭)
7. 전승택(全承澤) 8. 김영달(金永達)
9. 조규진(曺圭鎭) 10. 이상두(李相斗)
11. 이건호(李建鎬) 12. 양실근(梁實根)
13. 장윤근(張潤根)</td></tr>
<tr><td>죄명</td><td>특수범죄처벌에 관한 특별법 위반</td></tr>
<tr><td>적용법률</td><td>1. 4. 5. 6. 7. 8. 9. 11. 특수범죄처벌에 관한 특별법 제6조, 형법 제30조
2. 3 특수범죄처벌에 관한 특별법 제6조, 형법 제37조, 동법(同法) 제38조, 동법 제30조
10. 특수범죄처벌에 관한 특별법 제6조, 형법 제35조, 동법 제30조
12. 13. 특수범죄처벌에 관한 특별법 제6조, 형법 제32조</td></tr>
</table>

본적 경상북도 대구시 동인동 409번지
주거 서울특별시 종로구 도렴동 10번지의 2호
무직(前 민족일보사 사장) 조용수(32세)

본적 경상북도 영주군 풍기면 금계동 224번지
주거 서울특별시 서대문구 천연동 100번지
무직(前 한국전통주식회사 사장) 송지영(46세)

본적 경상남도 부산시 동래구 명륜동 100번지의 4호
주거 경상남도 부산시 동래구 명륜동 100번지의 4호
무직(前 민족일보사 상무취체역) 이종률(52세)

본적 평안북도 박천군 박천면 남부동 150번지
주거 서울특별시 동대문구 청량리동 205번지
무직(前 민족일보사 상임감사역) 안신규(일명 안훈) (43세)

본적 경상남도 합천군 대병면 장단리 1133번지
거주 서울특별시 서대문구 정동 1번지의 48호
무직(前 민족일보사 상무취체역) 정규근(32세)

본적 경기도 양평군 용문면 중원리 318번지
거주 서울특별시 성동구 하왕십리동 966번지의 41호
무직(前 민족일보사 편집국장) 양수정(42세)

본적 평안북도 정주군 안흥면 호현리 180번지
거주 서울특별시 서대문구 냉천동 74번지의 1호
무직(前 민족일보사 총무국 부국장) 전승택(41세)

본적 경상남도 밀양군 삼랑진면 삼랑리 이하 불상
거주 서울특별시 서대문구 대현동 산(山)12번지의 23호
무직(前 민족일보사 업무국장) 김영달(49세)

본적 경기도 강화군 강화면 관청리 550번지
거주 서울특별시 성동구 옥수동 65번지
무직(前 민족일보사 기획부 사원) 조규진(39세)

본적 경상북도 안동군 일직면 송리동 258번지
거주 서울특별시 서대문구 녹번동 110번지의 5호
무직(前 민족일보사 논설위원 겸 경북대 법정대학 강사) 이상두(30세)

본적 서울특별시 종로구 연건동 302번지의 6호
거주 서울특별시 종로구 삼청동 35번지의 16호
고려대학교 법과대학 교수 이건호(45세)

본적 경상남도 김해군 대저면 덕두리 번지 불상
거주 경상남도 동래군 사상면 덕포리 116번지
무직(前 선원) 양실근 (일명 김만복) (30세)

본적 충청북도 청원군 강내면 다락리 307번지
거주 서울특별시 종로구 도렴동 27번지의 3호
무직 장윤근(41세)

공소 사실

피고인 조용수는 경북 대구시 소재 대륜중학교를 졸업 후 연희대학 1년에 재학 중 6·25사변으로 중퇴하고 경남경찰국 경사로 복무타가 1951년 9월 25일경 일본으로 밀항하여 메이지〔明治〕대학 정경학부 2년에 편입, 동 대학 정경학부 3년을 수료한 후 재일 한국거류민단 조직부 차장, 민주신문사 논설위원 등으로 종사하다가 1960년 6월 15일경 귀국하여 동년 7월 29일 민의원 의원 총선거가 시행되자 사회대중당에 입당하여 동당 공천으로 경북 청송군에서 동 의원에 입후보하여 낙선된 후 동 1961년 1월 25일 일간신문 민족일보사를 창설하여 동사 사장에 취임하는 동시, 사회대중당 당원으로서 소위 국내 혁신계 정당 사회단체의 통합과, 혁신정당 등의 일관된 정책인 소위 2대악법 반대 투쟁 및 남북 평화통일 등을 선봉에서 영도하는 혁신계 정당 및 사회단체의 간부로 종사하여 오던 자(者),

피고인 송지영은 중국 남경(南京) 소재 중앙대학(中央大學) 문학과 3년을 중퇴, 귀국 후 한성일보 편집부장, 중앙대학 국학대학 강사, 국제신문·희망 잡지사 주필, 조선일보 편집국장 등으로 전전타가 한국전통(韓國電通) 주식회사 사장으로 종사하던 자로서 1941년 8월경 중국 상해 이하 불상 법원에서 치안유지법 위반으로 징역 3년의 형을 받고 일본 나가사키〔長崎〕형무소에서 그 형의 집행을 종료, 출옥하고, 8·15 해방 후 공산계열에 속하는 문학가동맹 및 남로당에 가입하여 동 1949년 8월경 국가보안법 위반으로 서울특별시 경찰국에 피검되었다가 동월 경 서울지방검찰청에서 불기소 처분을 받고 동 1952년 12월 중순경 국가보안법 위반으로 부천 지방법원에서 면소 언도를 받은 후 전국문화단체 총연합회 중앙위원, 국제펜클럽 및 자유문학가협회 중앙위원 등 간부에 취임하여 활동하여 오던 자,

피고인 이종률은 서울 배재고등보통학교를 거쳐 일본 와세다대학 정경학부를 졸업 후, 1929년 3월 20일 서울지방법원에서 출판법 위반으로 징역 10월의 형을, 동 1936년 11월 21일 대구지방법원에서 치안유지법 위반으로 징역 6월의 형을 받고, 각 당시 경 그의 집행을 종료하고, 8·15 해방 후 한독당 기관지인 민주신보사 정치부장, 경제신문 편집국장, 청구대학 부산대학 교수, 부산 국제신보 편집고문 등으로 전전 종사타가 동 1961년 2월 13일 전시(前示) 민족일보사 취체역 겸 편집국장에 취임하여 종사하는 일방 동년 3월 초순경에 소위 민족자주통일방안 심의위원회 정치분과 위원으로 취임하여 동 위원회 간부로서 활약하여 오던 자,

피고인 안신규는 평북 신의주 삼무중학(三務中學)을 거쳐 만주 봉천 철도전문학교를 졸업한 후, 만주 철도국 고원(雇員), 해병대사령부 3급 문관 등으로 전전하다가 삼성섬유공업주식회사 건중주식회사를 각 창설하여 군납품업자로 종사 중 1961년 1월 25일경 민족일보사의 상임감사역으로 취임하여 현재에 이른 자,

피고인 정규근은 경남 진주중학을 거쳐 연희대학교 상경대학에 재학 중 6·25동란으로 동교를 중퇴하고 미 제192병기대대 통역관, 부산지방검찰청 임시서기 등으로 근무타가 1961년 4월 8일 민족일보사 사장 조용수의 추천으로 동사 상무취체역에 취임하여 현재에 이른 자,

피고인 양수징은 서울 선린상업학교를 거쳐 일본 리츠메칸〔立命館〕대학 문과 3년을 중퇴, 귀국 후 상공통신사 기자로 종사 중 남로당 산하단체인 중앙기자회에 가입하고 동 1959년 7월경 국가보안법 위반 피의사건으로 동월 경 서울지방검찰청에서 기소유예의 처분을 받은 후 시사신문사, 연합신문사, 조선일보사, 자유신문사 등의 각 사회부장을 역임하고, 자유신문사 편집국장으로 종사하다가 동 1961년 3월경에 민족일보사 편집국장으로 취임하여 현재에 이른 자,

피고인 김영달은 서울고등보통학교를 거쳐 일본국 메이지〔明治〕대학 전문부 정경과 2년을 중퇴, 귀국 후 곡물상과 토목업에 종사 중 1937년 10월 22일 대구고등법원에서 폭행 및 주거침입죄로 징역 6월의 형을 받고 당시 경 그 형의 집행을 종료하고 동 1945년 12월경 경상북도 경위로 임명되어 동 1957년 경감에 승진한 후 동 도 군위, 성주, 영주, 영양 등지의 각 경찰서장으로 전전 복무하다가 동직을 사임한 후 대구시보사 대구매일신문사 각 업무국장, 대구일보사 부사장 등을 역임타가 동 1961년 4월 중순경 민족일보사 업무국장에 취임, 현재에 이른 자,

피고인 전승택은 평북 선천상업학교를 졸업 후 선천금융조합, 상호무진주식회사, 대한식량영단 서기로 종사타가 1953년 5월경 조선일보사 경리부 차장을 거쳐 동 1961년 2월경 민족일보사 총무국 부국장으로 취임하여 현재에 이른 자,

피고인 조규진은 인천상업보수학교를 졸업 후 1950년 5월경 피고인의 숙부이며 당시 국회 부의장인 조봉암의 주선으로 국회 특별경비대 경사로 채용되어 동인의 호위경관으로 근무타가 사임 후 진보당 기관지인 중앙정치사(中央政治社) 사원으로 종사타가 소위 국내 혁신세력의 규합을 위한 사회대중당 결성 준비 중앙상무위원으로 활약하여 오다가 1961년 5월 초순경 민족일보사 기획부 사원으로 근무, 현재에 이른 자,

피고인 이상두는 경북대학 법정과를 졸업 후 성균관대학교 대학원을 거쳐 대구매일신문 영남일보 논설위원, 전기(前記) 법정대학 강사로 근무하면서 전시(前示) 진보당계 인사와 접촉하여 오던 중, 1959년 2월 27일경 국가보안법 위반으로 징역 2년의 형을 받고 1960년 1월 2일 그 형의 집행을 종료한 후 동년 2월 하순경 전기 민족일보사 상임논설위원으로 입사하여 현재에 이른 자,

피고인 이건호는 1938년에 일본 도호쿠테이코쿠〔東北帝國〕대학을 졸업한 후 서울대학교 법과대학, 고려대학교 법정대학 법률학 교수를 역임한 후, 1953년 9월에 도미하여 오하이오 주립대학, 워싱턴대학 등에서 법률학을 연구하고 귀국하여, 계속 고려대학교 교수로 재직하던 자,

피고인 양실근은 일본국 고베〔神戶〕시 나가베〔長邊〕중학 2년을 중퇴하고 일시 고무공장 배합사로 종사타가 1960년 4월 초순경부터 부산시 중앙동 소재 조선기선회사 소속 제일유양호 선원으로 종사하던 자,

피고인 장윤근은 함흥 제2공립보통학교를 졸업하고 22세시 공소외 이영근과 결혼 후 현재에 이른 자인 바,

피고인 조용수, 송지영, 이종률, 안신규, 정규근, 양수정, 전승택, 김영달, 조규진, 이상두, 이건호는 사회단체인 민족일보사 운영 전반에 관여하여 사시(社是) 결정에 결정적 역할을 담당하고 있는 주요 간부로서 반국가단체인 북한괴뢰집단의 이익이 된다는 정(情)을 인식하면서 다음 적시사실과 같이 상호 공모하여,

제1. 피고인 조용수는 일본국 도쿄에서 소위 조봉암 조명(助命) 탄원서 서명위원회 대표책임자로 활동하고 있을 때인 1959년 8월 중순경 조봉암의 비서였던 공소외 일본 도쿄도 이하 불상 이영근(당 46세가량)이가 북한 괴뢰집단 사회안전성 제3처장 김양준 및 동 집단 대남공작망책 안영선 등으로부터 대남 간첩에 대한 지령을 받고 대구, 부산 등지에서 활약 중 체포되어 서울고등법원에 공판 계속(繫屬) 중 일본에 밀항 도주 후, 재일 거류민단에 잠입하여 통일조선신문을 경영하면서 재일 혁신계를 가장하여 북한 괴뢰집단의 목적사항을 강력히 실천하려고 획책하고 있다는 정을 충분히 지실(知悉)함에도 불구하고 동 이영근 및 그 일파 등과 친밀히 접촉하면서 4·19혁명 이후 국제정세의 급격한 변천과 구

정권의 부패 무능으로 인한 민심의 이탈, 난동적 데모의 성행, 국내 경제계의 혼란 등의 증가, 민심의 불안정, 실업자의 증가일로, 용공세력의 대두, 언론자유를 빙자한 용공적 언동, 학생층의 정치세력화, 반공세력의 극심한 이완 등 정부의 속수무책으로 인한 무정부 상태가 노현됨을 기화로 소위 혁신정당 사회단체 등이 족출하자 해(該) 혁신계 정당을 통합하는 동시, 차(此)를 대변하는 기관지를 창설하여 소위 혁신계 신문으로서 생활고에 대한 불안과 정부에 대한 불평불만에 충만된 국민을 현혹케 하여 용공적 세력을 확대하는 일편(一便) 민족적 자립을 빙자하여 한미유대 이간, 외세의존 반대 및 반공태세 강화에 대한 적극적 반대, 위장 남북 평화통일에 대한 급진적 국내 분위기를 조성하는 동시에, 북한 괴뢰집단이 간첩을 다량 남파시켜 국내 각 부문에 침투케 하고 국내의 정치, 경제, 사회의 전반적 혼란을 추진하고 있는 실정을 악용하여 위장 남북 평화통일로 이끌고 나가면 남한의 공산화가 필연적인 것으로 예기하고 위장 남북 평화통일에 총 역량을 집중하여 북한 괴뢰집단이 주장하는 통일방안 흉계에 함입케 하여 북한 괴뢰집단의 목적수행에 적극적 협조를 기도하고, 1960년 6월 16일 귀국 직후부터 동 이영근의 지령에 따라 윤길중과 접촉하여 사회대중당에 입당하여 동당 공천으로 경북 청송군에서 7·29 총선거에 출마하는 동시에 동 이영근이가 재일 한국인 혁신계인 조소수를 통하여 송금하여 온 공작비 5천만 환을 수취한 후 기중(其中) 2천4백만 환은 선거자금에 사용하고 금 1천 7백만 환은 이영근의 지시에 따라 윤길중의 선거 및 정치자금조로 전달하고 3백만 환은 이영근의 처제 장운수에게 제공하고 잔금 6백만 환은 예치한 후 동년 10월 중순경부터 동년 11월 3일경까지 간에 서울특별시 종로구 1가 소재 희다방 , 양지다방, 우일다방, 기타 요리점 등에서 국내 혁신계 정당의 지도급에 속하는 최근우, 서상일, 윤길중 외 수 명 등과 수시 접촉하면서 혁신계 정당 통합을 획책하면서 혁신계들의 단합을 촉진하고, 전시(前示) 평화적 남북통일을 위한 남북협상, 인사교류, 남북교역을 추진시키는 동시 혁신정계를 대변하는 기관지로서 신문을 발간키로 하는 등의 협의를 한 연후, 동년 11월 4일 재 도일하여 동년 12월 3일경까지 간에 일본에 체재하면서 도쿄도 신주쿠〔新宿〕구 소재 덴넨〔天然〕온천 호텔 요리점 및 다방 등에서 이영근과 상면하여 윤길중, 서상일, 최근우 등과 협의된 상황을 보고하는 동시에 재일 이희원, 박용구 외 수 명과 회동하여 국내 혁신계의 동향에 대하여 협의하는 일방, 전시(前示) 이영근으로부터 혁신계 통합 공작을 추진할 것과 동 통합 공작비와 신문사 창립 자금을 주선하겠다는 등의 확약과 지시를 받고 동월 4일 귀국하여 동월 25일까지 간에 3·4차에 긍하여 전시(前示) 조소수로부터 전달된 금 3,810만 환을 수취한 후 익년 1월 하순경까지 간에 전시(前示) 희다방, 양지다방 및 요리점 등에서 국내 혁신계 통합과 신문사를 창설하여 전현(前顯) 목적을 관철하고자 최근우, 서상일, 김달호, 이동화, 조동필, 이건호, 고정훈, 송지영, 안신규, 이종률 외 수 명과 회동하여 '혁신계가 각파로 분열됨은 국민의 신뢰를 초래할 수 없으니 혁신계의 통합으로 그 기반을 공고히 하고 통일된 혁신정당을 창건하여 총역량을 경주하는 동시, 민족일보사를 창설하여 혁신계의 대변지로 하고 혁신계의 일관된 정책으로 남북 평화통일을 주장키로 협의하고, 동 신문사 취체역 사장에 조용수, 동사 취체역에 서상일, 이종률, 고정훈, 최근우, 윤길중 등 실질상 혁신 통합체로 구성하여 동년 1월 25일 주식회사 민족일보사를 창립하여 등기를 완료하고, 이영근으로부터 수취한 자금 3,810만 환 예약금 6백만 환 합계 4,410만 환과 동년 4월경에 수3차 전시(前示) 방법으로 송금되어 온 자금 1,250만 환 등으로 동 신문사 창설 시설 운영자금으로 소비하는 일편, 혁신계 통일운동과 소위 2대악법 반대 투쟁에 활동하는 학생 등에 대한 자금을 제공하는 동시, 혁신계통합 정치자금에 충당하고 동 사실을 이영근에게 전화, 서신, 인편 등을 이용하여 보고하는 동시, 동년 2월 13일 민족일보를 창간한 이래 동년 5월 15일까지 간에 매일 35,000부 가량의 동 신문을 발간하여 전국 각지와 이영근 외 수 명에게 배포함에 있어 동 신문을 통하여,

(1) 민족적 자주적 노력으로써 남북의 협상의 단계까지 정세를 발전시키라.
(2) '통일을 원치 않는 태도' 이 독재(李獨裁)의 사고방식과 동일한 민주당, 과대망상의 몰상식을 폭로한다. / 너희를 저주하노라—반공연맹에 대하여, (기자 남북교류제안), (평양방송 평화통일의 조직 호응).
(3) 민통련서 학생회담 구체안을 제시 / 범민족적인 통일운동의 추진이 필요하다.
(4) 학생교류는 자주통일의 서막!
(5) 남북학생교류 촉구에 협의체 구성을 제의. / 우선 체육교류부터라도 시작하자—서신과 체육의 교류.
(6) 모처럼 찾은 통일외교의 이니시아티브를 뺏기지 말라. / 통일에의 전진을 위하여!
(7) 우렁찬 통일에의 고동 / 남북 학생회담 편의 제공하라. / 학생들의 통일 의욕을 무정견으로 억압치 말라.
(8) 통일은 먼저 남북교류로 시작하자.
(9) 남북 학생회담 갖게 하라.
(10) 조국통일의 선봉들에 감사한다.
(11) 통일 위한 선행조건으로 남북한의 학생회담을 열자—서신, 언론, 문화인 등의 교류.
(12) 메이데이에 노동자는 각성하라.
(13) 중립화 통일론에 대한 모함을 삼가라.
(14) 통일외교에 실패한 장(張) 정권은 물러가야 마땅하다.
(15) 국토통일의 전주곡 된 침묵의 데모.
(16) 이북 쌀 이남 전기, 젊은 사자들의 침묵된 데모.
(17) 악법철회 탄압중지를 요구한다—전국교원노조대표 600명 결의.
(18) 남북교역 시기는 성숙하였다.
(19) 반공법으로 자유를 박탈.
(20) 통곡하는 민주광장—악법반대시위 전국각지에 파급.
(21) 성분조사 운운의 협박으로 학생들의 반민주악법 반대투쟁을 억

압치 말라.

(22) 대중을 농간 말라—전 국민의 통한 의욕을 주시하라.

(23) 반공임시특별법은 물론 보안법 보강 시도도 아예 포기하라!

(24) 반민주악법 반대투쟁을 위해 온 민주세력은 공동전선을 펴라.

(25) 반공특별법은 기본인권의 유린이다.

(26) 조국동일을 위하여 선 민족이 하나의 방향으로 난결하여야한다.

등의 제하에 논설, 사설, 논단 등 기사를 게재하여 북한 괴뢰집단에서 주장하는 것과 동일한 또는 그 기본 방향이 동일한 위장 평화 남북통일 방안을 비롯하여 남북협상, 경제, 문화, 서신교류, 학생회담 등 대한민국의 국시를 무시하고 오히려 반국가단체의 목적사항을 선전, 선동함으로써 동 단체의 활동을 고무, 동조하고,

제2. 피고인 송지영은 8·15 해방 후 전시(前示) 문학가동맹 및 남로당에 가입하여 간첩 이주하, 김삼룡 및 김형문의 정보원으로 활약하여 오던 중 6·25사변이 발생하자 동 집단 정치보위부로부터 대구, 부산지구에 침투하여 군민의 이간 공작과 정치요인 포섭 공작을 하라는 지령을 받고 남하하여 산중에 은신하였다가 수복 후 이영근과 수3차 접촉을 하여 동인이 전시 제1 사실과 같이 공판 계속 중에 밀항 도주하자,

〔1〕 1960년 11월 19일 도일하여 동월 21일 오전 8시경 일본국 도쿄도 칸다〔神田〕구 오차노미즈 소재 야마노우에 호텔에서 전화로 연락을 취한 후 동일 오후 4시경 도쿄도 신주쿠구 소재 고쿠소〔國莊〕온천호텔 내에서 상면하여 이건호, 조동필 등이 고내 교수로 건재하고 7·29 총선거 시 혁신계가 실패한 원인, 국내 혁신계의 동향, 국내 평화통일론 대두와 전망 등에 관한 보고를 한 후 이영근으로부터,

(1) 위장 남북 평화통일을 위하여 서신 교환, 체육혼성팀 출전, 경제, 문화교류로부터 시작하여 외세의 간섭을 제거하고 남북협상이 이루어지도록 노력하라.

(2) 국내 혁신계 정당이 단합되도록 운동을 전개하라.
(3) 이건호, 조동필에게 교수 및 대학생층을 망라한 평화통일 연구기관을 설치하는 동시에 민족일보에 논설, 사설 등을 집필토록 하라.
(4) 민족일보의 운영과 편집 진영을 지도하라.
(5) 윤길중에게 혁신계를 규합 통솔케 하고 남북 평화통일방안을 강력히 추진하라.
(6) 장윤근을 통하여 조재천과 상의하여 이영근 자신의 귀국 문제를 해결케 하라.
(7) 최근우에게 정치자금 1백만 환을 제공하라.
(8) 정치 공작금은 조용수를 통하여 송금하겠으니 수령하라.

는 등의 지시를 받고 해(該) 사명의 완수를 위하여 일화 3백만원을 수취, 동년 12월 30일 귀국하여 익 1961년 1월 3일경부터 동월 15일까지 간에 윤길중, 장윤근, 최근우 등과 상(相) 피고인 조용수와 상면하여 이영근이가 송금한 자금 중에서 875만 환을 수취하는 동시에 민족일보사 사옥, 공장, 시설 및 편집 진영에 대한 보강을 하고 민족일보 지면을 통하여 전시 제1 사실과 같은 방법으로 혁신계의 통합과 위장 남북통일에 대한 주장을 반복하고,

〔2〕 1961년 1월 중순경부터 동년 3월 하순경까지 간에 수시 서울특별시 종로 1가 소재 희다방, 양지다방, 요리점 등에서 상 피고인 조용수, 안신규, 이종률 및 이건호, 조동필, 윤길중, 고정훈, 최근우 외 수명 등과 회동하여 혁신계 통합으로 그 기반을 공고히 하고 통일된 혁신정당을 창건하는 동시 민족일보를 창설하여 혁신계 정당의 대변지로서 동 정당 등과 합세하여 위장 남북 평화통일을 일관하여 주장한다는 내용을 협의하여 북한 괴뢰집단의 목적한 사항과 동일한 또는 그 기본 방향이 동일한 사항을 선동, 선전하여 반국가단체의 활동을 고무, 동조하고,

제3. 피고인 이종률은,

〔1〕 1961년 1월 중순경 서울특별시 중구 을지로 1가 소재 아서원에서 상 피고인 조용수, 송지영, 안신규, 이건호 및 윤길중, 이동화, 서상일, 최근우, 조동필, 고정훈 등과 회동하여 전시 제2 사실과 같이 동 반국가적 활동을 계속하던 중 1961년 1월 23일부터 동년 3월 14일까지 14일간 동 민족일보 편집국장으로서 매일 3만5천 부 가량의 신문을 발간하여 전시 제1 사실 중 (1) 내지 (26)과 같은 논설, 사설, 논단, 기사 등을 게재하고,

〔2〕 동 1961년 3월 초순경 소위 민족자주통일 협의회 통일방안 심의위원회 정치분과 위원으로 취임하여 동년 3월 하순경부터 동년 4월 중순경까지 간에 3회에 긍하여 서울특별시 중구 을지로 소재 을지빌딩 내 동 위원회 사무실에서 개최된 동 심의위원회 회의에 참석하여 동회 의원 조윤제, 노정일, 박래원, 나원환, 백도광, 박진, 권오돈 외 10여 명과 회동하여 '외세 의존을 반대하고 민주적 통일 성업을 촉구하라', '남북 양정권의 알선 하에 선출된 대표가 회동하여 협의체를 구성코 통일방안을 논의하자' 등의 협의를 하여 북한 괴뢰집단의 목적한 사항과 동일한 또는 기본 방향에서 동일한 사항을 선동, 선전 또는 협의를 함으로써 반국가단체의 활동을 고무 또는 그 목적 수행을 위한 행위를 하고,

제4. 피고인 안신규는 전시 간첩 이영근이가 전시 제1 사실과 같이 일본으로 밀항 도주하여 혁신계를 빙자하여 북한 괴뢰집단의 주장에 동조하고 있다는 정을 충분히 지실(知悉)하였음에도 불구하고 동인의 지시에 따라 전시 국내 혁신계 인사와 접촉하면서 상 피고인 조용수와 협조하여 민족일보사를 설립하고 동사 상무취체역으로 종사 중, 1961년 1월부터 3월경까지 간에 2차에 긍하여 이영근을 일본 오사카〔大阪〕시 소재 오오마츠〔大松〕여관에서 상면하고 민족일보의 시설자금, 윤전기 도입에 대한 확약을 받고 상 피고인 양실근 편에 전후 2차에 긍하여 서신으로 동 민족일보 운영상황을 보고하면서 1961년 2월 13일 창간부터 동

년 5월 15일까지 간에 매일 평균 3만5천여 부를 발간하여 전시 제1 사실과 동일한 수단방법으로 반국가단체의 활동을 고무, 동조하고,

제5. 피고인 정규근은 민족일보가 전시 사실과 같이 소위 혁신계의 대변지로서 동지 창간의 목적 및 운영, 편집의 기본 방침이 북한 괴뢰집단의 주장에 동조하고 있다는 정을 지실하면서 1961년 4월 3일 동 일보의 상무취체역에 취임하여 1961년 2월경부터 동년 5월경까지 간에 16차에 긍하여 도합 1,900만 환 가량을 투자하여 동 신문 운영과 확장에 참여하는 동시에 전시 제1 범죄 사실 중 (17) 항 내지 (26) 항에 이르는 사설 논설 기사를 게재함으로써 북한 괴뢰집단의 목적한 사항과 동일한 또는 기본 방향이 동일한 사항을 선전 선동하여 반국가단체의 활동을 고무, 동조하고,

제6. 피고인 양수정은 전시 제5 사실과 같이 민족일보가 북한 괴뢰집단의 주장에 동조하고 있다는 사실을 충분히 지실하였음에도 불구하고 1961년 3월 하순경부터 동사의 편집국장으로서 전시 제1 사실 중 (21) 항 내지 (26) 항에 이르는 사설, 논설, 기사를 게재케 하여 전시 제5 사실과 같이 반국가단체의 활동을 고무, 동조하고,

제7. 피고인 전승택은 민족일보가 반국가단체인 북한 괴뢰집단의 주장에 동조하고 있음을 지실하였음에도 불구하고, 1961년 2월 7일부터 민족일보사 총무국 부국장으로서 전시 제1 사실 중 (1) 항 내지 (26) 항에 이르는 사설, 논설, 기사 등을 게재한 신문의 운용, 경리, 제 계약의 체결 등의 업무를 담당함으로써 전시 제5 사실과 같이 반국가단체의 활동을 고무, 동조하고,

제8. 피고인 김영달은 전시와 여히 민족일보가 반국가단체인 북한 괴뢰집단의 주장에 동조하고 있음을 지실하였음에도 불구하고, 1961년 5

월경부터 동사의 업무국장으로서 전시 제1 사실 중 (1)항 내지 (26)항에 이르는 사설, 논설 ,기사 등이 게재된 매일 평균 3만 5천여 부의 동 신문의 판매, 광고, 지사, 지국의 설치 업무를 담당함으로써 전시 제5 사실과 같이 반국가단체의 활동을 고무, 동조하고,

제9. 피고인 조규진은 소위 국내 혁신세력을 규합하고 1961년 7월 29일 민의원의원 총선거에 대비하여 서울특별시 종로구 소재 사회대중당 결성 준비위원회 중앙상임위원으로 활동하면서 1960년 6월 17일부터 동년 7월 중순경까지 혁신세력의 주장 및 민족일보의 사시가 북한 괴뢰집단의 주장과 일치 동조되고 있다는 정을 지실함에도 불구하고 동사 기획사원으로 근무하면서 전시 제1 사실 중 (1)항 내지 (26)항에 이르는 사설, 논설, 기사 등이 게재된 동지의 기획 업무를 담당 수행함으로써 전시 제5 사실과 같이 반국가단체의 활동을 고무, 동조하고,

제10. 피고인 이상두는 전시 민족일보가 반국가단체인 북한 괴뢰집단의 주장에 동조하고 있다는 사실을 지실하였음에도 불구하고 1961년 3월 초순경 민족일보의 상임논설위원에 취임하여 사회, 문화, 교육 분야의 논설을 담당하고, 1961년 5월 6일 “사창(私娼)은 빈곤의 부산물이다”, 1961년 5월 13일 ‘선거의 무관심은 정치의 불신 때문이다’라는 사설을 집필하는 동시에 전시 제1 사실 중 (17)항 내지 (26)항에 이르는 사설, 논설 등을 게재하여 전시 제5 사실과 같이 반국가단체의 활동을 고무, 동조하고,

제11. 피고인 이건호는 8·15 해방 후 남로당 산하 법학자동맹에 일시 가입하였다가 탈퇴한 사실이 있음에도 불구하고 개전함이 없이 1960년 5월 초순경 일본에서 개최된 국제연합 인권옹호문제 세미나에 참석차 도일하여 도쿄에 체재 중 도쿄도 다카나와 시나가와〔高輪品川〕구 시나가와 프린스호텔 및 일본 도치키〔栃木〕현 아시카가〔足利〕시 소재 온천장

내 옥호(屋號) 불상 여관 등에서 전후 2차에 긍하여 이영근과 상면한 바, 이영근이가 제1 사실과 같이 공판 계속 중에 일본으로 밀항 도주하여 혁신계를 가장하고 있을 뿐만 아니라 민족일보가 반국가단체의 주장에 동조하고 있다는 사실을 충분히 지실하고 있음에도 불구하고 동인으로부터,

〔1〕 서울고등법원에 계속 중에 있는 자기의 국가보안법 간첩피고 사건을 조재천 법무부장관과 상면하게 해 달라.

〔2〕 상 피고인 조용수가 귀국할 것이니 귀국 후 동인의 사업을 도와주고 일본 출입국이 편리하도록 일본 법무성 출입국 관리국장을 소개하여 달라는 취지의 부탁을 받고 당시 동 관리국장 다카세 지로〔高瀨侍郎〕에게 조용수를 소개하여 주고 그 후 귀국하여 동 조재천과 만나 이영근에 대한 동 피고 사건을 해결하고자 노력하고 1961년 1월 하순경 서울특별시 중구 을지로 1가 소재 중국 요정 아서원에서 상 피고인 조용수, 안신규, 이종률과 윤길중, 최근우, 고정훈, 서상일 등과 회동하여 전시 제1 사실에 적시된 바와 같이 소위 혁신정당의 통합문제, 위장 남북통일안을 혁신계의 일관된 정책으로 관철키로 하는 동시 민족일보를 혁신계의 대변지로 하기로 합의한 후 동년 2월 초순경 동 신문의 비상임 논설위원으로 취임하여 민족일보 지면에 사설 '반공을 빙자한 새로운 파쇼 테러분자들의 파괴적 책동을 엄계한다' 외 2편을 집필 게재케 하여 전시 제5 사실과 동일한 방법으로 반국가단체의 활동을 고무, 동조하고,

제12. 피고인 양실근 동 장윤근은 민족일보가 전시 제1 사실과 같이 이영근의 지시에 따라 창설되어 반국가단체인 북한 괴뢰집단의 주장에 동조 활동하고 있다는 사실을 충분히 인식하고 있음에도 불구하고, 피고인 양실근은 전시 제1 유양호 선원을 가장하여 상 피고인 조용수, 안신규의 공동 활동에 편의를 제공할 목적 하에 1960년 8월경부터 1961년 3월경까지 일본 고베〔神戶〕, 도쿄 등지를 내왕하면서 동 안신규로부터 밀봉된 서신 2매를 수취하고 이를 이영근에게 교부한 후 동인으로부터의

회신 및 잡지 등을 동 안신규에게 전달함으로써 동 피고인 등의 전시 각 사실에 적시된 행위를 용이하게 하여 이를 방조하고,

제13. 동 장윤근은 1960년 7월경부터 10월경까지 남편인 이영근으로부터 서울특별시 중구 남대문로 이하 불상 마영호, 최모(崔某)를 통하여 송금된 도합 2,680만 환을 수취한 후 민족일보 운영자금으로써 상 피고인 조용수에게 2백만 환 동 안신규에게 마영호를 통하여 1백만 환을 각 대여하여 동 피고인 등의 전시 각 사실에 적시된 행위를 용이하게 하여 이를 방조한 것이다.

○ 혁명재판 1심 판결문

서기 1961년 혁공(革公) 제74호

판 결

본적 경상북도 대구시 동인동 409번지
주거 서울특별시 종로구 도렴동 10번지의 2호
무직(前 민족일보사 사장) 조용수(32세)

본적 경상북도 영주군 풍기면 금계동 224번지
주거 서울특별시 서대문구 천연동 100번지
무직(前 한국전통주식회사 사장) 송지영(46세)

본적 경상남도 부산시 동래구 명륜동 100번지의 4호
주거 경상남도 부산시 동래구 명륜동 100번지의 4호
무직(前 민족일보사 상무취체역) 이종률(52세)

본적 평안북도 박천군 박천면 남부동 150번지
주거 서울특별시 동대문구 청량리동 205번지
무직(前 민족일보사 상임감사역) 안신규(일명 안훈) (43세)

본적 경상남도 합천군 대병면 장단리 1133번지
거주 서울특별시 서대문구 정동 1번지의 48호
무직(前 민족일보사 상무취체역) 정규근(32세)

본적 경기도 양평군 용문면 중원리 318번지
거주 서울특별시 성동구 하왕십리동 966번지의 41호
무직(前 민족일보사 편집국장) 양수정(42세)

본적 평안북도 정주군 안흥면 호현리 180번지
거주 서울특별시 서대문구 냉천동 74번지의 1호
무직(前 민족일보사 총무국 부국장) 전승택(41세)

본적 경상남도 밀양군 삼랑진면 삼랑리 이하 불상(不詳)
거주 서울특별시 서대문구 대현동 산(山)12번지의 23호
무직(前 민족일보사 업무국장) 김영달(49세)

본적 경기도 강화군 강화면 관청리 550번지
거주 서울특별시 성동구 옥수동 65번지
무직(前 민족일보사 기획부 사원) 조규진(39세)

본적 경상북도 안동군 일직면 송리동 258번지
거주 서울특별시 서대문구 녹번동 110번지의 5호
무직(前 민족일보사 논설위원 겸 경북대 법정대학 강사) 이상두(30세)

본적 서울특별시 종로구 연건동 302번지의 6호
거주 서울특별시 종로구 삼청동 35번지의 16호
고려대학교 법과대학 교수 이건호(45세)

본적 경상남도 김해군 대저면 덕두리 번지 불상
거주 경상남도 동래군 사상면 덕포리 116번지
무직(前 선원) 양실근(일명 김반복) (30세)

본적 충청북도 청원군 강내면 다락리 307번지
거주 서울특별시 종로구 도렴동 27번지의 3호
무직 장윤근(41세)

상기자 등에 대한 특수범죄처벌에 관한 특별법 제6조 위반 피고사건에 관하여 당 재판소는 검찰관 오재옥, 동 김태현, 동 최민근 관여로 심리를 마치고 다음과 같이 판결한다.

주문

피고인 조용수, 동 안신규, 동 송지영을 각 사형(각 사형)에
피고인 이상두를 징역 15년(징역 15년)에
피고인 양수정, 동 이건호를 각 징역 10년(각 징역 5년)에
피고인 정규근(징역 5년), 동 양실근(사형)을 각 징역 5년에 처한다.

본 판결선고 전 구금일수 중 피고인 이상두, 동 양수정, 동 정규근에 대하여 각 100일을, 피고인 이건호, 동 양실근에 대하여 각 70일을 상기 본형에 산입한다. 피고인 이종률, 동 전승택, 동 김영달, 동 조규진, 동 장윤근은 각 무죄(각 징역 5년)

이유

피고인 조용수는 대구시 소재 대륜중학교를 졸업하고 연희대학(현 연세대학)에 진학하여 1학년에 재학 중 6·25사변으로 중퇴하고 경상남도 경찰국 경사로 근무하다가 1951년 9월 25일 도일하여 일본국 메이지대학 정경학부 2학년에 편입하고 동 학부 3년을 수료한 후 재일 한국거류민단 중앙총본부 차장, 동단 회목현 부단장, 민주신문사 논설위원 등을 역임하다가 1960년 6월 15일 귀국하여 동년 7월 29일 민의원 의원 총선

거가 시행되자 사회대중당에 입당하여 동당 추천으로 경상북도 청송군에서 입후보하였다가 낙선된 후 1961년 1월 25일 후단(後段) 판시와 여히 일간신문 민족일보사를 창설하여 동사 사장으로 근무하여 오던 자,

피고인 송지영은 21세 시부터 동아일보사 견습기자로 근무타가 24세 시 중국으로 건너가 동국 남경소재 중앙대학 문학과에 입학하여 3년을 수료한 후, 상해에서 1941년 8월경 일경(日警)에 피체되어 치안유지법 위반으로 징역 3년의 형을 언도받고 일본국 나가사키〔長崎〕형무소에서 복역 후 8·15해방으로 귀국하여 한성일보사 편집부장, 국립서울대학교와 중앙대학, 국학대학, 강사를 역임타가 좌익단체인 신민당(후에 남로당으로 흡수) 문학가동맹에 가입한 후 1949년 8월경 소위 김삼룡, 이주하 간첩사건에 연루한 혐의로 국가보안법 위반으로 피검되었다가 불기소 처분을 수(受)하고 6·25사변이 발발하자 이북 괴뢰집단 정치보위부에 연행되어 동부(同部)로부터 군민이간 유언 선포, 정계동향, UN군 동태 탐지 등의 지령을 수하고 남하하다가 산중에 은신한 후 합동수사본부에 자수하여 1952년 12월 중순경 국가보안법 위반죄로 피소되었다가 부산지방법원에서 무죄 면소의 판결을 받은 후 희망사 주간, 조선일보사 편집국상 등을 서져 한국선봉주식회사 사장으로 근무하던 자,

피고인 안신규는 평안북도 신의주 삼무중학교를 졸업하고 19세 시 만주 봉천철도전문학교에 입학하여 동교를 졸업한 후 만주철도국 고원으로 근무하다가 8·15 해방 후 해병대사령부 3급 문관으로 입대하여 제대 후 삼성섬유공업주식회사와 건중주식회사를 창설하여 군 부식 납품업자로 종사 중 1961년 1월 25일 전시 민족일보사의 상임감사역에 취임하여 현재에 이른 자,

피고인 정규근은 진주중학 6년을 졸업하고 1950년 5월 연희대학교 상경대학 1년에 입학한 후 동년 6·25사변으로 중퇴하여 미 제192병기 수

송대대에서 약 7개월간 통역으로 근무타가 부산지방법원 진주지원 서기, 부산지방검찰청 서기를 거쳐 1961년 4월 8일 민족일보사 상무취체역으로 취임하여 현지(現至)하는 자,

피고인 양수정은 서울 선린상업학교를 졸업하고 일본 리츠메칸〔立命館〕대학 문과에 입학하여 3년을 중퇴하여 귀국한 후 상공통신사 기자로 종사 중 1947년 7월경 국가보안법 위반 피의사건으로 입건되었다가 서울지방검찰청에서 기소유예 처분을 받은 후 시사신문사, 연합신문사, 조선일보사, 자유신문사 등의 사회부장 또는 편집국장을 역임타가 1961년 3월경 민족일보사 편집국장으로 취임하여 근무하였던 자,

피고인 이상두는 경북 안동중학 5년에 재학당시 6·25사변을 당하여 경북 경찰국 순경으로 복무타가 1952년 5월 경북대학교 법정대학에 입학하여 이를 졸업한 후 성균관대학교 대학원에서 1년을 수학하고 대구매일신문사 논설위원, 경북대학교 법정대학 강사 등을 역임타가 1959년 2월 27일 세칭 진보당사건에 연루되어 대법원에서 국가보안법 위반죄로 징역 2년의 확정판결을 수하고 대구형무소에서 복역 중 1960년 1월 2일 가석방되어 동년 3월 초순 일자 불상 경(不詳 頃) 민족일보에 입사한 후 동사 상임논설위원으로 근무하여 오던 자,

피고인 이건호는 1938년에 일본국 도호쿠테이코쿠〔東北帝國〕대학을 졸업한 후 현재 고려대학교 법정대학 법률학 교수로 근무한 자,

피고인 양실근은 일본국 고베시 나가베중학 2년을 중퇴하고 1960년 4월 초순경부터 부산시 중앙동 소재 조선기선회사 소속 제일유양호 선원으로 종사하던 자인 바,

제1. 피고인 조용수는 일본국 도쿄에서 조봉암의 조명(助命) 탄원서 서명위원회 대표자로 활약하고 있을 당시인 1959년 8월 중순경 조봉암의 비서였으며 또 북한 괴뢰집단 사회안전성 제3처장 김양준 및 동 집단 공작망책 안영선으로부터 지령을 받은 대남간첩의 혐의로 1951년 12월 30일 기소되어 공판 계속 중 1956년 1월 19일 보석 중임을 기화로 일본에 밀항 도피한 공소외 이영근(48세)과 수시 접촉하여 당시 국내 정계의 혼란 무질서에 틈타 족출한 혁신계 각 정당을 통합함과 동시에 해 혁신계 대변지를 발간할 것을 협의하고 1960년 6월 16일 귀국하여 공소외 윤길중이 영도하는 사회대중당(당시 결당준비위원회)에 입당한 후 동당 공천으로 서상(敍上) 모두(冒頭) 사실 기재와 여(如)히 경북 청송군에서 7·29 민의원 의원 총선거에 입후보하여 이영근이 공소외 조소수를 통하여 피고인에게 송금한 금 4,650만 환 중 금 2,200만 환을 선거자금으로 사용하고 이여(爾餘)금액 중 금 1,400만 환은 이영근의 지시에 따라 윤길중의 선거 및 정치자금으로 전달한 바, 상 총선거에서 낙선된 후 동년 10월 중순경부터 11월 3일경까지 간에 수차에 긍하여 서울특별시 종로구 종로 1가 소재 희다방, 양지다방, 우일다방 , 기타 옥호 불상 요리점 등에서 국내 혁신계 정당의 지도자급인 윤길중, 서상일, 이동화, 최근우 등과 접촉하고 평화적 남북통일을 위한 남북협상, 인사교류, 남북교역을 추진키 위하여 분열된 국내 혁신계의 단합과 혁신계 대변지의 필요성을 논의하였고 그후 동년 11월 4일 재차 도일하여 전시 이영근에게 상 활동사항을 보고한 후 동인으로부터 국내 혁신계 단합 공작비와 신문사 설립자금을 조달해주겠다는 확약을 받고 동년 12월 4일 귀국하여 동월 25일까지 간에 3·4차에 긍하여 이영근으로부터 조소수를 통하여 송금된 상 자금 합계 금 3,810만 환을 수령한 후 1961년 1월 하순경까지 희다방, 양지다방, 아서원 등에서 공소외 서상일, 윤길중, 고정훈, 최근우, 안신규, 이동화 등과 회동하여 서상한 혁신계 정당의 단합과 아울러 동 단합된 혁신계 대변지로서 일간신문사, 민족일보사를 창설키로 합의를 보고 동 신문사 취체역 사장에 조용수, 동 상임감사역에 안신규, 동 취체역에 서상일, 이종률, 고정훈, 최근우, 윤길중 등이 각 취임하여 동년 1월 25일자로 주식회사 민족일보사의 설립등기를 필한 후 동년 2월 13일 민족일보의 창간호를 발간한 이래 동년 5월 16일까지 간에 매일 3만5천 부 가량의 동 신문을 발간함에 있어 현재 무정견한 중립화 안이나 정치적 평화통일에 앞선 남북협상, 경제, 서신, 문화교류 및 남북 학생회담 등은 대한민국을 민족적 교류 및 원조라는 가면 하에 점차적으로 적화할 기회를 호시탐탐 노리고 있는 이북 괴뢰집단의 합법을 가장한 적색 침략방법으로써 그네들이 일관하여 주장, 선전하고 있는 소위 평화공세 즉 간접침략 정책임에도 불구하고 피고인은 이익이 된다는 정을 알면서 상 신문지면을 통하여 이북 괴뢰집단의 주장내용과 상응한 한국의 중립화와 정치적 평화통일에 앞선 남북협상, 경제, 서신, 문화교류 및 학생회담 등을 적극 찬동, 추진한다는 지(旨)로,

(1) 민족적 자주적 노력으로써 남북 협상의 단계에까지 정세를 발전시켜라(1961년 5월 16일자).
(2) 통일을 원치 않는 태도(상동 일자).
(3) 너희를 저주하노라(상동 일자).
(4) 범민족적 통일운동의 추진이 필요하다(동월 15일자).
(5) 우선 체육교류부터라도 시작하자(동월 12일자).
(6) 모처럼 찾은 통일외교의 이니시아티브를 뺏기지 말자(동월 9일자).
(7) 통일에의 전진을 위하여(동월 8일자).
(8) 우렁찬 통일에의 고동, 남북 학생회담 편의 제공하라(동월 7일자).
(9) 학생들의 통일외교를 무정견으로 억압 말라(동월 7일자).
(10) 통일은 먼저 남북교류로 시작하자(동월 6일자).
(11) 남북 학생회담을 갖게 하라(동월 5일자).
(12) 조국통일의 선봉들에 감사한다(동월 5일자).
(13) 통일위한 선행조건으로 남북한의 학생회담을 열자(동월 4일자).
(14) 중립화통일론에 대한 모함을 삼가라(동년 2월 23일자).
(15) 통일외교에 실패한 장 정권은 물러가야 마땅하다(동년 4월 22일자).

(16) 이북쌀 이남전기, 젊은 사자들의 침묵된 데모(동년 4월 10일자).
(17) 남북교역 시기는 성숙하였다(동년 4월 9일자).
(18) 대중을 농간 말라.
(19) 조국통일을 위하여 전 민족이 하나의 방향으로 단결하여야 한다(동년 2월 27일자).

등의 각 제목 하에 사설, 논설, 기사 등을 게재 발간케 하여 이를 선전, 선동함으로써 반국가단체인 이북 괴뢰집단의 활동을 고무, 동조하고,

제2. 피고인 송지영은 1960년 11월 19일 도일하여 동월 21일 도쿄도 신주쿠구 소재 고쿠소 온천호텔에서 간첩 피고인으로 일본에 도피중인 전시 이영근과 상면하여 국내에서 7·29 총선거 당시 혁신계가 참패한 원인은 혁신계의 분열과 선거자금 부족에 있음을 지적, 보고하고 남북통일방안에 대하여 남북 간에 통일을 받아들일 수 있는 소지를 갖추기 위하여 국내 혁신계의 주장과 여히 문화교류, 서신 교환, 체육인 공동출전 등으로 우선 쌍방의 감정완화가 시급하며 이를 추진키 위하여는 국내 혁신계가 단합하여야 한다는 것과 동 혁신계를 대변할 신문이 필요한데 이를 상 피고인 조용수가 창간할 것인즉 이에 피고인이 적극 가담키로 할 것을 협의한 후 동 이영근으로부터 피고인이 경영하는 전통사 자금 명목으로 일화 금 3백만원을 수취하고 동년 12월 30일 귀국하여 1961년 1월 10일경 상 피고인 조용수를 통하여 갱(更)히 이영근으로부터 송금된 금 875만 환을 수취한 후 동년 1월 중순경부터 동년 3월 하순경까지 간에 전시 희다방, 양지다방, 요리점 등에서 윤길중, 고정훈, 최근우, 조용수, 안신규 등과 수시 회합하여 전시 이영근과의 협의 내용인 혁신계 단합과 동 정치자금 조달 및 혁신계 대변지인 민족일보의 간행에 관하여 모의하고 동 민족일보사 사옥, 공장을 알선하는 동시에 편집 진영의 보강을 위하여 편집국 부국장으로 공소외 오소백과 논설위원으로 상 피고

인 이건호를 각 추천하여서 상 민족일보의 실질적인 주요 간부로서 판시 제1 사실 게기(揭記) 내용과 여히 이북 괴뢰집단의 이익이 된다는 정을 알면서 그 활동을 고무, 동조하고,

제3. 피고인 안신규는 1960년 8월 중순 일자 불상 경(頃)과 1960년 1월 급 3월 각 일자 불상 경 전후 3차에 긍하여 선원으로 가장하고 밀항 도일하여 일본국 오사카시 고메이온토〔港明音戶〕여관 및 오오마츠여관 등에서 전시 이영근과 상면하여 국내 혁신계를 단합키로 할 것과 동 혁신계의 대변지로서 민족일보사를 창설하기로 하되 동 설립자금과 윤전기는 상 이영근이가 조달하고 동 신문사 운영과 대표 책임을 피고인이 부담키로 모의한 후 귀국하여 동년 1월 하순경 아서원에서 상 피고인 조용수 및 공소외 윤길중, 고정훈 등과 상 신문사 창설에 구체적으로 합의를 보고 판시 제1 사실 기재내용과 여히 민족일보사를 창설한 후 동사 상임감사역으로 취임하고 전후 2차에 긍하여 피고인 양실근 편으로 이영근에게 상 신문사 운영사항을 보고하면서 동 신문사의 주요 간부로서 판시 제1 사실 기재내용과 여히 이북 괴뢰집단의 이익이 된다는 정을 알면서 그 활동을 고무, 동조하고,

제4. 피고인 정규근은 전시 민족일보가 판시 제1 사실 기재내용과 여히 이북 괴뢰집단의 활동에 동조하고 있음을 충분히 지실하였음에도 불구하고 1961년 4월 8일 동 신문사의 상무취체역으로 취임하고 취임하기 전인 동년 2월경부터 동년 5월경까지 합계 금 1,900만 환 상당의 금원(金員)을 동 신문사 운영자금으로 출자하여 상 피고인 조용수, 송지영, 안신규의 판시 범행을 적극 방조하고,

제5. 피고인 양수정은 전시 민족일보사가 판시 제1 사실 기재내용과 여히 이북 괴뢰집단의 활동에 동조하고 있음을 충분히 지실하였음에도 불구하고 1961년 3월 하순경 동사 편집국장으로 취임한 후 동 신문에 판

시 제1 사실 게기와 여한 사설, 논설, 기사 등을 편집 게재하여 써 피고인 조용수, 송지영, 안신규의 판시 범행을 적극 방조하고,

제6. 피고인 이상두는 전시 민족일보가 판시 제1 사실 기재내용과 여히 이북 괴뢰집단의 활동에 동조하고 있음을 충분히 지실하였음에도 불구하고, 1961년 3월 초순 일자 미상경 공소외 서상일의 추천으로 민족일보의 상임 논설위원으로 취임하여 사회, 문화, 교육 분야의 논설을 담당하고 "사창은 빈곤의 부산물이다"라는 제목의 사설을 위시하여 매주 1편 정도의 사설, 논설을 집필 게재케하여 써 피고인 조용수, 송지영, 안신규의 판시범행을 적극 방조하고,

제7. 피고인 이건호는 전시 민족일보가 판시 제1 사실 기재내용과 여히 이북 괴뢰집단의 활동에 동조하고 있음을 충분히 지실하였음에도 불구하고 1961년 2월 초순경 동 신문사에 "반공을 빙자한 새로운 파쇼 테러분자들의 파괴적 책동을 엄계한다"는 제목의 논설 외 2편을 기고, 게재케 하여 써 피고인 조용수, 송지영, 안신규의 판시 범행을 적극 방조하고,

제8. 피고인 양실근은 전시 민족일보가 판시 제1 사실 기재내용과 여히 이북 괴뢰집단의 활동에 동조한다는 정을 지실하였음에도 불구하고 전시 이영근과 상 피고인 안신규가 전기 민족일보사의 창설 모의를 할 당시인 1960년 8월경부터 1961년 3월경까지 간에 일본국 도쿄, 고베 등지를 내왕하면서 안신규로부터 전기 신문사 운영에 관한 서신 2매를 받아 상 이영근에게 교부한 후 동인으로부터의 회신과 잡지 등을 안신규에게 전달함으로써 안신규의 판시 행위를 방조한 것이다.

증거를 안(按)컨대 판시 모두 기재의 각 피고인 경력사실은 상 피고인 등의 당공정(當公廷)에서의 증인으로서의 증언 중 경력에 관한 판시

동지(同旨)의 각 진술에 의하여 이를 인정하고, 피고인 이상두의 전과 사실은 상 피고인의 당 공정에서의 증인으로서의 증언 중 전과에 관한 판시, 동지의 진술 및 내무부 치안국 수사지도 과장 작성의 상 피고인에 대한 지문대조 조회서 중 전과에 관한 판시, 동지의 기재에 의하여 이를 인정할 수 있고,

제1부터 제8까지의 각 판시 사실은

일. 피고인 조용수, 송지영, 이종률, 안신규, 정규근, 양수정, 전승택, 김영달, 조규진, 이상두, 이건호, 양실근, 장윤근의 당 공정에서의 증인으로서의 각 증언 중 판시 관계부분에 부합하는 각 진술부분.

일. 증인 윤길중, 고정훈, 이동화, 윤식, 조재천의 당 공정에서의 각 증언 중 판시 관계부분에 부합하는 각 진술부분.

일. 검찰관 작성의 피고인 조용수(2회), 송지영(2회), 안신규, 이종률, 정규근, 양수정, 전승택, 김영달, 조규진, 이상두, 이건호(2회), 양실근(3회), 장윤근(2회)에 대한 각 피의자 신문조서 급 증인 최근우, 조재천에 대한 진술조서 중 각 판시 관계부분에 부합하는 진술기재 부분.

일. 압수된 경리장부(검찰관측 증거품 제27호), 금전출납명세서(동제28호), 제계약서철(동제29호), 민족일보 신문철(동제30호), 서신(신영민과 송지영 간 동제31호), 서신(이영근과 안신규간 동제32호), 서신(조용수와 안신규 및 최근우 간 동제33호) 중 판시 각 관계 부분에 조응하는 각 기재부분 및 각기 현존사실 등을 종합하여 이를 인정할 수 있으므로 모두 그 증명이 충분하다(판시사실에 부합치 않는 상 증거 중 각 진술 급 기재부분은 당 재판소의 취신치 아니하는 바이므로 상 인정 번복의 자료가 되지 못한다).

변호인측의 관할위반 주장에 대한 판단

변호인측은 본 건 기소 법조인 특수범죄처벌에 관한 특별법(이하 특별법이라 약칭) 제6조는 정당 사회단체의 주요 간부의 지위에 있는 자의 특수 빈국가행위를 율(律)하는 것인 바 민족일보사는 상 정당이나 사회단체에 해당되지 아니하므로 피고인 등의 민족일보사의 주요 간부로서 한 본건 범죄는 특별법 해당 사건만을 관할하는 당 재판소의 관할에 속하지 아니한다는 지(旨) 주장하므로 과연 민족일보사가 상 정당 또는 사회단체에 해당하는가를 심구(審究)하기로 한다.

우선 '정당'이라 함은 정치운동에 관한 법률(1960년 10월 13일 법률 제558호) 제3조에 의하면 공보처에 등록된 것으로서 정치운동을 목적으로 조직된 단체를 말할 것이므로 주식회사인 본건 민족일보사가 상 정당에 해당되지 아니함은 자명하다할 것이고, 다음 '사회단체'라 함은 광의로는 사회적 활동을 목적으로 하는 모든 인적 조직체를 의미하고 협의로는 사회단체 등록에 관한 법률(1961년 6월 12일 법률 제621호)에 의하여 사회단체로서 등록된 단체만을 의미하는 것인 바 상 법률 제2조 제1항에 의하면 상 협의의 사회단체의 정의로서 정치성이 없는 구호단체, 학술단체 및 종교단체와 국가재건 최고회의의 허가를 얻은 단체를 거시(擧示)하고 있고, 또 동조 제5항에는 상 국가재건 최고회의의 허가하는 단체로서 (1) 반공정신을 선양, 계몽하는 것을 목적으로 하는 단체, (2) 신생활과 국민도의 앙양을 목적으로 하는 단체, (3) 국제적 유대를 가진 민간 외교단체, (4) 혁명과업 수행에 필요하다고 인정되는 단체를 들고 있어 신문사인 본건 민족일보사가 상 협의의 사회단체의 어느 하나라도 해당되지 아니함은 이 역시 명백한 바이므로 결국 본건 민족일보사는 전시 광의의 사회단체에 해당된다고 볼 수밖에 없다. 그러므로 나아가 특별법 제6조의 '사회단체'가 광의의 사회단체를 지칭하는 것이냐 또는 협의의 사회단체만을 의미하는 것이냐에 대하여 살펴보건대 동조의 입법 취지는 사회활동을 목적으로 하는 단체가 그 조직성으로 말미암아 사회에 미치는 조직적 영향력이란 심대한 것이므로 이에 감(鑑)하여 여사한 조직체를 유지, 영도하는 주요 간부가 반국가 행위를 범하였을 때에는 보통인과 구별하여 이를 엄단코자 함에 있음이 명백한 바로서 이러한 입법취지로 미루어 볼 때에 동조에 말하는 사회단체란 결국 전시 광의의 사회단체를 의미한다고 보지 아니할 수 없는 것이다. 그렇다면 본건 민족일보사는 비록 그 법률상의 단체 성질은 주식회사인 상사법인으로서 개인 영리를 목적으로 하는 단체이나, 사회적 기능에서는 언론기관으로서 기사보도 급 여론형성 등의 사회적 목적을 가지고 사회활동을 영위하는 단체라 할 것이므로 서상(叙上)한 특별법 제6조의 사회단체에 불외(不外)한 것이다. 따라서 변호인 등의 본건 관할 위반 주장은 이유 없으므로 채용치 아니한다.

법률에 조감하건대 피고인 조용수, 안신규, 송지영의 각 판시 소위(判示 所爲)는 특수범죄처벌에 관한 특별법 제6조, 형법 제30조에 각 해당하고 피고인 정규근, 양수정, 이상두, 이건호, 양실근의 각 판시 소위는 특수범죄처벌에 관한 특별법 제6조, 형법 제32조, 제33조에 각 해당하는 바 피고인 조용수, 송지영, 안신규에 대하여는 소정형 중 사형을 선택하여 동 피고인 등을 각 사형에 처하고 피고인 정규근, 양수정, 이상두, 이건호, 양실근에 대하여는 소정형 중 각 유기징역형을 선택하고, 상 피고인 등 중 피고인 이상두에게는 판시 전과가 있으므로 형법 제35조 제2항에 의하여 동법 제42조의 제한 내에서 누범가중을 하고 상 피고인 등은 모두 종범이므로 동법 제32조 제2항, 제55조 제1항 제3호에 의하여 감경한 형기 범위 내에서 피고인 정규근을 징역 5년에, 양수정을 징역 10년에, 이상두를 징역 15년에, 이건호를 징역 10년에, 양실근을 징역 5년에 각 처하고 동법 제57조에 의하여 본 판결선고 전 구금일수 중 피고인 정규근, 양수정, 이상두에 대하여 각 100일을 피고인 이건호, 양실근에 대하여 70일을 상기 각 본형에 산입키로 한다.

피고인 이종률, 전승택, 김영달, 조규진, 장윤근에 대한 공소 사실은,

피고인 이종률은 〔1〕 1961년 1월 중순경 서울특별시 중구 을지로 1가 소재 아서원에서 상 피고인 조용수, 송지영, 안신규, 이건호 및 윤길중, 이동화, 서상일, 최근우, 조동필, 고정훈 등과 회동하여 전시 제2 사실과 같이 동 반국가적 활동을 계속하던 중 1961년 1월 23일부터 동년 3월 14일까지 14일 간에 동 민족일보사 편집국장으로서 매일 3만5천 부 가량의 신문을 발간하여 판시 제1 사실 중 (1) 내지 (19) 와 같은 논설, 사설, 논단, 기사 등을 게재하고,

〔2〕 동년 3월 초순경 소위 민족자주통일 협의회 통일방안 심의위원회 정치분과 위원으로 취임하여 동년 3월 하순경부터 동년 4월 중순경까지 간에 3회에 긍하여 서울특별시 중구 을지로 소재 을지빌딩 내 동 위원회 사무실에서 개최된 동 심의위원회 회의에 참석하여 동회 의원 조윤제, 노정일, 박래원, 나원환, 백도광, 박진, 권오돈 외 10여명과 회동하여 '외세 의존을 반대하고 민주적 통일 성업을 촉구하라', '남북 양 정권의 알선 하에 선출된 대표가 회동하여 협의체를 구성코 통일방안을 논의하자' 등의 협의를 하여 북한 괴뢰집단의 목적한 사항과 동일한 또는 기본 방향에서 동일한 사항을 선동, 선전 또는 협의를 함으로써 반국가단체의 활동을 고무 또는 그 목적 수행을 위한 행위를 하고,

피고인 전승택은 민족일보가 반국가단체인 북한 괴뢰집단의 주장에 동조하고 있음을 지실하였음에도 불구하고 1961년 2월 7일부터 민족일보사 총무국 부국장으로서 전시 제1 사실 중 (1) 항 내지 (19) 항에 이르는 사설, 논설, 기사 등을 게재한 신문의 운용, 경리, 제 계약의 체결 등의 업무를 담당함으로써 판시 제1 사실과 같이 반국가단체의 활동을 고무, 동조하고,

피고인 김영달은 전시와 여히 민족일보가 반국가단체인 북한 괴뢰집단의 주장에 동조하고 있음을 지실하였음에도 불구하고 1961년 2월경부터 동사의 업무국장으로서 판시 제1 사실 중 (1) 항 내지 (19) 항에 이르는 사설, 논설, 기사 등이 게재된 매일 평균 3만 5천여 부의 동 신문의 판매, 광고, 지사, 지국의 설치 업무를 담당함으로써 판시 제1 사실과 같이 반국가단체의 활동을 고무, 동조하고,

피고인 조규진은 소위 국내 혁신세력을 규합하고 1960년 7월 29일 민의원의원 총선거에 대비하여 서울특별시 종로구 소재 사회대중당 결성 준비위원회 중앙상임위원으로 활동하면서 1960년 6월 17일부터 동년 7월 중순경까지 혁신세력의 주장 및 민족일보의 사시가 북한 괴뢰집단의 주장과 일치, 동조되고 있다는 정을 지실함에도 불구하고 동사 기획사원으로 근무하면서 판시 제1 사실 중 (13) 항 내지 (19) 항에 이르는 사설, 논설, 기사 등이 게재된 동지의 기획 업무를 담당 수행함으로써 판시 제1 사실과 같이 반국가단체의 활동을 고무, 동조하고,

피고인 장윤근은 1960년 7월경부터 동 10월경까지 남편인 이영근으로부터 서울특별시 중구 남대문로 이하 불상 마영호, 최모를 통하여 송금된 도합 2,680만 환을 수취한 후 민족일보 운영자금으로써 상 피고인 조용수에게 2백만 환 안신규에게 마영호를 통하여 1백만 환을 각 대여하여 동 피고인 등의 판시 각 사실에 적시된 행위를 용이하게 하여 이를 방조한 것이다, 라고 함에 있는 바,

우선 본건 특수범죄처벌에 관한 특별법 제6조 위반죄는 정당 또는 사회단체의 주요 간부라는 신분관계로 인하여 성립되는 범죄이므로 상 피고인등(피고인 장윤근은 제외)에게 여사한 신분관계(본건에서는 민족일보사의 주요 간부)가 있는가를 심구하여 보건대 공소 사실과 여히 피고인 이종률이 민족일보사의 취체역 겸 편집국장으로, 피고인 전승택이 동사

총무국 부국장으로, 피고인 김영달이 동사 업무국장으로, 피고인 조규진이 기획부 사원으로 각 재직하였던 사실은 상 피고인 등의 당 공정에서의 상 사실에 부합하는 각 진술에 의하여 이를 인정할 수 있으나 무릇 상 특별법 제6조의 이른바 사회단체의 주요 간부라 함은 형식상의 직명에 관계없이 해 단체의 조직유영과 대내적 의사결정에 적극 참여하거나 중대한 영향력을 미치는 실질적 지도간부를 지칭하는 것이며 형식상 간부직에 머물러 해 단체의 대내적 의사결정에 적극 참여하지 못하고 단지 상부 지시에 유유낙낙 복종함에 불과한 자는 동조 소정의 주요 간부라고 볼 수 없음이 서상한 동조의 입법취지로 미루어 보더라도 분명한 것인바 상 피고인 등이 민족일보사의 여사한 주요 간부라고 볼 아무런 증좌가 없을뿐더러 상 피고인 등은 모두 당 공정에서 민족일보의 대내적 의사결정에 참여하거나 중대한 영향력 있는 지위에 있지 않았고 다만 사장이나 중역진의 지시에 복종하였을 뿐이라고 변소(辯疏)하고 있고 이에 부합하는 피고인 조용수의 당 공정에서의 증언 중 "피고인 이종률은 민족일보의 편집국장으로서 창간호만 편집하고 즉시 사임했으나 공보실의 등록을 취소치 아니한 관계로 동년 3월 14일까지 편집국장이 이종률 명의로 되어 있었다"는 지(旨), "피고인 전승택은 호구지책으로 입사했는데 신문사 기획업무에는 참여한 일이 없고 회계사무만 담당했으나 사 운영자금 같은 것에는 전혀 참여한 적이 없다"는 지, "피고인 김영달은 사시결정에 참여한 사실이 전혀 없다"는 지, "조규진은 생활보장시키기 위하여 한직인 기획부를 만들어 동인을 동부 직원으로 채용하였다"는 지의 각 진술을 종합하여 고찰하면 상 피고인 등은 민족일보의 형식상 간부직에 있었던 자에 불과하고 서상한 실질적 주요 간부라고 인정키 난하므로 결국 상 피고인 등은 모두 특별법 제6조의 신분 요건을 결여한 것이라 할 것이다. 그렇다면 상 피고인 등에 대한 본건 공소 사실은 상 신분관계 있는 피고인 조용수, 송지영, 안신규(이하 피고인 조용수 등이라 한다)의 판시 범행에 대하여 공모, 공동정범이나 방조범으로서 인정되는 경우에만 특별법 제6조 위반죄로 처단할 수 있는 바이므로,

1. 우선 상 피고인 등이 판시 범행에 대하여 피고인 조용수 등과 공모한 사실이 있는가를 살펴 보건대,

(1) 피고인 이종률은 동 피고인이 공소 사실과 여히 민족일보사 창설 모의체인 1961년 1월 하순의 아서원 회합에 참가한 사실은 상 피고인의 자공(自供)하는 바이나 서상한 피고인 조용수의 증언에 의하면 상 피고인은 민족일보의 창간호(판시 제 1 사실의 (1) 내지 (19) 각항 게기 사설, 논설, 기사 중 창간호에 게재된 것은 하나도 없다) 만 편집하고 즉시 사임하였던 사실을 인정할 수 있고, 이에 의하면 상 피고인은 상 모의체로부터 탈퇴한 것으로 판시 범행에 관하여 피고인 조용수 등과 공모했다는 사실을 인정할 아무런 자료가 없고,

(2) 피고인 전승택, 김영달, 조규진 역시 판시 범행에 관하여 피고인 조용수 등과 공모했다는 사실을 인정할 아무런 자료가 없다.

2. 다음에 상 피고인 등이 판시 범행을 방조하였다고 볼 수 있는가를 살펴보건대, 피고인 이종률은 전인(前認)과 여히 창간호를 편집한 후 본건 민족일보사로부터 퇴사하고 그 외에 피고인 조용수 등의 판시 범행을 방조한 사실을 인정할 아무런 자료가 없고 피고인 전승택, 김영달, 조규진은 공소 사실과 여히 동인 등이 민족일보사의 총무국 부국장 또는 업무국장 또는 기획부 사원으로 각 종사하였던 사실은 동 피고인 등의 자공하는 바로서 이를 판시 범행에 대한 각 방조행위라고 볼 수도 있으나 동 피고인 등에게 판시 범행에 대한 방조의 고의가 있었음을 추단함에 충분한 아무런 증거가 없다. 결국 상 피고인에 대한 공소 사실(피고인 이종률에 대한 공소 사실 중 〔2〕 사실은 次段 판시) 은 모두 범죄에 증명이 없음에 귀착된다고 할 것이다.

다음 피고인 이종률에 대한 공소 사실 중 〔2〕사실에 대하여 안(按)컨대 상 피고인이 사회단체인 민족자주통일 협의회 통일방안 심의위원회의 주요 간부인 정치분과 위원이라는 사실은 이를 인정할 아무런 증거가 없으므로 상 공소 사실 역시 범죄의 증명을 결여한다고 아니할 수 없다.

끝으로 피고인 장윤근에 대하여는 동 피고인이 공소 사실과 여히 피고인 조용수에게 금 2백만 환 안신규에게 금 1백만 환을 각 대여한 사실은 동 피고인의 자공하는 바이나 피고인에게 판시 범행에 대한 방조의 고의가 있었음을 인정할 아무런 증좌가 없으므로 상 피고인에 대한 공소 사실 역시 범죄의 증명이 없는 것이다.

그러므로 피고인 이종률, 전승택, 김영달, 조규진, 장윤근에 대하여는 형사소송법 제325조에 의하여 무죄를 선고한다.

자이(玆而) 주문과 같이 판결한다.

서기 1961년 8월 28일
혁명재판소 심판부 제2부

재판장 심판관 김홍규(金弘圭)
법무사 심판관 김봉한(金奉漢)
심판관 강현태(姜鉉台)
심판관 이회창(李會昌)
심판관 차영조(車英朝)

○ 혁명재판 상소심 판결문

서기 1961년 혁상(革上) 제3호

판 결

본적 경상북도 대구시 동인동 409번지
주거 서울특별시 종로구 도렴동 10번지의 2호
무직(前 민족일보사 사장) 조용수(32세)

본적 경상북도 영주군 풍기면 금계동 224번지
주거 서울특별시 서대문구 천연동 100번지
무직(前 한국전통주식회사 사장) 송지영(46세)

본적 경상남도 부산시 동래구 명륜동 100번지의 4호
주거 경상남도 부산시 동래구 명륜동 100번지의 4호
무직(前 민족일보사 상무취체역) 이종률(52세)

본적 평안북도 박천군 박천면 남부동 150번지
주거 서울특별시 동대문구 청량리동 205번지
무직(前 민족일보사 상임감사역) 안신규(일명 안훈) (43세)

본적 경상남도 합천군 대병면 장단리 1133번지
거주 서울특별시 서대문구 정동 1번지의 48호
무직(前 민족일보사 상무취체역) 정규근(32세)

본적 경기도 양평군 용문면 중원리 318번지
거주 서울특별시 성동구 하왕십리동 966번지의 41호
무직(前 민족일보사 편집국장) 양수정(42세)

본적 경기도 강화군 강화면 관청리 550번지
거주 서울특별시 성동구 옥수동 65번지
무직(前 민족일보사 기획부 사원) 조규진(39세)

본적 경상북도 안동군 일직면 송리동 258번지
거주 서울특별시 서대문구 녹번동 110번지의 5호
무직(前 민족일보사 논설위원 겸 경북대 법정대학 강사) 이상두(30세)

본적 서울특별시 종로구 연건동 302번지의 6호
거주 서울특별시 종로구 삼청동 35번지의 16호
고려대학교 법과대학 교수 이건호(45세)

본적 경상남도 김해군 대저면 덕두리 번지 불상
거주 경상남도 동래군 사상면 덕포리 116번지
무직(前 선원) 양실근(일명 김만복) (30세)

상기자 등에 대한 특수범죄처벌에 관한 특별법 제6조 위반 피고 사건에 관하여 1961년 8월 28일 혁명재판소 심판부에서 선고한 판결에 대하여 검찰관 및 피고인 등으로부터 각 적법한 상소 신청이 있었으므로 당 심판부는 검찰관 이종원, 변호인 변호사 태윤기, 박한상, 장후영 관여로 변론을 거쳐 다음과 같이 판결한다.

주 문

피고인 조용수, 송지영, 안신규, 정규근, 양실근의 상소와 피고인 조규진, 양실근에 대한 검찰관의 상소는 이를 각 기각한다.

피고인 정규근에 대한 당심 판결선고 전 구금일수 중 60일을 동 피고인에 대한 본형에 산입한다.

피고인 이종률, 양수정, 이상두, 이건호에 대한 원 판결은 이를 파기한다.

피고인 이종률, 이상두를 각 징역 10년에

피고인 양수정, 이건호를 각 징역 5년에 처한다.

원심 판결선고 전 구금일수 중 피고인 이종률에 대하여는 90일을, 피고인 이상두, 양수정에 대하여는 각 100일을, 피고인 이건호에 대하여는 70일을, 동 피고인 등에 대한 상기 각 본형에 산입한다.

피고인 이종률에 대한 공소 사실 〔2〕에 대하여는 무죄.

이 유

〔1〕 1. 피고인 조용수에 대한 변호인 변호사 전기일의 상소이유 제1점

원 판결은 본건 민족일보사가 정치운동에 관한 법률(1960년 10월 13일 법률 제558호) 제3조에 의하여 공보처에 등록된 것으로서 정치운동을 목적으로 조직된 단체가 아니므로 정당이 아님은 자명한 것이고, '사회단체'라 함은 광의로는 사회적 활동을 목적으로 하는 모든 인적 조직체를 의미하고 협의로는 사회단체 등록에 관한 법률(1961년 6월 12일 법률 제621호)에 의하여 사회단체로서 등록된 단체만을 의미하는 것인바 상 법률 제2조 제1항에 의하면 상 협의의 사회단체의 정의로서 정치성이 없는 구호단체, 학술단체, 및 종교단체와 국가재건 최고회의의 허가를 얻은 단체를 거시하고 있고 또 동조 제5항에는 상 국가재건 최고회의의 허가하는 단체로서,

(1) 반공 정신을 선양, 계몽하는 것을 목적으로 하는 단체
(2) 신생활과 국민도의 앙양을 목적으로 하는 단체
(3) 국제적인 유대를 가진 민간 외교단체
(4) 혁명과업 수행에 필요하다고 인정되는 단체

를 들고 있어 신문사인 본건 민족일보사가 상 협의의 사회단체의 어느 하나라도 해당되지 아니함은 본시 명백한 바이므로 결국 본건 민족일보사는 전시 광의의 사회단체에 해당된다고 볼 수밖에 없다. 특별법 제6조의 입법취지는 사회활동을 목적으로 하는 단체가 그 조직성으로 말미암아 사회에 미치는 조직적 영향력이란 심대한 것이므로 이에 감(鑑)하여 여사한 조직체를 유지, 영도하는 주요 간부가 반국가 행위를 범하였을 때에는 보통인과 구별하여 이를 엄단코자 함에 있음이 명백한 바로서 이러한 입법 취지로 미루어 볼 때에 동조에 말하는 사회단체란 결국 전시 광의의 사회단체를 의미한다고 보지 아니할 수 없는 것이다. 그렇다면 본건 민족일보사는 비록 그 법률상의 단체성질은 주식회사인 상사법인으로서 개인영리를 목적으로 하는 단체이나 사회적 기능에 있어서는 언론기관으로서 기사보도 및 여론형성 등의 사회적 목적을 가지고 사회활동을 영위하는 단체라 할 것이므로 서상한 특별법 제6조의 사회단체에 불외(不外)한 것이다, 라고 판시하여 본건 피고 사건의 관할권이 혁명재판소에 있음을 역설하였다.

그러나 이는 법률을 무시하고 견강부회하여 일개 신문사가 사회단체라고 규정한 것이다. 무릇 인간은 사회생활 내지 단체생활을 떠나 생존할 수 없은즉 현대인이 대소를 불문하고 단체의 일원이 되는 것은 필연적 현상이라 하지 않을 수 없으며 모든 인간의 활동은 사회적 활동을 목적으로 하지 않는 것이 없는 것이다. 원 판결이 '사회단체'를 정의함에 있어서 특별법 제6조의 입법취지를 설시하여 신문사가 사회활동을 목적으로 하는 단체로서 그 조직성으로 말미암아 사회에 미치는 조직적 영향력이 심대하기 때문에 이를 특별법 제6조에 규징된 사회단체 안에 넣어야 된다고 하였으나 신문사의 사회적 영향력은 그 조직에 있는 것이 아

니고 그것이 언론기관이라는 본질에 있는 것이다. 사회적 영향력이란 반드시 조직력에 의존하는 것이 아니고 개인으로서도 큰 영향력을 가질 수 있는 것으로 원 판결이 그 사회적인 영향력에 착안하여 '사회단체'를 규정했음은 부당한 것이다. 특별법이 제6조에 정당과 아울러 사회단체의 주요 간부의 반국가 행위를 특히 엄하게 벌할 것을 규정한 것은 '사회단체'가 다수의 인원으로 구성되어 있고 그 주요 간부가 그 단체의 구성원에 대하여 강대한 영향력을 가지고 있기 때문에 그 반국가 행위가 일반 개인의 반국가 행위보다 중대한 영향력을 가진 사실을 고려한 것이다.

본건 민족일보사가 일개의 회사로서 그 사원의 수는 일정하여 일반 사회단체에 비하여 극히 소수인 것이다. 그 주요 간부의 그 구성인원에 대한 영향력이란 별무한 것으로 특별법 제6조의 입법 취지에도 고려되지 아니한 것이 명백함에도 원 판결이 신문의 본래 사명과 혼동하여 추상적으로 영향력을 운위하였음은 그 본질에 대하여 해득치 못함에 기인된 것이라 하지 않을 수 없다.

법은 가능한 한 엄격히 해석되어야 하며 이를 무한정으로 확대 해석할 수 있다면 가공할 결과를 초래한다. 더구나 특별법의 해석은 엄격히 해야 한다 함은 법의 원칙이며 따라서 협의로 해석되어야 하는 것이다. 국가보안법 제 2조에는 주의 규정으로 그 취지를 명시하고 있다. 사회단체 등록에 관한 법률은 그 제 2조의 사회단체에 관하여 명백히 정의를 규정하고 있다. 원 판결이 본건 민족일보사가 '법률상 주식회사인 상사법인으로서 개인영리를 목적으로 하는 단체'이므로 사회단체에 불외한 것이다, 라고 판시하였으나 전술한 바와 같이 사회를 떠나서 생존할 수 없는 인간의 활동은 대개가 사회적 목적을 가지고 있은즉 인간이 가진 모든 단체는 전부가 다 '사회단체'라고 하지 않을 수 없는 것이다. 그러나 특별법 제6조에 규정된 '사회단체'는 정치성이 없고 영리를 목적으로 할 수 없으며 개방성이 있어야 하는 것이다. 신문사는 원 판결이 판시한 바와 같이 회사로서 영리를 목적으로 함이 그 본질인 것이며 사원만으로 구성되어 개방성이 없는 상사법인인 고로 이를 사회단체라 함은 비상식적이라 하지 않을 수 없다. 따라서 원 판결은 관할 인정에 있어서 법률에 위반한 위법이 있으므로 파기를 면치 못할 것으로 확신하는 바이라 함에 있다.

심안컨대 특수범죄처벌에 관한 특별법 제6조에 규정한 '정당 사회단체'에 있어서 사회단체라 함은 사회적 활동을 목적으로 하는 모든 단체를 의미하는 것이 아니고 단체의 유형으로서의 하나인 사회단체를 정당과 아울러 규정한 것으로써 이 사회단체의 본질은 사회적 영향력의 대소에 있는 것이 아니라 조직에 있어서의 개방성과 비영리성에 있다 할 것이므로 영리를 목적으로 하고 조직에 있어 개방성이 없는 상사법인인 신문사가 전시 사회단체에 해당하지 아니함은 소론과 같다. 따라서 원심판결이 주식회사 민족일보사를 특수범죄처벌에 관한 특별법 제6조의 사회단체에 해당한다고 하였음은 사회단체의 법의를 오해한 의율착오(擬律錯誤)의 위법이 있다 할 것이다.

그러나 피고인에 대한 판시 사실을 원 판결 거시 증거에 의하여 검토하면 피고인 조용수는 사회대중당의 주요 간부로서 혁신정치 운동과 본건 범행의 수단으로 민족일보사를 설립하여 판시 범죄를 감행하였음을 인정하기에 족하며 이상 피고인의 정당 주요 간부의 지위에 있는 자로서의 소위는 결국 원 판결 적용 법조와 동일한 법조 하에 처단될 것이므로 전시 의율착오의 위법은 판결에 영향이 없다 할 것이고 소론 피고인에 대한 재판권(상소이유에는 관할권이라 함) 인정에 있어서도 하등의 위법이 없는 것이니 모두 이유 없다, 할 것이다.

2. 동 상소 이유 제2점

(1) 원 판결은 피고인이 대남 간첩 혐의로 1951년 12월 30일 기소되어 공판 계속 중 1956년 1월 19일 보석 중임을 기화로 일본으로 밀항 도피한 공소외 이영근(48세)과 일본에서 수시 접촉하여 당시 국내 정계의 혼란 무질서에 틈타 족출한 혁신계 각 정당을 통합함과 동시에 해 혁신계 대변지를 발간할 것을 협의하고 이영근으로부터 공소외 조소수를 통

하여 금 4,650만 환과 금 3,810만 환의 공작금을 받아 피고인이 7·29 선거 시에 경북 청송군에서 민의원 의원으로 입후보하였고 동년 1월 25일자 본건 주식회사 민족일보를 설립한 후 동년 2월 13일 창간호를 발간하였다, 라고 판시하였으나 피고인이 전시 공소외 이영근으로부터 전시 금원(金員)을 수령한 사실도 없으며 동인이 간첩이라는 증거도 없다. 피고인이 전기 자금은 재일교포 이희원, 박용구, 정동필 등으로부터 융자받은 것으로 동인 등은 재일 거류민단의 간부이거나 또는 대한민국을 지지하는 인사들로서 북한 괴뢰집단과 전연 관계가 없는 자들이다. 원 판결은 판시 사실을 인정할 만한 하등의 증거가 없음에도 불구하고, 또 공판정에서나 검찰관 작성의 피의자 신문조서 내용에도 판시 사실과 부합되는 진술이 없음에도 불구하고 이를 오인하여 판결에 중대한 영향을 미치게 한 위법을 범하였고,

(2) 원 판결은 본건 민족일보가 발간 중 동 신문에 게재하였다는 19항목의 사설, 논설, 기사 등을 거시하여 동지가 무정견한 중립화 안이나 정치적 평화통일에 앞선 남북협상, 경제, 서신, 문화교류 및 남북 학생회담 등을 선전, 선동함으로써 반국가단체인 이북 괴뢰집단의 활동을 고무, 동조하였다, 라고 판시하였다. 그러나 원 판결은 그 사설, 논설, 기사의 내용을 검토함이 없이 제목만을 나열하고 그것이 곧 이북 괴뢰집단의 활동을 고무, 동조한 것이라고 판시하였음은 증거에 의하지 아니한 중대한 사실을 오인한 것이라 하지 않을 수 없다.

당시의 국내신문 중 유독 본건 민족일보사만이 여사한 논설을 게재한 것이 아니라 기타 신문에도 여사한 또는 그 이상의 과격한 논지를 이에 찬동한 사실이 있음을 상기할 때 어찌 피고인 등에게만 책임을 추궁할 수 있겠는가, 의심되지 않을 수 없다. 본건 민족일보가 발간 중 게재한 사설, 논설, 기사 중에는 대한민국의 민주주의 발전을 위하여 역설하고 이북 괴뢰집단을 비난 공격한 허다한 사실을 간과 또는 무시하고 부분적으로 판시 항목만을 가지고 반국가 행위를 규정하였음은 부당한 것이다. 원 판결이 어찌하여 그 사설, 그 논설을 가지고 이북 괴뢰집단에 동조한

것이라는 설명도 없이 막연히 판시하였음은 중대한 사실의 오인이 있는 것이며 판결에 결정적인 영향을 미친 것이라고 하지 않을 수 없는 것이니 이 점에 있어서 도저히 파기를 면치 못할 것으로 확신한다 함에 있다.

심안컨대 피고인 조용수에 대하여 원 판결에 거시된 각 증거를 기록에 의하여 검토하면 동 피고인에 대한 원 판결 판시 사실을 인정함에 충분한즉 소론은 이영근은 간첩이 아니다. 피고인이 이북 괴뢰집단과 내통하지 아니하였다. 민족일보에도 반공 기사가 있고 타 신문에도 북괴와 동일 논조의 기사가 게재되어 있다는 등등 피고인의 본건 범죄사실 인정에 소장(消長)이 없는 것을 들어 원심의 전권 사항인 증거 취사와 사실 인정을 비난함에 불과한 것이므로 논지는 이유 없다, 할 것이다.

〔2〕 피고인 송지영의 변호인 변호사 박한상의 상소이유

원 판결이 피고인에 대하여 인정한 범죄 사실은 대체로 3분할 수 있습니다. 그 첫째가 '피고인 송지영은 1960년 11월 19일 도일하여 동월 21일 도쿄도 소재 국장온천호텔에서 간첩 피고인으로 일본에 도피 중인 전시 이영근과 상면하여 국내에서 7·29 총선거 당시 혁신계가 참패한 원인은 혁신계의 분열과 선거자금 부족에 있음을 지적, 보고하고…'라는 인정을 하고 있으나 차는 중대한 사실 오인인 동시에 증거 없이 사실 인정을 했다는 비난을 면치 못할 것입니다. 왜냐하면 원 판결 거시의 전 증거로써도 상기 사실을 인정하기에 충분치 못하고 단지 추측할 수 있는 정도라고 사료됩니다. 그러나 그 추측은 진상에는 어긋나는 바 틀림없습니다. 상기와 여히 추측을 받을 만한 연유로서는 (1) 피고인 송지영이가 도일 당시 소외 이영근과 접촉한 사실이 있다는 점, (2) 전후 2차에 긍하여 일화 금 3,000,000원과 한화 금 8,750,000환을 수취하였다는 점, (3) 다방 및 요정에서 혁신계 정당 인사들과 상면하였다는 점, (4) 민족일보사 사옥을 알선하고 오소백을 편집국 부국장으로 추천했다는 점을 들 수 있습니다. 이 점에 관하여는 피고인도 그 외형 사실만은 종시 일관 인정하고 있습니다. 그러나 피고인이 전시 이영근과의 회담에 있어서

혁신계 대변지 발간의 필요성을 강조하였거나 상 피고인 조용수가 동 신문사를 창설하는 데 있어 피고인이 적극 가담키로 협의하였다는 증거는 하나도 없고 단지 소외 이영근이가 "조용수가 신문사를 경영할 터이니 신문계의 선배로서 잘 보아달라고 하기에 그러한 정도라면 아는 데까지 보아주겠다"라고 말하였을 뿐이라는 점은 관계 증인의 진술조서에 비추어 명백한 바입니다.

1. 원 판결은 마치 피고인이 7·29 총선거에 있어 혁신계가 참패한 원인을 소외 이영근에게 보고하러 도일한 것 같은 취지의 판시를 하였으나 피고인에 대한 검찰관 작성의 피의자 신문조서와 공판조서에 의하더라도 여사한 증좌는 전연 없고 조선일보사 편집국장으로 재직 당시 전통사 및 텔레비전 방송 시설에 필요한 자재 교섭차 재일교포인 권일을 상면차 도일하였다가 소외 이영근이가 자진 호텔로 내방하였기에 상면하게 되었고 또한 전시 이영근을 상면하게 된 자리에서 자기는 돈이 많다는 것을 자랑삼아 말하고 있기에 피고인은 웃음의 소리로 "그렇게 돈이 많으면 내가 현재 사업에 필요한 시설 교섭차 왔으니 귀국하여 반환키로 하고 얼마간 차용해 줄 수 없느냐"고 하였더니 그 정도는 일시 융통해 줄 수 있다고 말하기에 차용금은 귀국 후 서서히 반환키로 하고 여사한 금원을 결국 차용했던 것이고 상기 금원의 소비처 역시 재일본 전통사 분실 사무소 설치비용과 국내의 전통사 창설 준비에 대부분 소비하였다는 점,

2. 피고인이 해방 직후 남로당에 일시 가입한 바 있었으나 그 후 6·25사변 당시 괴뢰군에게 납치되어 소위 괴뢰전선 총사령부 문화훈련국으로부터 대남공작 대원으로서 밀봉교육을 받은 바 있었으나 낙동강을 도강 후 대남공작을 포기하고 고향에 돌아가서 피신하였다는 일련의 사실만 보더라도 피고인의 사상관계를 용공분자로 속단하기에는 너무나 외형적인 사실만에 치중한 듯한 느낌이 불무하다는 점,

3. 피고인의 경력관계에 있어 일정시(日政時)부터 전과가 있기는 하나 그러나 여사한 전과 사실이 있다고 해서 본건에 관하여 피고인을 용공분자로 단정할 수는 없을 것입니다. 왜냐하면 피고인은 원래 중국문학자로서 또한 언론인으로서 해방 후 국제신보사 주필을 비롯하여 조선일보사 편집국장에 이르기까지 문필로서 괴뢰들의 비인간성을 신랄하게 비판한 바 있음은 기히 제출된 조선일보에 연재된 '팔면봉'과 '만물상'의 단문내용에 의하여 그의 사상을 의심할 여지가 없을 것입니다.

둘째가 '피고인은 소외 이영근으로부터 피고인이 경영하는 전통사 자금 명목으로 일화 금 3백만 원을 수취하고 동년 12월 30일 귀국하여 1961년 1월 10일 상 피고인 조용수를 통하여 이영근으로부터 송금된 금 875만 환을 수취한 후 동년 1월 중순경부터 동년 3월 하순까지 다방 요정에서 윤길중, 고정훈 등과 수시 회합하여 전시 이영근과의 협의 내용인 혁신계 통합과 동 정치자금 조달 및 민족일보 창간에 관하여 논의하고…'라는 인정을 하고 있습니다.

차는 중대한 사실 오인인 동시에 증거 없이 사실 인정을 했다는 비난을 면치 못할 것입니다. 왜냐하면 원 판결 거시의 전 증거로써도 상기 사실을 인정하기에 충분치 못한 것입니다. 일건 기록을 정사(精査)하여도 피고인이 전시 금원을 수취한 사실은 명백하나 이는 어디까지나 순수한 민간인이 설립하는 방송기재 구입에 소요되는 금원에 충당키 위하여 일시 차용한 것이고 귀국 후 혁신계 정당 인사를 상면하여 이영근의 말을 전한 바 있으나 그들과 같이 모의하거나 혁신계 통합을 위하여 헌신적인 역할을 한 사실이 추호도 없을뿐더러 이는 검찰관 작성의 피의자 신문조서 및 공정에서의 피고인의 일관된 진술로 보아 명백한 바이므로 이 점 역시 단지 추측할 수 있다는 정도라고 사료됩니다.

셋째가 '피고인은 민족일보사 사옥을 알선하는 동시에 편집 진영의 보강을 위하여 편집국 부국장으로 오소백과 논설위원 등을 추천하여서 민족일보사의 실질적인 주요 간부로서…'라는 인정을 하고 있으나 이 역시 중대한 사실 오인인 동시에 증거 없이 사실 인정을 했다는 비난을 면치 못할 것입니다. 왜냐하면 원 판결 거시의 전 증거로써도 사옥을 알선하고 편집국 부국장을 추천한 사실은 인정되는 바이나 피고인의 이와 같은 행위가 판시 사실과 여히 민족일보사가 판시 제1 사실 게기 내용과 여히 '이북 괴뢰집단의 이익이 된다는 정을 알면서 그 활동을 고무, 동조하였다'는 사실은 입증되지 않고 있으므로 차역(此亦) 단지 추측할 수 있다는 정도라고 사료됩니다.

이상과 같이 피고인 송지영이가 판시 제1 사실의 정을 알고 있었다는 증거가 전무한 이상 피고인이 '민족일보사 사옥을 알선하고 편집국 부국장을 추천하고 소외 이영근으로부터 약간의 금전 대차 관계가 있었다'고 해서 이것이 곧 반정부적 또는 반국가적 행위가 될 수 없을 것입니다. 적어도 피고인의 행위가 반국가적 행위라고 규탄을 받게 되려면 국가전복 기타 국가를 위태롭게 하기 위하여 그에 대한 범의를 포지(抱持)하고 또한 이북 괴뢰나 그의 간첩과 내통한 경우일 것입니다. 그렇지 않는 한 특별범죄처벌에 관한 특별법의 적용을 받을 이(理) 없다고 사료됩니다. 따라서 원 판결은 사실 오인 및 법률해석을 그르친 위법이 있어 파기를 면치 못할 것입니다, 라고 함에 있다.

심안컨대 상소 이유의 요지는, 첫째 원 판결은 피고인 송지영에 대한 판시 사실은 증거에 의하지 아니하고 추측으로써만 사실을 인정한 위법이 있고, 둘째로 특수범죄처벌에 관한 특별법 제6조의 반국가적 행위는 국가전복, 기타 국가를 위태롭게 하기 위한 범의를 포지하고 이북 괴뢰집단 또는 그 간첩과 내통하는 경우라야 하며 또한 피고인의 신문사 사옥 알선, 편집요원 추천 행위만으로써는 반국가적 행위라고 할 수 없으므로 원 판결은 이 점에 있어 법률해석을 그릇한 위법이 있다 함에 있다.

그러나 원 판결 거시의 증거를 일건 기록에 의하여 정사하면 피고인의 판시 범의는 물론 전 범죄 사실을 인정하기에 충분하며 원심의 사실 인정은 소호도 위법이 없다할 것인 바 증거에 의하지 아니하고 추측만으로 사실을 인정하였다는 소론은 증거의 취사와 사실 인정에 관한 원심의 전권 사항을 비의(批議)함에 불과하므로 소론은 이유 없고, 다음 특수범죄처벌에 관한 특별법 제6조의 '특수 반국가행위죄'의 구성 요건은 반국가단체의 이익이 된다는 정을 알면서 그 국가 또는 구성원의 활동을 찬양, 고무, 동조함으로써 족한 것이고 소론과 여히 국가전복 내지 국가를 위태롭게 하기 위한 확신과 이북 괴뢰집단 또는 그 간첩과의 내통까지를 요하는 것이 아닌 바 소론은 독자적 견해이고 또한 피고인의 신문사 사옥 알선, 편집요원 추천 행위만으로써는 반국가적 행위가 될 수 없다고 하나 원심이 인정한 피고인이 상 피고인 조용수, 안신규 등과 본건 범죄를 공모 실행하였다는 사실을 전복할 증좌가 없는 한 공동정범으로서 피고인 자신의 분담 실행 부분뿐만 아니라 각 공모자의 분담 행위 전체에 대한 공동정범으로서의 죄책을 면할 수 없음은 당연한 것으로써 이에 대한 소론 역시 독자적 견해에 불과한 것이니 논지는 모두 이유 없다, 할 것이다.

〔3〕 1. 피고인 안신규에 대한 변호인 변호사 태윤기, 강대형의 상소 이유 제1점

원심 판결이 특수범죄처벌에 관한 특별법 제6조의 정당 사회단체의 해석에 있어서 사회단체라 함은 사회적 활동을 목적으로 하는 모든 인적 조직체를 의미한다는 광의의 견해를 취하는 것이 입법 조치에 적합하다 하였고 민족일보사 역시 광의의 사회단체이므로 동법 제6조의 사회단체에 해당한다고 판단한 바,

(1) 근세 인류의 문명은 인간의 존엄성에서부터 출발하였고 형법상의 사조는 죄형천단주의(罪刑擅斷主義)로부터 죄형법정주의로 이행하여 왔음은 타언을 요하지 않는 바로써 세계인권공동선언 제11조 제2항, 대한민국 헌법 제9조의 명문의 규정이 그것입니다. 따라서 형법 각 조의 해석에 있어서는 확장 해석이나 유추 해석을 못함은 상식화된 것으로서 해석에 의의가 있을 경우에는 피고인의 유리한 방향으로 해석함이 민주주의 국가에 있어서의 대 철칙인 것입니다. (공산소련형법 제16조에는 '만약 사회적으로 유해한 행위로써 이 법전의 규정이 없는 경우에는 그 행위

는 그와 가장 유사한 범죄와 동일근거에 의하여 동일한 정도의 형사책임을 生하는 것으로써 처벌되는 것이다'고 규정함으로써 죄형천단주의에 일보 가담하였고 비민주국가임을 알 수 있습니다. 데닝그 著 '법과 자유' 참조). 그럼에도 불구하고 원심 판결이 막연히 이렇다 할 근거 없이 자의로 동법 제6조의 사회단체의 해석을 광의로 하는 것이 입법 취지라고 판시하였음은 일종의 입법행위일망정 법 해석으로서는 헌법 제9조의 죄형법정주의에 저촉됨으로써 혁명재판소 및 혁명검찰부 조직법 제9조 제1항의 헌법에 위반하였을 때에 해당한다고 사료됩니다.

(2) 뿐만 아니라 대한민국은 비록 UN에 가맹한 국가는 아닐지라도 UN이 승인한 국가이므로 UN 헌장을 준수하여야 함은 타언을 요치 않는 바로써 헌법 제7조에 '비준 공포된 국제조약과 일반적으로 승인된 국제법규는 국내법과 동일한 효력을 가진다'고 규정되어 있으므로 전술한 바 세계인권공동선언 제11조 제2항 '누구든지 행위 시에 국내법이나 국제법에 의하여 형사상 범죄를 구성하지 않는 행위 또는 부작위로 인하여 형사범죄에 관하여 유죄를 판결 받는 일은 없다. 또한 행위의 당시 적용할 수 있는 형벌보다 중한 형벌을 과할 수 없다'고 규정된 명문은 국내법과 동등한 효력을 가지고 있다고 논하지 않을 수가 없습니다. 따라서 피고인에 대한 판시 사실은 행위 시에는 허용된 범위 내의 사실로서 형사범죄로써 유죄로 판결할 수 없을뿐더러 행위 시에 적용된 형벌보다 중한 형벌을 과할 수 없다는 문제에 봉착하게 됩니다. 그러므로 이 점을 간과한 원심 판결은 헌법 제7조에 저촉됨으로써 혁명재판소 및 혁명검찰부 조직법 제9조 제1항 헌법에 위반한 때에 해당할뿐더러 세계인권공동선언, 나아가서 UN 헌장에 위배되는 판단이라고 사료됩니다. (田畑茂二郎 著 '세계인권선언' 참조). (독재전범 재판에 있어서 국제형법의 죄형법정주의의 원칙에 반하여 소급적 효력을 가진 데 대하여 반대론이 있었으나 소급적 형법의 금지는 형법전의 범위 내에서만이 타당하나 형법이 판례법으로서 국제재판에 의하여 적용될 때에는 차한에 부재하다는 죄형법정주의에 대한 예외적 해석을 한 사실이 있을 뿐입니다. 라드부루후 著 '법철학입문' 참조).

(3) 상술한 (1)·(2)에서 지적된 점은 혁명재판소 및 혁명검찰부 조직법 제9조 제1항에 해당할뿐더러 민족일보사를 광의의 사회단체라고 해석함으로써 특수범죄처벌에 관한 특별법 제6조를 적용 처단하였음은 동법 제9조 제2항, 형사소송법 제383조 제7호 '법령의 적용에 착오가 있어 판결에 영향을 미칠 때'에 해당하는 것으로 사료됩니다, 라고 함에 있다.

심안컨대 상소이유 제1점의 요지는 원 판결이 특수범죄처벌에 관한 특별법 제6조의 사회단체를 확장 해석하여 신문사를 사회단체로 판단하였음은 죄형법정주의에 위배되므로 헌법 제9조 위반이고, 다음 원심은 행위 시에 죄가 되지 아니하였던 피고인의 행위를 소급, 처벌함은 형벌 불소급의 원칙에 위배되므로 헌법 제23조 위반이며, 셋째로는 신문사를 사회단체로 해석함으로써 피고인에 특수범죄처벌에 관한 특별법 제6조를 적용 처단하였음은 법률적용에 착오가 있어 판결에 영향을 미칠 때에 해당한다 함에 있다.

그러나 죄형법정주의에 입각한 형벌 법령 해석에 있어서 유추 해석은 불허하는 바이나 확장 해석은 사회 일반의 시대사상에 따라 어느 정도까지는 허용되는 것인 바 확장 해석하였다, 라는 것만으로 당연히 헌법 위반이라고는 볼 수 없는 것이며 나아가서 법의 확장 해석이 형벌법규 정조(正條)에 관한 부분이냐 또한 확장 해석을 함으로써 피고인의 죄의 성립 또는 형벌에 소장이 있느냐의 여부까지를 조사, 판단하여 결정한 것인 바 본건 피고인의 경우에 있어서는 '사회단체'는 피고인의 범죄 사실이나 형벌에 관한 부분이 아니고 범죄 주체로서의 신분요건에 관한 것으로서 피고인이 차(此) 신분 요건을 구비하지 아니한다 하더라도 피고인의 행위가 범죄가 되지 아니하는 것이 아니라 상 피고인 조용수, 송지영 등과 공범관계에 있는 자로서 동일 법조에 의한 죄책을 면할 수 없는 것이니 원심의 사회단체에 대한 확장 해석은 법령의 해석 착오에는 해당된다, 할 것이나 위헌이라고는 보기 난하므로 이 점에 관한 소론은 이유 없다 할 것이고, 다음 형벌 불소급의 원칙을 위반한 헌법 위반이라는 점을 안컨대 특수범죄처벌에 관한 특별법은 국가재건 비상조치법 제22조에 의거한 반국가적, 반민족적 또는 반혁명적 행위를 처벌하기 위한 혁명 입법으로서 동 법의 소급효는 전시 비상조치법에 의거한 것인 바, 원심이 피고인에 대하여 특수범죄처벌에 관한 특별법을 적용하여 판결하였음은 국가재건 비상조치법의 정신과 혁명 정신에 비추어 헌법 위반이라고 판단하기는 난하므로 소론은 이유 없다 할 것이고, 다음 본건 민족일보사가 사회단체가 아님은 피고인 조용수에 대한 변호인 변호사 전기일의 상소이유 제1점에 대하여 설시(說示)한 바와 여하며 차점(此點) 소론과 여히 의율착오의 위법이 있다. 그러나 피고인은 특수범죄처벌에 관한 특별법 제6조의 신분 요건이 구비되어 있는 상 피고인 조용수와 공범 관계에 있는 자이므로 형법 제33조(공범과 신분)에 의하여 원심이 적용한 동일 법조 하에 처단될 것이니 전시 의율착오의 위법은 판결에 영향이 없다 할 것이므로 결국 이에 대한 소론 역시 이유 없고 논지는 모두 이유 없다 할 것이다.

2. 동 상소 이유 제2점

피고인은 민족일보사의 중요간부로서 판시 제1 사실 기재내용과 여히 북한 괴뢰집단의 이익이 된다는 정을 알면서 그 활동을 고무, 동조하였다는 점인 바,

(1) 피고인이 북한 괴뢰집단의 이익이 된다는 정을 알면서 그 활동을 고무, 동조하였다는 증거는 검찰관측 전 증거로써 그 입증이 되어 있지 않음은 물론 북한 괴뢰와 내통하였다고 추측할 만한 증거조차 없으며,

(2) 민족일보에 게기된 (1)~(19)의 사설, 논설 등 판시 사실은 북한 괴뢰집단의 이익이 되기 위하여서 또는 그 활동을 고무, 동조하기 위한 것이 아니고 헌법이 보장하는 언론 출판의 자유, 나아가서는 비판의 자유인 국민기본권의 소행인 것으로 사료됩니다. 미합중국 수정헌법 제1조에는 언론·출판의 자유를 박탈하는 법률의 제정조차 금지하고 있으며 대한민국 헌법 제13조 역시 언론·출판의 자유를 보장하고 있으므로

당시 정부가 허용한 판시 사실은 합헌적 정당 행위에 속할망정 특수범죄 처벌에 관한 특별법 제6조에 해당한다고 해석할 하등의 이유가 없는 것이다.

(3) 미국 최고재판소의 판례에 의하면 폭동 또는 치안 파괴를 선동하는 경우 외에 단순한 질서 혼란의 가능성만으로써 소추하는 것은 불충분하다. 급박하고 현실의 질서 파괴라는 명백한 사실 즉 '명백하고도 현재의 위험'을 처벌하기 위한 성문법이 있을 경우에 한하여 유죄가 성립한다(연방판례집 제296권 310葉)고 판시하였고 제2차 세계대전 시 간첩법 위반으로써 기소된 사건에 있어서 역시 '명백하고도 현재의 위험'이 있는 경우에 한하여 처벌하였습니다. (뉴우만 著 '미국에 있어서의 기본적 인권' 참조). 따라서 원심 판시 사실이 하등 구체적인 증거나 명백하고도 현재의 위험이 없음에 불구하고 막연히 신문의 자유 범위 내에 속하는 사설, 논설을 지칭하여 북한 괴뢰집단의 이익이 된다는 정을 알면서 그 활동을 고무, 동조하였다고 판단하였음은 헌법 제13조에 저촉함으로써 혁명재판소 및 혁명검찰부 조직법 제9조 제1항 헌법 해석의 착오가 있는 때에 해당될 뿐더러 형사소송법 제383조 제15호 '중대한 사실의 오인이 있어 판결에 영향을 미칠 때'에 해당한다고 사료됩니다, 라고 함에 있고,

3. 동 상소 이유 제3점

원심 판시 사실 중,

(1) 피고인은 전후 3차나 도일하여 이영근과 상면하고 국내 혁신계를 단합할 것과 동 혁신계의 대변지로서 민족일보를 창간하기로 하되 설립 자금과 윤전기는 이영근이가 조달하고 동 신문사 운영과 대표책임을 피고인이 부담키로 모의하고 …

(2) 전후 2차에 긍하여 상 피고인 양실근 편으로 이영근에게 신문사 운영 사항을 보고하였다는 점인 바,

(1) 이영근이가 간첩의 점은 무죄, 국가보안법 위반의 점은 유죄로서 5년의 형을 언도받고 상소 중 도망한 사실은 동인에 대한 판결문, 조재천 증인의 진술에 의하여 명백한 바이나 형이 확정되지 않은 한 간첩이라고 단정할 수 없고, 4·19 후 동인이 귀국운동을 한 점을 고려하여 볼 때 피고인의 자격을 가진 이영근은 세계인권공동선언 제11조 제1항에도 규정되어 있는 바와 여히 무죄로 간주될 권리를 가진 자이므로 피고인이 이영근과 상면하였다는 것이 법률상 추구될 성질의 것이 아니고,

(2) 또 민족일보사 창설자금 3천만 환도 조소수로부터 융자받았다는 사실은 알고 있었으나 이영근으로부터 출자된 사실은 피고인은 전연 부지의 사실이며 조소수가 본 사건 당초에 구속되었다가 해제되어 일본으로 귀환한 점으로 보아 부정한 자금이 아니었음이 명백하며,

(3) 일건 기록을 통하여 볼 때 일본으로 내왕한 사실도 자기의 사용(세멘벽돌 제조관계)이 주였고 양실근을 통한 서신 연락 역시 민족일보에 관계된 내용이라는 점이 구체적으로 입증되어 있지 않습니다. 또 판시 (1)~(19)의 사설, 논설은 사 운영을 담당한 피고인이 하등 부책(負責)할 성질의 문제가 아니며 다만 민족일보가 혁신정당의 대변지로서 5·16 군사정변 이전에 허용된 사실을 주장하였다는 것만이 입증되어 있습니다. 따라서 원심 판시 사실은 충분한 입증이 없었음에도 불구하고(의심스러운 것은 피고인 이익에 속함에도 불구하고) 유죄판정의 증거로 채택한 것은 형사소송법 제383조 제15호 '중대한 사실의 오인이 있어 판결에 영향을 미칠 때'에 해당한다고 사료됩니다, 라고 함에 있다.

심안컨대 동상 이유 제2점과 동 제3점의 요지를 종합하면, 첫째, 피고인 안신규에 대한 원 판시 사실 중 민족일보에 게재한 논설, 사설 등 기사는 헌법이 보장하는 언론·출판과 비판의 자유 범위에 속하는 국민기본권의 행사이니 현재의 위험이 없는 서상 소위에 대하여 특수범죄처벌에 관한 특별법 제6조를 적용하여 처벌함은 헌법 제13조에 저촉하는 헌법 해석에 착오가 있을 때에 해당한다, 함이고 다음은 원 판결은 피고인에 대한 판시 사실을 증거에 의하지 아니하고 인정한 위법이 있으며

피고인은 민족일보사 운영 면만 담당하였으므로 동 신문사 신문에 게재된 논설, 사설 등은 피고인이 부책할 성질의 것이 아니라고 함에 있다.

그러나 첫째, 헌법 제13조에 규정한 언론·출판과 비판의 자유도 국시에 반하지 않고 사회에 위험이 없는 한도 내에서 보장되며 성문 처벌법규에 해당하는 행위까지도 보장하는 것으로 해석할 수 없는 바, 피고인은 본건 범행의 수단으로써 신문사를 설립하고 신문을 통하여 범죄를 감행하였으며 차 소위가 특수범죄처벌에 관한 특별법에 해당됨으로써 동 법에 의하여 처벌함은 하등 헌법 제13조에 저촉된다고 할 수 없는즉 소론은 이유 없고, 다음 피고인에 대한 원 판결 거시의 증거를 기록에 의하여 검토컨대 피고인의 전 범죄 사실을 인정하기에 충분하고 채증과 사실 인정에 있어서 하등의 위법을 발견할 수 없는 바 소론은 피고인의 이북 괴뢰집단과의 내통 여부, 이영근의 간첩인 여부 등 사실 인정에 소장이 없는 사항을 들어 원심의 전권 사항을 비의함에 불과하고 피고인은 상 피고인 조용수, 송지영 등과 공동정범 관계에 있는 자로서 피고인 자신의 실행부분뿐만 아니라 각 공모자의 분담실행 행위에 대하여도 공동 정범으로서의 죄책을 면할 수 없는 것인 바 이와 반대 견해의 소론은 독단이며 결국 이유 없고 상소 논지는 이유 없다 할 것이다.

〔4〕 1. 피고인 정규근의 변호인 변호사 이용석의 상소이유 제1점

원 판결은 피고인은 민족일보가 이북 괴뢰집단의 활동에 동조하고 있음을 충분히 지실하였다고 판시하였는 바 이는 채증 법칙을 위반하고 사실을 오인한 위법이 있음.

원 판결이 피고인의 범의를 인정한 증거의 표목(標目)은 공정에서의 피고인의 증인으로서의 증언 및 검찰관 작성의 피의자 신문조서인바(판결서 27丁) 동 피의자 신문조서에 의하면 혁신계 대변지로써 많은 독자를 갖도록 노력한 것이 아닌가라는 검찰관의 질문에 대하여 전연 그런 사실이 없고 들은 일도 없다는 지(기록 1188정). 기사내용이 국시에 반한다는 정은 지금 생각하니 그런 생각이 들지만 처음에는 그렇게 생각해

본 일이 없다는 지(기록 1189丁)의 공술 기재, 공정에서의 피고인의 동지(同旨)의 증언 및 상 피고인 조용수의 차(此)에 부합하는 증언을 종합하면 민족일보가 괴뢰집단에 동조한다는 정을 피고인이 알았다는 점은 오히려 부정됨이 명백함에도 불구하고 다른 아무 증거 없이 이를 오인한 것은 허무의 증거에 의거한 사실 인정이므로 이것이 채증 법칙에 위반됨은 재언을 불요함. 단지 피의자 신문조서 중 처음 입사하여 인사한 윤길중, 고정훈 등 간부 인물들이 혁신계 인물로 알려졌음을 알았고(기록 1187丁) 혁신계 기사가 타 신문보다 많더라는 지(기록 1185丁)의 공술 기재. 공정에서의 피고인의 차(此)에 부합하는 증언에 의하면 혁신계 인물들이 혁신계 기사를 많이 쓴다는 정을 알았다고는 인정할 수도 있으나 피고인은 연희대학 1년 시 6·25사변으로 퇴학하기에 이르러 대학과정은 거의 수학한 바 없고 진주중학을 졸업한 것뿐인데 원래가 운동선수로 분망하였을 따름 학과에 진력하지 못하였고 겨우 영어에 취미가 있어 사회에 나오자 미군부대 통역을 하다가 기후(其後) 부산검찰청 임시 서기로서 서무 등에 종사한 경력밖에 없는데다가 정치, 문화면에는 몰취미하여 해 방면에 대한 지식이 없으므로 혁신계라느니 평화통일이니 하는 말은 들어서 문자적 의의를 막연히 알 뿐 정치적 의의 더욱 괴집(傀集)과의 관계 등 전혀 부지한다는 지, 상 피고인 조용수는 동창 친우인 바 재일기간 중 모현(某縣) 거류민단장을 지냈을 뿐 아니라 교포 북송 반대에 선봉 노릇을 한 것으로 알고 있다는 지, 조용수에게 1천만 환이나 빌려준 것이 회수가 되지 않아 그 회수를 강행하기 위하여 입사하였으나 자금 부족으로 신문이 나오지 못할 지경이어서 그날그날의 신문 나오는 것만 보면 겨우 하루를 안심하는 형편이어서 기사에는 관심도 없고 능력도 없어 사회면 큰 글자만 보곤 하는 정도였다는 지의 피고인의 공정 증언. 조용수의 동지(同旨)의 공정 증언을 종합하면 피고인은 통속적으로 알려진 혁신계 운운의 막연한 문자적 의의를 알 정도에 불과하였으므로 자유, 민주 양당 정당정치의 부패일소를 주장하는 합헌적 혁신과 괴집 활동에 동조하는 방면의 혁신과를 구별할 능력 없고 생각해 본 바도 없으며 민족일보가 그 어느 쪽 노선인지 생각도 않았거니와 사장 조용수의 재일 시대의 행적에 대한 주관적 지식에서 오히려 합헌적인 것만으로 막연하게 알고 있었음을 인정할 수 있을진댄 이여(爾餘)의 구체적 증거 없이 괴집 활동에 동조함을 알았다고 판시하였음은 사실을 오인한 위법이 있음. 더욱 무죄로 판결한 타 피고인 등도 피고인과 유사한 입장에 있음이 기록상 명백함에도 불구하고 '고의 있음을 추단함에 충분한 아무런 증거 없다'(판결서 43丁) (제3집 215면 7행 참조)고 판단하면서 유독 피고인에게만 고의를 인정하였음은 자가당착이 아닐 수 없다고 함에 있다.

심안컨대 상소이유 제1점의 요지는 원심이 인정한 피고인의 판시 사실 중 범의에 관한 부분은 증거에 의하지 아니한 사실 오인이므로 채증법칙 위반이라 함에 있다. 그러나 원심판결 거시 증거를 일건 기록에 의하여 정사컨대 피고인에 대한 판시 범의에 관한 부분을 인정함에 충분하고 채증상 위법을 발견할 수 없은즉 소론은 결국 사실 인정에 소장이 없는 사항, 기타 원심이 조신(措信)치 않는 사항을 들어 원심의 전권 사항인 증거 취사와 사실 인정을 비난함에 불과하므로 논지는 이유 없다 할 것이다.

2. 동 상소 이유 제2점

원 판결은 피고인이 민족일보사 상무 취체역에 취임하였다고 판시하였는 바 이것 또한 채증 법칙을 위반하고 사실을 오인한 위법이 있음.

신문사가 특수범죄처벌에 관한 특별법 제6조의 정당 사회단체에 해당하느냐 하는 점에 대하여 원 판결은 이를 사회적 활동을 목적으로 하는 모든 인적 조직의 의미로 해(解)하는 것(판결서 29·32丁)(제3집 211면 5행 참조)은 사회단체 등록에 관한 법률에서 지칭한 사회단체의 의의를 무궤도하게 면탈함으로써 확장 유추를 불허하는 죄형법정주의 원칙에 위배되었음이 명백함은 두말할 것도 없거니와 본죄의 제2의 주체적 요건으로서 피고인이 주요 간부로서의 상무취체역의 직에 있었느냐 하는 점은 증거에 의할진댄 검찰관 작성의 피의자 신문조서 중 피고인이 상무

취체역에 취임하였다는 간단한 공술기재를 부연한 공정에서의 피고인의 증언에 의하면 피고인이 주식을 사지 않으면 상무 취체역으로 할 수 없다는 중역진의 반대에 부딪쳐 등록부에 등기함에 이르지 못하였고 또 일상 업무 내용은 경리사무를 배우다 말았을 뿐이라는 것이고 사장 조용수의 공정 증언에 의할지라도 피고인이 편집에 아무 관계없음은 물론 단지 회계장부를 뒤적거리면서 한 15일간 일을 배우다 말았다는 것이나 형식적으로나 실질적으로나 상무취체역의 직무를 행하였다는 증거는 전무함에도 불구하고 그 직에 취임하였다고 판시한 것은 채증 법칙에 위배되었음이 명백하며 단지 상무 취체역으로 시켜준다는 말이 있었음은 사실이나 그것만으로 곧 상무 취체역에 취임하였다고 판시한 것은 논리에 위배됨이 극심한 사실의 오인인 것임. 하물며 원 판결은 무죄로 판결한 타 피고인 등에 대한 이유에 있어서 '형식상의 직명에 관계없이 해 단체의 조직운영과 대내적 의사결정에 적극 참가하거나 중대 영향력을 미치는 실질적 간부를 지칭하는 것인 바 그런 실질적 간부라고 인정키 난하므로 결국 피고인 등은 모두 특별법 제6조의 신분 요건을 결여한 것이라 할 것이다'(판결서 39 · 41丁) (제3집 214면 14행 참조)라고 판시한 데 있어서 라고 함에 있다.

심안컨대 동 상소 이유 제2점의 요지는 원 판결이 피고인 정규근을 사회단체의 간부로 인정한 것으로 곡해하고 이에 대한 논란을 하는 듯하나,

그러나 원 판결을 고찰하면 피고인 정규근을 사회단체의 주요 간부로 인정한 것이 아니고 특수범죄처벌에 관한 특별법 소정 신분 요건 있는 정범에 대한 종범으로 인정하였음이 명백하므로 결국 소론은 원심 판결 이외의 사항을 이유로 하는 것이므로 논지는 이유 없다 할 것이다.

3. 동 상소 이유 제3점

원 판결은 피고인이 합계 금 1,900만 환 상당의 금액을 신문사 운영자금으로 출자하였다고 판시하였는 바 이는 사실을 오인하고 또 판결의 이유에 모순이 있는 위법이 있음.

검찰관 작성의 피의자 신문조서 중 약 1,900만 환을 조용수에 차용해 주었다는 지(기록 1183~1184丁 1191~1193丁)의 공술 기재, 공정에서의 피고인의 증언으로서 동지(同旨) 및 이자도 받기로 하였다는 지, 공정에서의 조용수의 증언으로서 동지 및 피고인의 돈만이 아니라고 해서 이자도 붙여 주겠다고 말하였다는 지의 각 증언을 종합하면 피고인이 개인 조용수에게 금원을 대부하여 준 것이 명백하며 더욱 용도에 관한 피고인의 지정(知情)의 점에 있어서 공정에서의 피고인의 증언으로서 입사하기 전까지 약 1천 2백만 환 대여한 중에서 처음 약 3백만 환은 무엇에 쓰는지 전연 몰랐으며 다음의 약 1천만 환은 무슨 제호의 신문인지 어떤 노선의 신문인지는 모르나 조용수가 신문을 내는 데 돈이 모자라서 그에 충당하는 줄은 알았으며 입사 후의 약 6백만 환은 그날그날의 신문을 내는 데 돈이 없어 쩔쩔매고 있어 잘못하다가는 발간을 못하여 이미 대여한 돈도 받지 못할까 두려워 부득이 조의 간청에 따라 대여한 것이며 총 대여금은 지사 계약을 해서 돈을 받으면 주겠다고 하더라는 지, 공정에서의 조용수의 동지의 각 증언을 종합하면 이자 대여가 틀림없음에도 불구하고 차에 반하는 아무 다른 증거 없이 금원 대여는 곧 운영자금 출자라고 판시한 것은 사실을 오인한 것이 명약관화임. 또 무죄 판결한 타 피고인 장윤근에 대한 이유에 있어서 '피고인 조용수에게 금 2백만 환 동안신규에게 금 1백만 환을 각 대여한 사실은 동 피고인의 자공하는 바이나 피고인에게 판시 범행에 대한 방조의 고의가 있었음을 인정할 아무 증좌가 없으므로 범죄의 증명이 없는 것이다'(판결서 44~45丁) (제3집 215면 14행 참조)라고 판시하면서 피고인 정규근에 한하여는 같은 조용수에게 대여한 것을 출자로 인정하고 방조의 고의는 어떤 증거로 인정하였는가 하는 점에 아무 설명도 없음은 판결의 이유에 모순 있는 위법이 있음이라고 함에 있다.

심안컨대 동상 이유 제3점의 요지는 원 판시 사실 중 피고인의 신문사 운영자금 약 1,900만 환 출자 부분은 원심이 대여를 출자로 사실 오인한 것이며 피고인의 방조의 고의인정의 설명이 없으므로 판결 이유에 모순이 있다 함에 있다.

그러나 원 판결 거시 각 증거에 의하면 피고인의 고의를 충분히 인정할 수 있고 전시 금원 1,900만 환에 관하여는 피고인도 신문사 운영자금으로 투입하였음을 자인하는 바이며 뿐만 아니라 일건 기록에 의하여 피고인이 신문사 운영자금으로 사용됨을 충분히 지실하고 있었다는 점을 인정하기에 족하며 소론 동 금원의 교부는 투자가 아니라 대부라는 주장은 전시 금원의 교부가 대부이든 투자이든 피고인의 서상 방조행위임에는 경정(逕庭)이 없는 것이며 원 판결에 있어 전기 방조범의 인정에 관하여 따로 설시하지 아니하였다 하여 판결 이유에 모순이 있는 것이 아닌즉 각 논지는 모두 이유 없다 할 것이다.

4. 동 상소 이유 제4점

원 판결은 피고인이 상 피고인 조용수 등의 범행을 방조하였다고 판시하였는 바 이는 법령의 적용에 착오 있고 판결의 이유에 모순 있는 위법이 있음.

전기 제1점에서 적시한 바와 같이 피고인이 민족일보가 괴집 활동에 동조한다는 정을 알고 있다고 사실을 오인한 결과 그런 고의로 타인의 범행을 방조한 것이라고 판단하기에 이른 것인데 그 고의는 허무한 증거에 의하여 사실의 인정을 잘못하였다는 것이 여상(如上)일진댄 그 고의 있음을 전제로 하는 방조 운위의 판단은 고의와 방조의 법률적 의의를 오해하여 적용한 위법이 있음은 재언을 불요하며 더욱 특별법 제6조가 정당 사회단체의 중요 간부의 행위에 가공 방조한 것까지도 처벌하는 것이라 치더라도 '중요 간부'에 국한하는 명문 취의는 방조자라 할지라도 적어도 실질적 지도 간부에 준하는 위치에서 단체의 조직운영과 대내 의사결정에 참여하거나 중대한 영향력을 미칠 수 있는 지위에 있는 자만을 처벌하는 법의로 해석하여야 할 것이며 '중요 간부'가 아닌 간부는 처벌되지 않는 데도 불구하고 그보다 동등이하의 간부 아닌 자가 '중요 간부'의 범행에 약간 방조한 것을 처벌하는 법의라고는 도저히 상정할 수 없으므로 일반적인 방조와 달라 약간 사소한 방조는 제외되는 특수방조라고 해(解)함이 상당하다고 본다면 원 판결의 법의 해석을 잘못한 위법은 더욱 큰 것임.

또한 무죄로 판결한 타 피고인에 대한 이유에 있어서 '민족일보사의 총무국 부국장 또는 업무국장 또는 기획부 사원으로 각 종사하였던 사실은 동 피고인 등의 자공하는 바로써 이를 판시 범행에 대한 각 방조 행위라고 볼 수 있으나 동 피고인 등에게 판시 범행에 대한 방조의 고의가 있음을 추단함에 충분한 아무런 증거가 없다'고 당연한 판단을 하면서도 피고인 정규근에 대하여는 고의를 추단할 충분한 아무 증거를 발견할 수 없음이 명료한 데도 불구하고 무슨 충분한 증거 있음을 설시하지 않았음은 판결의 이유에 모순 있는 위법이 있음.

이상 제 1 내지 제 4점은 범의, 범죄, 주체범죄 행위의 각 요건에 긍한 것인 바 그 어느 한 가지만의 위법이 있더라도 무죄로 귀착할 것이므로 그 위법은 각각 판결에 영향을 미치는 것임이 명백함이라고 함에 있다.

심안컨대 동상 이유 제 4점의 요지는 특수범죄처벌에 관한 특별법 제 6조의 주문 취지가 정범, 종범을 막론하고 정당 사회단체의 주요 간부의 지위에 있는 자에 국한하여 처벌함에 있는 바 원심이 피고인과 여한 정당 사회단체의 주요 간부가 아닌 종범에 대하여 전시 특별법 제 6조를 적용 처단함은 전시 법 해석을 그릇한 위법이 있고 다음 원심은 무죄된 타 피고인에 대하여는 방조 고의를 추단할 증거가 없다고 판단하면서 피고인에 대하여는 이에 대한 충분한 증거 있음을 설시하지 않음은 판결 이유에 모순이 있다 함에 있다.

그러나 형법 총칙은 타 법령에 정한 죄에 적용되며 그 법에 특별 규정이 있는 경우에 한하여 예외로 함은 췌언을 불요하는 바 전시 특별법에는 형법 총칙 규정을 배제하는 하등의 규정이 없을뿐더러 동법 제 4조 제 4항, 형법 제 33조(공범과 신분단서 배제)를 규정한 본법 취지로 보아 도리어 동 특별법 운용에 있어서 형법 총칙, 특히 공범에 관한 규정을 적극 활용할 것을 동법은 요구함을 규지(窺知)할 수 있는 바 원심이 피고인을 종범으로 인정하고 동 피고인의 소위에 대하여 동 특별법 제6조와 형법 중 공범에 관한 규정 즉 형법 제32조와 동법 제33조를 적용하였음은 정당하며 의율 상 소호의 위법도 없는 것이니 결국 소론은 독자적 견해에 귀착되어 이유 없다 할 것이고, 다음 전시 요지 둘째의 원 판결 이유 모순에 관한 점은 전시 상소 이유 제3점에서 설시한 바와 같으므로 이유 없으니 논지는 이유 없다 할 것이다.

5. 동 상소 이유 제5점

설사 백보를 양보하여 이상 4개점에 관한 위법의 주장이 전부 선명하지 못한 것이라 치더라도 적어도 유죄 판결을 하려면 객관적으로 누구나 납득할 수 있는 합리적인 의심을 넘어 확신에 도달할 수 있는 심증을 형성한 연후라야 함에도 불구하고 원 판결은 사실의 점에 있어서나 법률의 점에 있어서 그런 확신에까지 도달할 수 있는 충분한 심리를 다하지 아니한 위법(소송 절차의 법령 위반)이 있음. 실체적 진실 발견과 형벌 법령의 적정한 적용 실현이 형사소송의 기본원리일진대 재판소는 당연히 적절한 석명권(釋明權)을 행사하고 직권에 의한 증거 조사를 실시하여야 함에도 불구하고 원심은 사실 관계의 심리가 부진하였을 뿐 아니라 법령의 해석 적용 관계의 심리도 부진하였음.

범의의 점에 있어서 민족일보사에 혁신계 인물들이 있었던 것, 혁신계 기사가 타 신문보다 많았다는 것을 알았다는 정도의 심리로 피고인의 지능 수준, 관심, 실질적 사무 수행상황 등을 고려함이 없이 곧 괴집 활동에 동조한다는 정을 알았다고 판단한 것은 사실의 진상을 구명하지 못한 부진한 심리(사실의 점)에 그쳤을 뿐 아니라 고의의 해석에 있어서 개념의 외연을 훨씬 일탈하는 데까지 확충 적용하는 부진한 심리(법률의 점)를 하는 데 지(至)하였고 주체적 요건에 있어서 단지 상무 취체역을 시켜준다는 말이 있었다는 데까지의 부진한 심리(사실의 점)로 상무 취체역에 취임하였다고 오인하고 행위에 있어서 금원을 대여한 것을 곧 투자라고 인정(사실의 점)한 것 또한 심리부진의 소치임. 여시 각 요건에 대한 단 하나의 심리 부진이라도 그것이 판결에 영향을 미치는 것임은 재언을 불요함이라고 함에 있다.

심안컨대 동 상소 이유 제5점의 요지는 원심은 피고인에 대한 사실 점에 있어서나 법률 점에 있어서나 유죄 판결에 필요한 심증 형성에 도달할 수 있을 정도의 충분한 심리를 다하지 아니한 심리 부진의 위법이 있다 함에 있다.

그러나 소론은 원 판결의 사실 오인과 의율착오를 전제로 하는 논지이며 결국 자유심증주의 하의 증거 채용, 사실 인정에 관한 원심 전권사항을 비의함에 귀착하므로 논지는 이유 없다 할 것이다.

〔5〕 검찰관 오재옥의 피고인 조규진에 대한 상소이유

본건 공소 사실의 요지는 공소상 기재 범죄 사실과 같은 바 이에 대한 원심 판결은 각 다음과 같은 사유가 있다고 사료함. 원심 판결은 채증 법칙의 위배로 중대한 사실을 오인하여 판결에 영향을 미친 부당한 판결이라고 사료한다.

원심의 조규진에 대한 무죄 판결 이유는 조규진이가 조용수의 판시 범행을 방조하였다고 인정할 수는 있으나 방조의 고의가 있었음을 추단함에 충분한 아무런 증거가 없다는 데 귀착되는 바 조규진의 방조에 대한 고의 즉 범죄 사실에 대한 인식, 유죄에 관하여 안컨대,

1. 조규진의 공판정에서의 "조용수가 1961년 2월 13일부터 민족일보 창간호를 발간한 이래 동지가 혁신계의 대변지로서 발간되고 있다는 사실을 동 신문을 읽었기 때문에 입사하기 이전에 충분히 알고 있었으며 조용수에 대한 제1 공소 사실의 (11) 내지 (26) 까지의 사설, 논설 등은 자기가 입사한 후 그와 같이 게재 보도하였다"는 지의 진술(공판조서 294정 295정).

2. 조규진에 대한 검찰관 작성 피의자 신문조서 중 "민족일보가 남북협상을 부르짖고 있었다는 점에 대하여 어떻게 생각하는가?"라는 문(問)에 대하여 "민족일보는 혁신계를 대변하는 것으로 알고 있다"라는 지의

진술 부분(기록 제1625정 7행 내지 1626정 5행). "남북협상, 평화통일, 서신왕래 등이 민족일보 지상에 나타난 것으로 알고 있다"라는 지의 진술 기재 부분(기록 제1628정 1행 내지 동정 8행). "민족일보가 용공지가 아닌가?"라는 문에 대하여 "북한 괴뢰집단에 동조한 것으로 봅니다"라는 진술 기재 부분(기록 제1628정 5행 내지 동제1629정 2행) 등을 종합하면 동인이 조용수의 판시 범죄 사실을 충분히 인식하면서 민족일보 간행에 협조하였음을 인정할 수 있으므로 방조에 대한 고의가 있었다는 증거는 충분하다 할 것이다.

따라서 원심은 서상의 적법한 증거를 채택하면 능히 방조에 대한 고의를 인정할 수 있었음에도 불구하고 서상한 바 있는 채증에 관한 경험법칙 및 논리 법칙 등에 위배하여 하등의 이유, 설시도 없이 서상 증거를 취신치 않았음으로 인하여 무죄 판결을 내렸으니 이는 채증 법칙 위배로 중대한 사실을 오인한 것으로써 차점에 있어서 원심 판결은 파기를 불면(不免)할 것이다. 이상 각 사유에 의하여 피고인에 대한 원심 판결의 파기 시정을 구하는 바입니다, 라고 함에 있다.

심안컨대 기록에 의하면 피고인 조규진은 호구지책으로 민족일보사에 입사하여 기획부 사원으로 약 15일간 재직하였음이 인정되는 외에 공소사실과 여한 범의를 인정할 증거가 없으며 소론 거시 증거는 일응 범의를 치의(置疑)할 수 있으나 이러한 치의만으로써는 피고인의 범행을 단정할 수 없으므로 소론은 원심의 전권 사항인 증거의 취사와 사실 인정을 비의하는 것이므로 논지는 이유 없다 할 것이다.

〔6〕 1. 피고인 양실근의 변호인 변호사 태윤기의 상소 이유 제1점

원심 판결이 특수범죄처벌에 관한 특별법 제6조의 정당 사회단체의 해석에 있어서 사회단체라 함은 사회활동을 목적으로 하는 모든 인적 조직체를 의미한다는 광의의 견해를 취하는 것이 입법 취지에 적합하다 하였고 민족일보사 역시 광의의 사회단체이므로 동법 제6조의 사회단체에 해당한다고 판단한다.

(1) 근세 인류의 문명은 인간의 존엄성에서부터 출발하였고 형법상의 사조는 죄형천단주의로부터 죄형법정주의로 이행하여 왔음은 타언을 요하지 않는 바로써 세계인권공동선언 제11조 제2항, 대한민국 헌법 제9조의 명문의 규정이 그것입니다. 따라서 형법 각조의 해석에 있어서는 확장 해석이나 유추 해석을 못함은 상식화된 것으로써 해석에 의의기 있을 경우에는 피고인에게 유리한 방면으로 해석함이 민주주의 국가에 있어서의 대 철칙인 것입니다. (공산 소련형법 제16조에는 '만약 사회적으로 유해한 행위로써 이 법전의 규정이 없는 경우에는 그 행위는 그와 가장 유사한 범죄와 동일 근거에 의하여 동일한 정도의 형사 책임을 생(生)하는 것으로써 처벌되는 것이다'고 규정함으로써 죄형천단주의에 일보 가담하였고 비민주국가임을 알 수 있습니다. (데닝그 著 '법과 자유' 참조). 그럼에도 불구하고 원심 판결이 막연히 이렇다 할 근거 없이 자의로 동법 제6조의 사회단체의 해석을 광의로 하는 것이 입법 취지라고 판시하였음은 일종의 입법행위일망정 법해석으로서는 헌법 제9조의 죄형법정주의에 저촉됨으로써 혁명재판소 및 혁명검찰부조직법 제9조 제1항의 헌법에 위반하였을 때에 해당한다고 사료됩니다.

(2) 뿐만 아니라 대한민국은 비록 UN에 가맹한 국가는 아닐지라도 UN이 승인한 국가이므로 UN 헌장을 준수하여야 함은 타언을 요치 않는 바로써 헌법 제7조에 '비준 공포된 국제조약과 일반적으로 승인된 국제법규는 국내법과 동일한 효력을 가진다'고 규정되어 있으므로 전술한 바 세계인권공동선언 제11조 제2항 '누구든지 행위 시에 국내법이나 국제법에 의하여 형사상 범죄를 구성하지 않는 행위 또는 부작위로 인하여 형사범죄에 관하여 유죄를 판결 받는 일은 없다. 또한 행위의 당시 적용할 수 있는 형벌보다 중한 형벌을 과할 수 없다'고 규정된 명문은 국내법과 동등한 효력을 가지고 있다고 논하지 않을 수가 없습니다. 따라서 피고인에 대한 판시 사실은 행위 시에는 허용된 범위내의 사실로서 형사범죄로써 유죄로 판결할 수 없을 뿐더러 행위 시에 적용된 형벌보다 중한 형벌을 과할 수 없다는 문제에 봉착하게 됩니다. 그러므로 이 점을 간과

한 원심 판결은 헌법 제7조에 저촉됨으로써 혁명재판소 및 혁명검찰부 조직법 제9조 제1항 헌법에 위반한 때에 해당할뿐더러 세계인권공동선언, 나아가서 UN 헌장에 위배되는 판단이라고 사료됩니다. (田畑茂二郎 著 '세계인권선언' 참조). 독재전범 재판에 있어서 국제형법이 죄형법정주의의 원칙에 반하여 소급적 효력을 가진 데 대하여 반대론이 있었으나 소급적 형법의 금지는 형법전의 범위 내에서만이 타당하나 형법이 판례법으로써 국제재판소에 의하여 적용될 때에는 차한에 부재하다는 죄형법정주의에 대한 예외적 해석을 한 사실이 있었을 뿐입니다. (라드부루후 著 '법철학입문' 참조).

(3) 상술한 (1), (2)에서 지적된 점은 혁명재판소 및 혁명검찰부 조직법 제9조 제1항에 해당할 뿐더러 민족일보사를 광의의 사회단체라고 해석함으로써 특수범죄처벌에 관한 특별법 제6조를 적용 처단하였음은 동법 제9조 제2항 형사소송법 제382조 제7항 '법령의 적용에 착오가 있어 판결에 영향을 미칠 때'에 해당하는 것으로 사료됩니다, 라고 함에 있다.

심안컨대 상소 이유 제1점은 피고인 안신규에 대한 변호인 변호사 태윤기, 동 강대형의 상소 이유 제1점과 동일하여 동 설시와 여히 판단하므로 논지는 이유 없다고 할 것이다.

2. 동상 이유 제2점

피고인은 민족일보가 판시 제1 사실 기재 내용과 여히 이북 괴뢰집단의 활동에 동조하고 있음을 충분히 지실하였다고 판단한 점인 바 피고인이 북한 괴뢰집단과 내통하였다는 추측할 만한 증거조차 없음은 물론 민족일보가 동 집단의 활동에 동조하고 있음을 충분히 알고 있었다는 증거도 검찰관측의 전 증거로써 입증되어 있지 않을 뿐더러 피고인은 일본에서 교육을 받아 국내 실정은 물론 민족일보도 구독한 사실이 없고 동 신문의 논조에 대하여 전연 백지였던 자로서 민족일보가 창간되기 전인 1960년 8월경 임무(林茂, 이영근임을 부지)라는 일본인에게 서신을 전달한다는 인식밖에 없었고 서신 내용이 민족일보의 창간 모의 또는 동사 운영에 관한 내용이라는 점을 전연 부지하였다는 것이 일건 기록상 입증되고 있습니다. 환언하면 간접 정범에 불과한 것입니다. 따라서 선원으로서 하등 북한 괴뢰집단의 활동에 민족일보가 동조한다는 정을 모르는 피고인에 대하여 유죄 판결을 한 원심 판결은 형사소송법 제383조 제15항 '중대한 사실의 오인이 있어 판결에 영향을 미칠 때'에 해당한다고 사료됩니다.

3. 동상 이유 제3점

안신규 피고인의 판시 행위를 방조하였다는 점인 바 상소이유 제2점에서 주장한 바와 여히 피고인은 민족일보 이영근, 조용수, 안신규 등 사건의 핵심 부분에 관하여 또 서신 내용에 관하여 충분한 인식도 없이 의사 없는 도구로서 사자(使者)에 불과한 소위 간접 정범에 해당하는 것이며 정범을 방조한다는 인식이 없었음이 일건 기록상 명백합니다. 따라서 차를 간과한 원심 판결은 형사소송법 제383조 제15항 '중대한 사실에 있어 판결에 영향을 미칠 때'에 해당한다고 사료됩니다, 라고 함에 있다.

심안컨대 동상 이유 제2점 동 제3점의 요지는 피고인 양실근은 정범 안신규의 사자 역할밖에 아니되는 간접 정범의 실행자에 불과한 바 범의 없는 피고인을 종범으로 인정함은 사실 오인이라 함에 있다.

그러나 피고인에 대한 판시 사실을 기록과 원 판결 거시의 증거에 의하여 검토컨대 피고인에 대한 판시, 범의는 물론 전 범죄 사실을 인정하기에 충분하며 기타 전 기록을 통하여 원 판결을 의심할 자료를 인견(認見)할 수 없는 바 소론은 결국 독자적 견해로써 정당히 인정한 원심의 사실 인정을 비난함에 불과하므로 논지는 이유 없다 할 것이다.

4. 동상 이유 제4점

원심 판결의 무죄 부분에 대한 이유로써 이종률 등은 특수범죄처벌에 관한 특별법 제6조에서 말하는 사회단체의 중요간부라는 신분관계에 있어서 형식상의 간부이기는 하나 실질적, 대내적 의사결정에 적극 참여한 자 등이 아니며 상 피고인 조용수, 송지영, 안신규 등과 공모, 공동 정범이나 방조범으로 인정되는 경우가 아니므로 무죄를 언도한다고 판단한 바,

(1) 피고인은 일건 기록을 통하여 민족일보사의 주요 간부라는 점과는 전연 상관없는 선원의 신분을 가진 자로서 형식적이나 실질적 의미에서의 사회단체의 간부와는 물론 말단 직원과도 무관함이 명명백백하며,

(2) 원심 공판정에서 변호인으로부터 이 점을 들어 피고인에 대하여 혁명재판소는 재판권이 없다고 이의를 신청하였음에도 불구하고 원심 판결은 차에 대한 이유를 설명하고 있지 않습니다.

(3) 뿐만 아니라 무죄 언도된 이종률 등과 비교하여 볼 때 민족일보사와 하등 관계없는 간접 정범에 불과한 피고인에 대하여 특수범죄처벌에 관한 특별법 제6조를 적용하여 유죄 판결을 언도하였음은 형사소송법 제383조 제12항 '판결에 이유를 붙이지 아니하거나 이유에 모순이 있을 때'에 해당함이 확실하다고 사료함이라고 함에 있다.

심안컨대 동상 이유 제4점은 결국 원심은 피고인의 종범으로서의 범의를 증거 없이 인정하여 사실을 오인하였다 함에 귀착하는 바 이 점에 대하여는 전시 상소 이유 제2점 동제3점에서 설시한 바와 여하므로 논지는 이유 없다 할 것이다.

〔7〕 검찰관 오재옥의 피고인 양실근에 대한 상소 이유

본건 공소 사실의 요지는 공소상 기재 범죄 사실과 같은 바 이에 대한 원심 판결은 각 다음과 같은 사유가 있다고 사료함.

원심 판결은 중대한 사실(연락책)을 오인하여 판결에 영향을 미친 부당한 판결이라고 사료한다.

원심 판결은 양실근에 대한 공소 사실을 인정하고 동인에게 징역 5년의 실형을 선고하였는바,

1. 양실근은 조용수, 안신규가 민족일보사를 창설하기 이전인 1960년 11월경부터 민족일보가 동 1961년 5월 20일 5·16 군사혁명으로 인하여 폐간되기까지 간에.

(1) 김만복이라는 정체불명의 선원증을 소지하고 김만복으로 가장하여 안신규와 같이 전후 4·5차에 긍하여 선박 제1유양호로써 도일하고,

(2) 소용수에 대한 판시 범행 사실을 충분히 인식하면서 전후 2차에 긍하여 조용수와 공소외 이영근 간의 비밀 서신 및 서적 등을 연락 전달하였으며,

(3) 동인이 전시 안신규로부터 수취하여 전시 이영근에게 전달한 서신 내용에 '재봉기두', '올갱' 등등 은어가 허다히 기재된 제 사실(공판조서 319정 내지 제321정)과,

2. 원심이 인정한 조용수, 안신규에 대한 판시 사실 등과를 대비 분석하여 종합 고찰하면 양실근이가 북한 괴뢰집단이 대한민국 및 일본에 빈틈없도록 펼쳐 놓은 간첩망에 있어서의 간첩 연락 담당자 즉 '연락책'임을 간취할 수 있다. 여사한 연락책의 연락행위가 간첩들의 반국가 행위의 분담행위이냐 불연이면 방조행위이냐에 관하여는 양론이 있을 것이나 북괴 간첩망의 특수성에 입각하여 엄밀히 고찰하여 보면 동 연락행위는 통상 범죄의 방조행위의 한계를 넘는 실행행위의 분담으로 인정하는 것이 오히려 타당할 것이다.

왜냐하면 방조행위는 구체적 사안에 따라 방조행위의 영역에서 실행행위 분담의 영역으로 질적 전환을 일으키는 가능성을 대유(帶有)하고 있기 때문이다. 그런데 원심이 양실근의 연락행위를 방조행위로 인정한 것이 부당하다고는 할 수 없으나 인정 사실에 대한 법령을 적용할 때는 검찰관 논고 시에 개진한 바 있는 서상한 연락책의 특수성과 특수범죄처벌에 관한 특별법 제6조의 입법 취지에 의거하여 구형대로 형량을 결정하는 것이 정당한 법적용임에도 불구하고 반국가 행위의 실질적 분담 행위인 동 연락책의 특수성을 간과하고 만연히 통상범죄의 방조행위와 동

일한 것으로 사실을 오인함으로써 과경(過輕)한 양형을 하여 판결에 영향을 미치게 하였으니 원심 판결은 파기를 불면할 것이다. 이상 각 사유에 의하여 피고인에 대한 원심 판결의 파기 시정을 구하는 바이다, 라고 함에 있다.

심안컨대 상소이유의 요지는 결국 피고인에 대한 원 판결 양형이 심히 부당하다 함에 있는 바 혁명재판소 및 혁명검찰부조직법 제9조 제1항 제2호 및 동법 제9조 제2항에 의하여 양형 부당에 관하여는 사형, 무기징역을 제외하고는 상소이유로 할 수 없으므로 논지는 이유 없다 할 것이다.

〔8〕 검찰관 오재옥의 피고인 이종률에 대한 상소 이유

1. 공소 사실 제1에 대한 원심판결은

제1점. 채증 법칙을 위배하고 법령 해석을 그릇함으로써 중대한 사실을 오인하여 판결에 영향을 미친 위법 판결이다.

공소 사실 제1에 대한 원심의 무죄 이유 요지는 이종률이가 1961년 2월 13일 민족일보 창간호 발행 당일에만 편집국장으로 근무하다가 퇴사하였고 동인이 민족일보사의 주요 간부가 아니며 동인이 조용수와 판시 범행에 관하여 공모하였거나 조용수의 판시 범행을 방조하였다는 사실을 인정할 증거가 없다는 데 귀착되는 바,

(1) (주요 간부에 관한 채증 법칙 위반)

(가) 피고인 이종률이가 민족일보사의 편집국장으로서 판시와 여히 1일간만 종사한 것이 아니고 1개월간 종사하였다는 사실은,

(ㄱ) 원심이 인정한 이종률의 후임 편집국장인 양수정에 대한 판시 범죄 사실 중 "양수정이가 동 1961년 3월 하순경 민족일보사의 편집국장으로 취임하였다"는 사실(이종률이가 후임 편집국장이 취임할 시까지 편집국장으로 재직하였다는 반증),

(ㄴ-의1) 원심이 증거로 채택한 사법경찰관 작성의 이종률에 대한 피의

자 신문조서 중 "본인은 3월 하순경 편집국장을 사임하고 현재 취체역으로 있습니다"라는 진술 기재 부분(기록 제378정 이면). (ㄴ의2) 원심이 증거로 채택한 동인에 대한 검찰관 작성의 피의자 신문조서 중 "본인이 편집국장 자리에 있었던 것은 창간하는 2월 13일부터 3월 하순경 양수정이가 편집국장으로 올 때까지 1개월간이다"라는 취지의 진술 기재 부분(기록 제1485정 내지 1486정). (ㄴ의3) 동인이 공판정에서 "본인은 민족일보사에서 1회 봉급을 받은 사실이 있다"라고 진술한 사실(공판조서 제213정 5행 내지 7행).

(ㄷ) 원심이 인정한 이건호에 대한 판시 범죄 사실 중 이건호가 기고한 '반공을 빙자한 새로운 파쇼 테러분자들의 파괴적 책동을 엄계한다'라는 제목의 사설이 동년 2월 22일자 민족일보지상에 게재 보도되었다는 사실과 이건호의 공판정에서의 "본인은 논설 2편을 집필한 사실이 있는데 사장 조용수가 가필 삭제하므로 이종률을 만나서 민족일보사 논설에 대한 가필 삭제가 너무 심하여 집필로부터 손을 떼겠다고 말한 사실이 있다"라는 요지의 진술(공판조서 제310丁 7행 내지 同丁 末行). 차(此) 진술로써 이건호가 이종률에게 동지(同旨)의 말을 한 일시가 동년 2월 22일 이후이고 그 당시 이종률이가 편집국장의 지위에 있었음을 규지할 수 있음).

(ㄹ) 양수정, 조용수, 이건호 등의 이종률의 편집국장 재직 기간에 관한 경찰 및 검찰에서의 전 진술 취지를 종합하여 인정할 수 있다.

(나) 동인이 민족일보사 창설 이래 동년 5월 15일까지 동사의 취체역으로 시종 종사한 사실은 서상 거시 (가)의(ㄴ의1) 진술 기재 부분에 의거하여 증명된다.

(다) 무릇 사실 인정의 자료인 적법한 증거의 취사선택 및 평가와 그 증거에 의한 사실인정은 원심의 전권인 자유 심증에 속하는 것이나 그 자유 심증은 경험법칙과 논리법칙에 따라 보편타당성이 있어야 하므로 이에 입각하여 일건 기록과 판결문을 정사하면서 이종률이가 민족일보사의 편집국장으로 동년 2월 13일 창간호 발행 당일에만 종사하고 사임

하였다는 조용수, 이종률 양인의 공판정에서의 합치되는 진술에 관한 원심의 채증에 대하여,

검안(檢按)컨대 조용수는 사장으로서의 월권적인 사설, 논설의 가필 삭제 책임을 면하기 위하여는 가필 삭제 사실에 대한 입증을 불능케 하여야 하므로 이종률이가 창간호 발행일에만 편집국장으로 있었다고 허언을 농(弄)하는 것이 최 상책이고 이종률은 편집국장의 지위가 공소 사실 기재 주요 간부의 지위에 해당하니 죄책을 면하기 위하여는 동 지위에 있지 않았다고 허언을 희(戱)하는 것이 또한 최선책이므로 결국 양인의 일치하는 진술은 쌍방간 이로운 일이기 때문에 동 2인(공판정에서 증언하는)의 말을 옆에서 듣고 그와 부합하는 동지의 공술을 한 것으로 판단함이 경험 법칙에 합당한 것이고 서상 (가)의(ㄱ)내지 (ㄹ) 적시 사실과 모순, 저어되는 양인의 서상 공술이 경험 법칙에 의하여 능히 허언임을 간취할 수 있음에 불구하고 원심이 죄책을 감면하고자 온갖 허언을 희롱하는 피고인들이 동 공판정에서 듣고 고의로 진술을 합치시키는 비합리적인 신빙성이 없는 진술을 경험 법칙과 논리 법칙에 위반하여 만연히 맹신하고 서상 (가)의(ㄱ)내지 (ㄹ) 사실을 종합하여 인정되는 이종률의 1개월간 편집국장 재직 사실과 서상 (ㄴ)의 취체역으로 시종 재직한 사실을 아무런 이유 설시 없이 무조건 인정하지 않은 것은 명백히 채증 법칙을 위배한 중대한 사실의 오인이라고 아니할 수 없다.

(2) (주요 간부에 관한 법령해석 오류)

특수범죄처벌에 관한 특별법 제6조 소정의 특수 반국가 행위의 주체자를 정당 사회단체의 주요 간부의 지위에 있는 자라는 특정 신분의 대유를 요건으로 하는 신분범으로 규정한 이유는 단체 활동을 목적으로 하는 상명하종의 조직성과 많은 조성 인원으로 인하여 사회에 미치는 영향력이 큰 정당 사회단체의 주요 간부가 반국가 행위를 감행하면 그 단체 구성원과 사회에 미치는 악영향이 일반 개인의 경우와 판이하게 심대하므로 혁명과업 수행에 있어서 암적 존재인 그들의 엄단이 필요 불가결하

여서 이다. 따라서 주요 간부의 지위에 있는 자, 즉 주요 간부의 해석에 있어서는 서상의 입법 취지에 비추어 정당 사회단체(이하 단체라고 약칭)의 운영과 의사결정에 중대한 영향력을 미치는 자, 즉 지도적 간부를 지칭하는 것으로 보아야 하고 그 지도적 간부의 인정은 해 단체의 성격을 고려하여 해 단체에서의 형식상 직명을 기준으로 함이 타당하다. 왜냐하면 아국(我國)의 기존 현존의 통상 사회단체에 있어서 형식상의 직명이 그 단체를 영도하는 지위와 단체의 운영 및 의사결정에 주는 영향력의 비중도를 정당히 현시(顯示)하고 있으며 그 단체의 지도적 간부가 형식상의 중요 직위를 점하는 것이 통상적인 현상이기 때문이다. 그러므로 단체에서의 지도적 간부의 인정 기준을 형식상의 상급 직위로 함이 원칙이지만 용공 단체 중에는 공산분자들의 가장 수법에 따라서 서상의 지도적 간부에 속하는 자를 고의로 단체의 형식상의 하급 직위에 속하게 하고 배후에서 지도적 역할을 담당시키는 위장 전술을 농하는 실례가 불소하므로 그와 같은 경우에는 예외적으로 형식상의 지위가 하급일지라도 실질적인 지도적 간부로 인정함이 타당할 것이다.

그러나 그 예외적인 경우에도 신분범의 특수성에 입각하여 그 단체에서 형식상의 직명은 있어야 하며 형식상 아무런 직명이 없는 자가 지도적 간부와 공범관계 있을 때에는 형법상의 공범 규성으로 처단하는 수밖에 없다고 해석하지 않을 수 없다. 그런데 원심은 서상의 소론과 반대로 사회단체의 주요 간부는 '형식상의 직명에 관계없이 해 단체의 조직운영과 대내적 의사결정에 적극 참여하거나 중대한 영향력을 미치는 자'라고 문리 해석상 허용할 수 없는 정의를 내림으로써 본조(本條)의 주요 간부라는 개념을 공문(空文)화시켜서 자의로 일정한 원칙 없이 서상 상소 논지에 입각하여 민족일보사의 지도적 간부라고 인정해야 할 취체역 사장과 상임 감사역의 지위에 있는 조용수와 안신규에 대하여는 각각 주요 간부로 정히 인정하고 민족일보사의 어떠한 직위도 점한 바 없는 비주요 간부인 송지영에 대하여도 민족일보사의 주요 간부라고 인정하면서 주요 간부에 해당하는 취체역과 편집국장의 양 지위에 있었던 이종률에 대하여는 주요 간부가 아니라고 판시하였다. 여사한 결과는 신문사의 편집국장 지위가 신문 발간에 있어서 사설, 논설, 일반기사 등의 취사선택 및 기사의 분배, 배열 등 주요 업무를 담당하는 직위로서 신문 발간에 결정적인 중요 영향을 미치는 지위이고 신문사의 취체역이 사시를 결정하는 기관인 동시에 신문사의 업무를 감독하는 주요 지위이므로 그 중 어느 하나의 지위만 점하더라도 신문사인 사회단체의 주요 간부에 해당됨을 간과하였기 때문이다.

환언하면 민족일보사란 사회단체의 주요 간부 인정에 있어서는 상서(上叙)한 소론과 민족일보사의 특수성에 근기(根基)하여 상술한 원칙예(原則例) 외, 양 경우의 기준을 병행하여 적용시킴이 타당하므로 취체역 겸 편집국장 또는 취체역으로 있었던 이종률이가 주요 간부에 해당됨은 치의(置疑)되는 바 없음에도 불구하고 주요 간부가 아니라고 판시한 것은 원심이 상서 소론에 반하여 '주요 간부가 형식상의 직명과 무관하다'고 독단적으로 그릇 해석한 결과이므로 결국 원심은 주요 간부에 관한 법률 해석을 그르침으로써 주요 간부에 해당하는 이종률을 비주요 간부라고 하여 중대한 사실을 오인한 것이다.

(3) (공범에 관한 채증 법칙 위반)

이종률이가 동년 1월 하순경 아서원에서 개최된 민족일보사의 창설 모의에 참여한 사실은 원심이 이종률에 대한 무죄 이유에서 '동 피고인이 공소 사실과 여히 민족일보사 창설 모의체인 1961년 1월 하순의 아서원 회합에 참가한 사실은 상 피고인의 자공하는바'라고 설시함으로써 이를 인정하였으니 원심은 이종률의 동 회합 참여 사실을 조용수, 안신규, 송지영에 대한 판시 범행과 대비 관련시켜 보면 원심이 판결문에서 사용한 민족일보사 '창설 모의체'라는 용어 그대로 동 회합이 조용수 등에 대한 판시 범행을 목적으로 한 모의행위임을 간취 인정할 수 있었음에도 불구하고 여사한 합리적인 추리 판단을 아니하고 만연히 공모한 사실이 없다고 판시하였으니 원심 판결은 이종률이가 조용수와 동인의 전시 범행을 명백히 공모하였다는 증거가 충분한 사실을 채증 법칙 위배로 오인한 위법이 있다고 인정하지 않을 수 없다.

(4) 서상 (1) 내지 (3) 게기사유로 이종률이는 1961년 1월 하순경 민족일보사 창설 모의회합에서 조용수의 판시 범행을 공모하고 취체역 겸 편집국장으로서 1개월간 근무할 당시 민족일보를 편집, 발간함에 있어서 조용수에 대한 판시 사실 게기, 사설, 논설 등을 게재, 발간하고 편집국장을 사임한 이후로는 동사의 취체역으로 시종하고 편집국장과 취체역이 민족일보사라는 사회단체의 주요 간부에 해당됨이 소연하여 동인에 대한 제1 공소 사실의 증거는 충분하므로 의당 유죄판결을 해야됨에도 불구하고 서상한 바와 여히 채증 법칙을 위배하고 법령 해석을 그릇함으로써 공소 사실을 인정하지 아니하고 유죄 사실을 무죄 사실로 오인하였으니 차점에 있어서 원심 판결은 파기를 불면할 것이다.

제2점. 원심 판결은 이유 불비의 부당한 판결이다.

원심은 서상 제1점에서 언급된 바 있는 1961년 1월 하순경의 혁신계 대변지 발간기관인 민족일보사의 창설에 관한 조용수, 안신규, 송지영, 이종률 등의 회합에 대하여 조용수에 대한 판시 사실에서는 '민족일보사를 창설키로 합의를 보고'라고 '합의'로 인정하고, 송지영에 대한 판시 사실에서는 '민족일보의 간행을 모의하고'라 하여 '모의'로 인정하는 한편, 안신규에 대한 판시 사실에서는 '민족일보사의 창설에 관하여 구체적으로 합의를 본 후 ……'라고 다시 '합의'로 인정하고, 연(連)하여 이종률에 대한 무죄 이유에서는 '이종률이가 민족일보사 창설 모의체인 1961년 1월 하순의 아서원 회합에 참가한 사실' 운운으로 동 회합을 '모의체'로 판시하였던 바 이를 대비 분석하여 종합 고찰하면 원심이 조용수, 안신규, 송지영, 이종률 등의 동년 1월 하순의 아서원에서의 민족일보사 창설 회합을 판시 범행에 대한 공모로 인정한 것이 소연하다. 왜냐하면 원심은 안신규, 송지영에 대한 범죄 구성요건에 해당하는 사실

적시에 있어서 전시 민족일보사의 창설을 모의한 동일 사실 이외에 송지영에 대하여는 조용수에 대한 판시 범죄의 실행행위(민족일보의 발간, 배포 등)를 방조한 데 불과한 '민족일보사의 사옥, 공장을 알선하여 주고 편집국부국장으로 오소백 논설위원으로 이건호를 각 추천'한 사실만을 안신규에 대하여는 동 실행행위와 직접적으로 무관한 '민족일보사의 상임감사역으로 취임한 전후 2차에 긍하여 일본에 있는 이영근에게 동 신문사의 운영 사항을 보고'한 사실만을 각 첨기하였을 뿐이고 동 실행행위를 분담하였다는 구체적 사실은 일언반구 적시 언급하지 아니하고서도 동인 등을 조용수와 공동 정범으로 인정하여 동일한 사형에 처하였기 때문이다. 일건 기록과 증거를 종합하여 보면 조용수의 판시 민족일보 발간, 배포를 통한 북괴 활동의 동조 범행행위는 동 민족일보사의 사시의 반영에 불과하고 민족일보사의 지향할 바 기본 정책인 혁신정당을 종합하는 동시에 범혁신계열의 대변지로서 북괴의 주장과 동일한 남북 평화통일과 남북협상 등을 일관 주장한다는 동사의 사시는 기(旣)히 서상한 민족일보사 창설 모의체에서 모의 결정된 것이 소연하므로 동 모의에 참여한 송지영, 안신규가 공모, 공동 정범에 해당됨은 당연하다.

따라서 원심이 이종률에 대한 무죄 이유에서 판시한 바와 여히 이종률이가 민족일보사의 편집국장으로 단 1일 종사하는 당일자 발행 창간호에 조용수에 대한 판시 사실 적기 19개 논설, 사설 등만이 게재, 발간되었고 이종률이가 민족일보사의 주요 간부라는 신분이 없는 자라고 가정하더라도 서상한 모의 회합에 참여한 것으로서 안신규, 송지영이가 조용수와의 공모, 공동 정범으로서 처단받았으니 동일한 모의에 참여한 피고인만이 공모, 공동 정범으로서의 형사 책임을 면할 수는 없다할 것이다. 그런데 원심은 공범인 조용수, 안신규, 송지영, 이종률에 대한 판시 범행의 공모를 모의라는 용어로 인정하고서 전(前) 설시와 여히 안신규, 송지영은 공동 정범으로 인정된다고 이유를 설시하고 이종률에 대해서는 공동 정범으로 인정할 수 없다고 모순되는 이유를 설시하는 동시에 이종률에 대하여 조용수에 대한 판시 범행의 모의에 참가한 사실을 인정하였음에도 불구하고 공모한 사실이 없다고 상호 저어되는 이유를 설시하였으니 동 판결이 채증 법칙 위배로 인한 사실의 오인이 아니면 동 판결의 이유가 상호 모순되는 부당한 판결이라고 아니할 수 없으므로 차점에 있어서도 이종률에 대한 원심 판결은 파기를 불면할 것이다.

2. 공소 사실 제2에 대한 원심판결은

제3점. 채증 법칙의 위배로 중대한 사실을 오인하여 판결에 영향을 미친 위법 판결이다.

원심은 이종률이가 민족자주통일 협의회 통일방안 심의위원회의 주요 간부인 정치분과위원이라는 증거가 없다는 이유로 무죄를 선고하였는 바,

(1) 민족자주통일방안 심의회(이하 민자통심의회라고 약칭) 위원과 정치분과위원회의 위원 성격을 일건 기록에 대조하여 안컨대 남북 평화통일을 표방하고 범국민 운동체로써 발족한 민족자주통일 협의회에는 집행부와 이에 대응한 심의회가 있고 동 심의회는 정치, 경제, 사회, 문화의 4개 분과위원회로 구성되어 있는 바 동 정치분과위원회는 통일방안에 대한 연구결과를 동 심의회에 제안하고 동 심의회에서는 차를 심의 결정하여 전시 집행부로 하여금 하부조직 구성에 차를 시달케 하며 선전, 계몽을 진개시켜 범국민운동을 추진토록 조직되어 있으므로 전시 정치분과위원회와 심의회는 민자통의 성격과 조직체계상 민족자주통일 협의회의 중추적 핵심 상급기관에 해당되는 것이니 동 정치분과위원회의 위원과 심의회의 위원이 민족자주통일 협의회의 주요 간부임은 의심할 여지가 없다.

(2) 이종률이가 민자통 심의회의 정치분과위원 또는 그 상급에 속하는 심의위원이었다는 사실은,

(가) 이종률에 대한 검찰관 작성 피의자 신문조서 중 "본인은 1961년 3월 초순경부터 동 심의회 정치분과위원으로서 심의회에서 오지리 통일방안 진상을 강의하였고", "2차 회합 시에는 동 정치분과위원회에서 조윤제, 박내원, 박도광, 박진 등 10여명과 회합하여 외세 의존을 반대하

고 민족의 자주적 입장에서 민주적 평화통일방안을 논의한 사실이 있었다"라는 취지의 진술 부분(기록 제1465정 내지 1501정).

(나) 이종률에 대한 사법경찰관 작성 피의자 신문조서 중 "본인은 1961년 3월 초순경 시내 을지로 2가 소재 민자통 협의회에 관여함으로써 그 협의회의 통일방안 심의위원의 한 사람이올시다"라는 진술 기재 부분(기록 제379정 이면).

(다) 증인 박진에 대한 공판조서 중 "정치분과위원회는 심의위원들이 연구하는 기관으로서 연구한 것을 심의회에 내놓아서 가부를 맺는 것인데 이종률이가 통일방안 심의위원으로 있었다"라는 지의 진술 기재 부분(공판조서 436정 내지 437정) 등을 종합하면 그 증거가 충분하여 증명된다 할 것이다.

(3) 그런데 원심은 서상의 명백한 증거로 이종률이가 공소 사실 기재와 여히 민자통의 정치분과위원 내지 심의회의 위원임을 인정함에도 불구하고 서상한 경험법칙에 위반하여 만연히 동 증거의 채택을 배척한 채증 법칙 위반으로 동 위원이 아니라고 중대한 사실을 오인함으로써 무죄를 선고하였으니 도저히 파기를 불면할 것이다. 이상 각 사유에 의하여 피고인에 대한 원심 판결의 파기 시정을 구하는 바입니다, 라고 말함에 있고,

피고인 이종률의 사건공술서

1. 민족일보사 관계

상 피고인 민족일보 조용수 사장이 금년 1월 저에게 민족적인 일간지를 발간한다 하기에 저는 심허(心許)하고 그 사의 편집국장에 취임케 되었던 것입니다. 그러나 창간 준비과정부터 조 사장의 본의는 여하튼 신문이 혁신계 방향으로 기울어지게 됨을 느끼게 되고 그래서 저는 창간호 발행 익일인 2월 13일 퇴사하겠다고 조 사장께 말했습니다. 조 사장도 크게 만류하는 일없이 동의한 다음 후임 구할 때까지 또는 상법상의 퇴사 절차를 밟을 때까지 명의를 그대로 두어달라고 말했습니다. 그리하여 금년 2월 12일부터 3월 14일까지 약 1개월간 동 지(同紙) 소요(所要)의 난에 편집국장의 명의를 그대로 두어 왔던 것입니다. 편집국장의 발령과 동시에 취체역의 발령도 있었으나 거부하는 저의 말에 조 사장은 나이 많은 이에게 그냥 편집국장 발령만 할 수가 없어서 대접으로 취체역의 이름을 주게 된 것뿐이라고 대답했으며 이 취체역의 명의도 편집국장의 사임과 동시에 사면했던 것입니다. 취체역으로서는 1차의 회의에 참석한 일도 없고 1건의 임무에 상의 받은 일도 없습니다. 또 편집국장으로서 이름을 1개월이나 걸어 두었다는 사실은 그때도 원하는 바가 아니었고 지금도 쾌(快)치 않게 여기는 바입니다마는 만일 명의라도 걸어 두었으니 그 정도의 책임이라도 져야 한다고 책하신다면 황송을 불구하고 저는 삼가 대답할 수 있습니다. 일보를 양보하여 그렇다손 치더라도 존량(尊諒)하시다시피 현재 사건으로서 문제되고 있는 해지(該紙)의 사설, 논설 등은 직무 분담에 있어서 주필의 담당에 속하는 일이옵고 편집국장의 소관사는 아니올시다. 그리고 저는 금년 1월 하순 아직 편집국장 발령을 받기 전 집필인의 하나로서 조 사장의 초청을 받고 요정 아서원에 나간 일이 있습니다. 그 자리엔 혁신계 인사로 알려진 서상일, 이동화, 기타 제씨도 나와 있었고 혁신계가 아닌 고대 이건호 교수 등도 나와 있었습니다. 이 교수는 일반적인 민족적인 신문이라야 한다고 말하고 중도

퇴장을 했으며 저도 그 말을 이어 민족적 신문이라야 한다고 의견을 피력한 뒤 그날 저녁은 더 구체적인 이야기의 진보를 본 일 없이 산회되고 그 뒤는 그 혁신계 인사들과 한번도 회동의 자리를 가진 적이 없습니다.

2. 민족자주통일 협의회 관계

민족자주통일 협의회(민자통이라는 것)는 작년 초동(初冬) 천도교를 중심한 민족주의자들이 민족통일의 방안을 협의하기 위하여 발기한 것이라는 것을 알게 되었으며 알게 된 그 당시의 저는 해회(該會)의 발기가 좋게 발전되었으면 우리 민족적인 국토통일에 유조함도 있을 것으로 생각하고 가능만 하다면 그 회의 발전을 위하여 협력도 하고 싶었습니다. 그러나 비용이 없는 등 조건으로 그 발기를 위한 활동이 동면 상태에 들어갔다가 금년 1월경에 와서 대구에 있는 방직공장을 하는 사람이 돈을 내어 다시 회의 발기를 위한 활동을 전개한다는 것을 알게 되었습니다. 그 즉시는 다행한 일이라고 생각했습니다마는 정식 입회 권고 차 저에게 찾아온 그 회 간부로부터 그 발기회엔 혁신계 인사들도 가입되어 있다는 것을 알게 되고 못마땅하게 생각한 나머지 그 사유를 물으니 "정부각료, 국회의원, 민주당, 혁신계, 한독당 등에 모두 협의해 보자고 통첩을 내었더니 다른 데서는 오지 않고 혁신계만 와서 되다보니 그렇게 되었다"라고 그 역시 못마땅한 표정으로 대답했습니다. 저는 그 혁신계의 가담이란 아무래도 마음에 맞지 아니해서 거기서 입회를 거부했습니다. 그 뒤 3월 중순경 동 민자통협의회 통일방안 심의위원으로서 동 회의에 나와 달라는 통지를 양차나 받았으나 저는 불응했습니다. 그러던 중 한번 신문지상(3월 하순경 일자 미상 민국일보와 기타)에 발표된 '구태의연한 북한 괴뢰의 통일방안을 민자통이 비난'이라는 의미의 기사를 보고 민자통도 민족 승리의 국토통일을 위하여 고심하는 것으로 느껴졌습니다. 그때 민자통에서 통일방안 심의위원은 인수하지 아니해도 좋으니 그 심의회에 한번 나와서 오지리의 중립 방법에 의한 독립의 경과담을 말해 달라고 했습니다. 미군과 기타 외국군을 먼저 철퇴시키고 그리고 남북선거에 의한 통일을 이룩하자는 그 반민족적인 '선철군 후통일'이 아니라 그것과는 반대로 '선통일 후철군'을 하자고 주장한 그 올바른 방향의 생각에 협력을 해야 되겠다는 그 때의 마음으로 저는 선통일 후철군이었던 오지리 독립 경과담을 말해 주기로 쾌락하고 한번 나가 보았더니 그 때는 인원이 너무 적어서 유회되고 그 다음에 다시 한번 니기서 약한 시간에 걸친 강좌로써 오지리 독립의 경과를 이야기하고 끝으로 선철군 후통일이란 불가한 것이며 오지리는 선철군 후통일이 아니라 이렇게 선통일 후철군의 과정을 지켰으며 오늘 서방측 국가의 하나로서 UN과 기타에서 미영 제국과 협력하고 있다는 것을 우리는 참고해야 한다고 말한 일이 있습니다. 그리고는 저는 그 민자통 협의회에 발을 끊고 말았습니다.

3. 부백

혁검 일심의 기소문에는 제가 하나의 혁신계의 사람인 것같이 되어 있었으나 공판 과정에서 그것은 해명되었다고 소신됩니다. 일심 공판정에서도 저의 원통함을 풀기 위하여 밝힌 바 있습니다마는 저는 첫째, 학문적인 소신으로써 사회주의 운운하는 혁신계에 대하여 공명하지 않습니다. 왜냐하면 후진성 우리 지역에 있어서는 사유재산제적 자본의 민주, 민족적 생기와 육성과 그 윤택화가 요구되는 것이요 자본의 수정 또는 그것의 사회주의에로의 전화 운운은 근본적으로 문제가 되지 않기 때문입니다. 그리고 또 혁신계의 사람이라고 하자면 학문적 소신도 소신이려니와 행동에 있어서 8·15이후 공산당, 남로당 또는 그 산하 단체에 가담한 일이 있거나 6·25때 부역행위를 한 일이 있거나 진보당 또는 4·19 이후의 혁신계 정당에 가담한 일이 있거나 요사이의 문제가 되고 있는 그 소위 한미 경제협정반대 또는 2대법 반대 등의 행위를 한 일이 있거나 그러한 사람이라야 할 줄 압니다. 그러나 저는 이러한 행위에는 그 어느 것에도 가담한 일이 없으며 동시에 혁신계 운운 사실과 틀리는 일입니다. 이러한 각종 사실들이 공소 이후 공판 과정에서 밝혀졌기 때문에 그 검찰관님들은 해 특별법 제6조 위반의 최저 형량인 10년에서도 반감인 징역 5년을 구형했고 재판관님들은 무죄를 언도하게 된 것이라고 믿어집니다. 2심에서도 현찰하시고 또는 일보를 양보하여 본의야 여하튼간에 결과적인 영향에 있어서 죄 될 구석이 없지 않다손 치더라도 병중의 몸이며 또 병쾌(病快)하면 군사혁명 성업에 미소하게나마 유조함이 있게 될 민족주의 학도의 하나인 저를 선(善)히 하찰해 주시옵기 삼가 앙망하나이다, 라고 함에 있고,

검찰관 상소에 대한 피고인 이종률의 변호인 변호사 장후영(張厚永)의 답변 요지

1. 제1점에 대하여

(1) 대저 형사적 책임을 묻는 데 있어서는 실제상의 범법 행위 자체가 대상이 되는 것이지 공부(公簿)상이거나 형식상의 기록만 가지고서는 아직 대상이 되지 않는 것임. 검찰관이 지적하는 바 피고인 이종률이가 민족일보의 편집국장으로 또는 동사 취체역으로 1개월간 또는 3개월만 재직하였다고 주장하나 그것은 단지 공부상의 기재를 취소하는 데 있어서 동사 간부들이 주의가 소홀하였다든지 또는 그 절차를 밟는 데 시일이 걸렸다든지 등의 사실은 원심 공판 조서로써 뚜렷한 바 있고 실제에 있어서는 창간호가 발행됨을 보자 그 신문의 불순성을 각지(覺知)하고 그날로 동 편집국장을 사임하고 동 형식상의 취체역 직의 사임을 통고하는 동시에 동인 인감까지 예치하였다는 사실은 일건 기록을 통하여 명백한 바임. 실제로 동 피고인이 1개월간 근무하고 그달치 월급을 지불받았던 것은 아니었음. 즉 이 피고가 동 신문사에 취직하려고 결정하였을 때 벌써 동 사장 조용수 피고로부터 차용하였던 금액이 이 피고가 퇴사함과 동시에 봉급이란 명목으로 장부상 결재되어 있을 뿐인 것임. 무릇 민사법상의 책임은 공부상 등재만으로도 책임을 부하하는 경우가 있으나 형사법상 책임은 실제행위가 있어야 하므로 이 피고가 동 신문 창간호와 더불어 실제상 퇴사한 이상 그 이후의 동 신문행위에 기인된 형사법상 책임을 이 피고에게 귀책 시킬 법리는 있을 수 없음.

(2) 뒤에서 설시할 바와 같이 형사법상 책임을 추구하는 데 있어서는 형식상의 명목이 그의 대상이 아니라 '실제로 그는 무엇을 하였는가'가 문제인 것임. 본건에 있어서 원 판결이 '사회단체의 주요 간부라고 함은 형식상의 직명에 관계없이 해 단체의 조직운영과 대내적 의사결정에 적극 참여하거나 중대한 영향력을 미치는 자'라고 규정하여 형사법상 책임을 추구하는 원리원칙을 구비화 시켜 자못 타당한 견해인 바 검찰관은

형식론을 가지고 이를 논란하고 있으나 형사 피고 사건의 상고 이유로서는 도저히 타당치 못함.

(3) 일건 기록 특히 원심 공판 조서를 심사하면 이 피고는 1961년 1월 하순경 본건 소위 아서원 회합에 참석한 일은 있으나 회담이 시작되자 이건호 피고가 간단한 발언을 하고 퇴석하고 다음 얼마 안 있다 이종률 피고가 퇴석한 사실은 명백한 바 검찰관은 참석 즉 합의 또는 모의라는 속단을 또 형식론적으로 주장하고 있음. 참석한 사람 중에는 조용수, 송지영, 안신규 등 주요 간부와 합심된 사람도 있을 것이요 또는 이에 반대하는 사람도 있을 것이요 또 혹은 회담이 됨에 따라 그 논의를 피하고 싶어서 퇴석하는 사람도 있을 것임. 그렇다면 이종률 피고의 진술을 빌리지 않더라도 상기 퇴석이라는 외형 사실만 가지고서는 동 피고의 행위는 상기 최종의 범주 즉 그들과 더불어 회담을 원치 않고 개회하자 얼마 안 되어 퇴석했다고 보는 것이 경험법칙에 비추어서도 타당한 견해임. 그럼에도 불구하고 검찰관은 참석 즉 모의라고 속단함으로써 이유 없는 비난을 가하고 있음.

2. 제2점에 대하여

검찰관은 이어서 상기 아서원 회동에 조용수, 송지영, 안신규 및 이종률 각 피고가 모였었는데 상기 3피고에게만 모의를 인정하고 이 피고에게만 모의를 인정치 않은 것을 비난하고 있으나 차는 도저히 타당치 않은 비난임. 왜냐하면 상기 회동에는 상기 4피고 외에도 십여 명의 인사가 있었음. 그러면 검찰관은 상기 전 인원을 모의자라고 하여 기소하였어야 마땅할 것임. 그러나 검찰관 역시 상기 회동자 중에서 전시 주요 간부와 합의를 보았다고 인정하는 자만을 기소한 것인 바 원 판결은 이종률 피고는 상 회동에 참석한 사실은 인정하나 상 모의에 합의하였다고 단정할 만한 증거가 없으므로 모의 사실을 인정치 못한 것임. 이 점 역시 형식론을 가지고 실제를 규율하자는 그릇된 주장임.

3. 제3점에 대하여

일건 기록 특히 공판 조서를 심사하건대 이종률 피고가 소위 민족자주통일협의회 정치분과위원회의 초청으로 1·2차 참석한 일이 있는 사실. 또 회동에서 오지리 중립화에 관한 강의를 한 사실을 인정할 수 있음. 그러나 이 피고가 소위 민자통에서 '해 단체의 조직운영과 대내적 의사결정에 적극 참여하였거나 또는 중대한 영향력을 미칠 수 있는 자'라고 단정할 만한 증거는 하나도 없음. 검찰관은 위에서와 같이 본건에 있어서 사회단체의 주요 간부란 개념을 오해함으로써 생긴 비난에 불과한 것이라고 함에 있다.

상소이유 제1점 및 동상 이유 제2점에 대하여

심안컨대 원심은 본건 공소 사실은 1961년 1월 중순경 피고인 이종률이 서울특별시 중구 을지로 1가 아서원에서 상 피고인 조용수, 송지영, 안신규, 이건호 및 윤길중, 이동화, 서상일, 최근우, 조동필, 고정훈 등과 합동하여 전시 제2 사실과 같이 반국가적 활동을 계속하던 중 동년 1월 23일부터 동년 3월 14일까지 간에 민족일보 편집국장으로 매일 35,000부 가량의 신문을 발간하여 판시 제1 사실과 같은 논설, 사설, 논단, 기사 등을 게재하였다고 하나 피고인 이종률은 주요 간부가 아니며 동 피고인이 공소 사실과 여히 민족일보사 창설 모의체인 아서원 회합은 자공하는 바이나 피고인 조용수의 증언에 의하면 피고인은 민족일보의 창간호만 편집하고 사임하였던 사실을 인정할 수 있고 이에 의하면 동 피고인은 상 모의체로부터 탈퇴한 것이므로 판시 공모에 가담하였다고 볼 수 없다고 하여 무죄를 언도하였으나 피고인 이종률에 대한 사법경찰관 작성의 피의자 신문조서, 검찰관의 동 피고에 대한 피의자 신문조서 중 "본인은 민족일보 창간 시인 2월 13일부터 3월 하순경 양수정이 편집국장으로 올 때까지 약 40일간 편집국장으로 있었으며 취체역 직은 민족일보사 설립시인 1월 25일부터 현재까지 재직하고 있다"는 진술 부분과 피고인의 원심 공판정에서의 1개월분 봉급을 받았다는 지의 진술. 상 피고인 조용수, 양수정, 이건호 등에 대한 각 피의자 신문조서 중 전시 피고인의 진술과 부합하는 진술 기재 부분 등 피고인이 민족일보사 편집국장으로 3월 하순까지 동사 취체역으로는 계속 재직하였음을 충분히 인정할 수 있는 증거가 있음에도 불구하고 원심은 상 피고인 조용수의 공판정에서의 "편집국장 이종률은 창간호만 내고 동직을 사임하였다"는 진술만으로 피고인의 전 공소 사실에 대한 범죄의 증명이 없다고 하여 무죄를 언도하고 전시 증거는 하등의 설시도 없이 배척하였음은 경험법칙과 채증 법칙을 위배하고 사실을 오인한 위법이 있고 이는 판결 결과에 영향이 있으니 논지는 이유 있고 다음 원심은 판결이유에서 피고인

이 본건 범죄 모의체인 아서원 회합에서 회합하였음을 모의라고 인정을 하고 피고인이 편집국장을 사임하였다 하여 동 모의체로부터 탈퇴하였다고 설시하였으나 편집국장을 사임하였다는 사실만으로는 모의체를 탈퇴하였다고 할 수 없으며 설령 모의체를 탈퇴하였다 하더라도 특단의 이유가 없는 한 공모자의 실행 행위에 대한 죄책을 면할 수 없음에 불구하고 서상과 여히 판단하였음은 공동 정범의 법리를 도외시한 이유모순이 있고 이 역시 판결에 영향이 있을 것이므로 논지는 이유 있고 피고인 및 동 변호인의 답변은 이유 없으니 원 판결은 파기를 면치 못할 것이다.

동상 이유 제3점에 대하여

심안컨대 기록에 의하면 피고인 이종률이 민족자주통일 협의회 통일방안 심의회 정치분과위원으로 재임하였던 듯한 피고인 및 증인 박진의 진술과 전시 심의회에서 오지리 통일방안 강의를 하였다는 사실을 제외하고는 피고인의 공소 사실을 인정할 증거가 없으며 가사(假使) 소론과 여히 피고인이 전시 단체의 정치분과위원으로 재임하였던 것이 인정된다 하더라도 서상 강의를 하였다는 것만으로써는 피고인의 범행을 단정할 수 없으므로 소론은 원심의 전권 사항을 비난함에 불과한 것이니 논지는 이유 없고 피고인 동 변호인의 답변은 이유 있다 할 것이다.

〔8〕 1. 피고인 양수정에 대한 변호인 변호사 태윤기의 상소이유 제1점

원심 판결이 특수범죄처벌에 관한 특별법 제6조의 정당 사회단체의 해석에 있어서 사회단체라 함은 사회적 활동을 목적으로 하는 모든 인적 조직체를 의미한다는 광의의 견해를 취하는 것이 입법 취지에 적합하다 하였고 민족일보사 역시 광의의 사회단체이므로 동법 제6조의 사회단체에 해당한다고 판단한 바,

(1) 근세 인류의 문명은 인간의 존엄성에서부터 출발하였고 형법상의 사조는 죄형천단주의로부터 죄형법정주의로 이행하여 왔음은 타언을 요

하지 않는 바로써 세계인권공동선언 제11조 제2항, 대한민국 헌법 제9조의 명문의 규정이 그것입니다. 따라서 형법 각조의 해석에 있어서는 확장 해석이나 유추 해석을 못함은 상식화된 것으로써 해석에 의의가 있을 경우에는 피고인에게 유리한 방향으로 해석함이 민주주의 국가에 있어서의 대 철칙인 것입니다. (공산소련형법 제16조에는 '만약 사회적으로 유해한 행위로써 이 법전의 규정이 없는 경우에는 그 행위는 그와 가장 유사한 범죄와 동일 근거에 의하여 동일한 정도의 형사책임을 생(生)하는 것으로서 처벌되는 것이다')고 규정함으로써 죄형천단주의에 일보 가담하였고 비민주국가임을 알 수 있습니다. (데닝그 著 '법과 자유' 참조). 그럼에도 불구하고 원심판결이 막연히 이렇다 할 근거 없이 자의로 동법 제6조의 사회단체의 해석을 광의로 하는 것이 입법 취지라고 판시하였음은 일종의 입법행위일망정 법해석으로서는 헌법 제9조의 죄형법정주의에 저촉됨으로써 혁명재판소 및 혁명검찰부 조직법 제9조 제1항의 '헌법에 위반하였을 때'에 해당한다고 사료됩니다.

(2) 뿐만 아니라 대한민국은 비록 UN에 가맹한 국가는 아닐지라도 UN이 승인한 국가이므로 UN 헌장을 준수하여야 함은 타언을 요치 않는 바로써 헌법 제7조에 '비준 공포된 국제조약과 일반적으로 승인된 국제법규는 국내법과 동일한 효력을 가진다'고 규정되어 있으므로 전술한 바 세계인권공동선언 제11조 제2항 '누구든지 행위 시에 국내법이나 국제법에 의하여 형사상 범죄를 구성하지 않는 행위 또는 부작위로 인하여 형사범죄에 관하여 유죄를 판결 받는 일은 없다. 또한 행위의 당시 적용할 수 있는 형벌보다 중한 형벌을 과할 수 없다'고 규정된 명문은 국내법과 동등한 효력을 가지고 있다고 논하지 않을 수가 없습니다. 따라서 피고인에 대한 판시 사실은 행위 시에는 허용된 범위내의 사실로서 형사범죄로써 유죄로 판결할 수 없을뿐더러 행위시에 적용된 형벌보다 중한 형벌을 과할 수 없다는 문제에 봉착하게 됩니다. 그러므로 이 점을 간과한 원심 판결은 헌법 제7조에 저촉됨으로써 혁명재판소 및 혁명검찰부 조직법 제9조 제1항 '헌법에 위반한 때'에 해당할 뿐더러 세계인권공동선

언 나아가서 UN 헌장에 위배되는 판단이라고 사료됩니다. (田畑茂二郎 著 '세계인권선언' 참조). (독재전범재판에 있어서 국제형법의 죄형법정주의의 원칙에 반하여 소급적 효력을 가진 데 대하여 반대론이 있었으나 소급적 형법의 금지는 형법전의 범위 내에서만이 타당하나 형법이 판례법으로서 국제재판소에 의하여 적용될 때에는 차한에 부재한다는 죄형법정주의에 대한 예외적 해석을 한 사실이 있을 뿐입니다. (라드부루후 著 '법철학입문' 참조).

(3) 상술한 (1), (2) 에서 지적된 점은 혁명재판소 및 혁명검찰부 조직법 제9조 제1항에 해당할 뿐더러 민족일보사를 광의의 사회단체라고 해석함으로써 특수범죄처벌에 관한 특별법 제6조를 적용 처단하였으므로 동법 제9조 제2항 형사소송법 제383조 제7호 '법령의 적용에 착오 있어 판결에 영향을 미친 때'에 해당하는 것으로 사료됩니다, 라고 함에 있다.

심안컨대 상소이유 제1점은 피고인 안신규에 대한 변호인 변호사 태윤기, 강대형의 상소 이유 제1점과 동일하므로 따로이 판단하지 않고 그 판단을 인용하는 바이므로 상소논지는 이유 없다 할 것이다.

2. 동상 이유 제2점

피고인은 민족일보가 판시 제1 사실 기재내용과 여히 이북 괴뢰집단의 활동에 동조하고 있음을 충분히 지실하였다고 판단한 점인 바,

(1) 피고인이 북한 괴뢰집단과 내통하였다는 추측할 만한 증거조차 없음은 물론 민족일보가 동 집단의 활동에 동조하고 있음을 충분히 알고 있었다는 증거도 검찰관측의 전 증거로써 입증되어 있지 않을 뿐더러 피고인 기히 사시가 결정되어 출판 중에 있던 민족일보사에 불과 월여 편집국장의 직에 있었으나 사설, 논설은 전적으로 사장 책임 하에서(도하 일간지의 전부가 사설, 논설은 주필의 책임 하에서 운영되고 있음) 운영되었다는 사실이 조용수 증인과 피고인의 증언에서 명백히 되어 있으며,

(2) 민족일보에 게기된 (1)~(19)의 사설, 논설 등 판시 사실은 북한

괴뢰집단의 이익이 되기 위하여서 또는 그 활동을 고무, 동조하기 위한 것이 아니고 헌법이 보장하는 언론 출판의 자유 나아가서 비판의 자유인 국민의 기본권의 소행인 것으로 사료됩니다. 미합중국 수정헌법 제1조에는 언론 출판의 자유를 박탈하는 법률의 제정조차 금지하고 있으며 대한민국헌법 제13조 역시 언론 출판의 자유를 보장하고 있으므로 당시 정부가 허용한 판시 사실은 합헌적 정당행위에 속할망정 특수범죄처벌에 관한 특별법 제6조에 해당한다고 해석할 하등의 이유가 없는 것입니다.

(3) 미국 최고재판소의 판례에 의하면 폭동 또는 치안파괴를 선동하는 경우 외에 단순한 질서혼란의 가능성만으로써 소추하는 것은 불충분하다. 급박하고 현실의 질서파괴라는 명백한 사실 즉 '명백하고 현재의 위험'을 처벌하기 위한 성문법이 있는 경우에 한하여 유죄가 성립한다. (연방판례집 제296권 310葉)고 판시하였고 제2차 세계대전 시 간첩법 위반으로써 기소된 사건에 있어서 역시 '명백하고 현재의 위험'이 있는 경우에 한하여 처벌하였습니다. (뉴우만 著 '미국에 있어서의 기본적 인권' 참조). 따라서 원심 판시 사실이 하등 구체적인 증거나 명백하고도 현재의 위험이 없음에 불구하고 막연히 신문의 자유 범위 내에 속하는 사설, 논설을 지칭하여 북한 괴뢰집단의 활동에 동조하였다고 판정하고 또 동조하는 사실을 충분히 인식하고 있다고 판단한 원심 판결은 헌법 제13조에 저촉함으로써 혁명재판소 및 혁명검찰부조직법 제9조 제1항 '헌법의 해석에 착오가 있을 때'에 해당할 뿐더러 형사소송법 제383조 제15항 '중대한 사실의 오인이 있어 판결에 영향을 미칠 때'에 해당한다고 사료됩니다, 라고 함에 있고,

3. 상소이유 제3점

피고인이 상 피고인 조용수, 송지영, 안신규의 판시범행을 적극 방조하였다는 점인 바,

(1) 피고인은 일건 기록을 통하여 전술상 피고인 등과 이영근간의 관계 또는 민족일보와 자금관계 등 중요사항에 관하여 전연 부지(不知)였

으며 당시의 중역진이나 혁신정당의 대변지로서의 인식은 있었으나 상피고인 등의 판시 범행을 적극 방조하겠다는 인식은 없었습니다. 도리어 인민을 국민으로 주한 미 대사는 총독행사를 하지 말라는 구절을 내정간섭해서는 안된다는 구절로 수정하는 등 비협조적 내지 소극적 입장을 취한 편집 기술자였음이 입증되고 있습니다.

(2) 뿐만 아니라 종범은 정범의 행위를 방조한다는 인식이 있어야 함은 타언을 요하지 않는바 원심 판시 사실에 대하여 정범인 상 피고인 등의 행위가 위법성을 가진 범죄행위라는 인식 또는 정범의 행위를 용이하게 하기 위하여 방조한다는 인식도 피고인은 가진 바 없고 직업인으로서의 직장에 대한 인식밖에 가지지 않았음이 일건 기록을 통하여 명백합니다. 따라서 차를 간과한 원심 판결은 형사소송법 제383조 제15항 '중대한 사실의 오인이 있어 판결에 영향을 미칠 때'에 해당한다고 사료합니다, 라고 함에 있다.

심안컨대 상소이유 제2점과 동상 이유 제3점을 종합하면 결국 첫째, 민족일보 게재의 논설 , 사설 등은 헌법이 보장하는 언론 출판과 비판의 자유 범위에 속하는 국민기본권의 행사이며 현재의 위험이 없는 소위에 대하여 특수범죄처벌에 관한 특별법 제6조를 적용하여 처단함은 헌법 제13조에 저촉하는 헌법 해석에 착오가 있는 때에 해당한다 함에 있고 둘째는 원 판결은 피고인에 대한 판시 사실을 증거에 의하지 아니하고 인정한 위법이 있다 함에 있다.

연이나 첫째, 헌법 해석의 착오라는 점은 피고인 안신규에 대한 변호인 변호사 태윤기, 강대형의 상소이유 제2점에서 설시한 바와 동일하므로 이유 없다 할 것이고 다음 피고인에 대한 원 판결 거시의 증거를 기록에 의하여 정사컨대 피고인에 대한 원판결 전 판시 사실을 인정함에 충분한 바 소론은 원심이 조신(措信)치 아니하는 증거와 독자적 견해로써 원심의 전권 사항인 증거의 취사와 사실 인정을 비난함에 불과한 것이니 논지는 이유 없다 할 것이다.

4. 동상 이유 제4점

원심 판결의 무죄 부분에 대한 이유로써 이종률 등은 특수범죄처벌에 관한 특별법 제6조에서 말하는 사회단체의 주요 간부라는 신분관계에 있어서 형식상의 간부이기는 하나 실질적 대내적 의사결정에 적극 참여한 자 등이 아니며 상 피고인 조용수, 송지영, 안신규 등과 공모 공동정범이나 방조범으로 인정되는 경우가 아니므로 무죄를 언도한다고 판단한 바 피고인 역시 상소이유 제3점에서 주장한 바와 여히 주요 간부인 상 피고인 등과 공모 공동정범 관계에 있지 않았을 뿐더러 방조의 범의를 추단할 증거가 없음에 불구하고 특수범죄처벌에 관한 특별법 제6조에서 말하는 사회단체의 주요 간부라고 단정하고 무죄된 이종률 등과 상이한 유죄 판단을 하였음은 형사소송법 제383조 제12항 '판결에 이유를 붙이지 아니하거나 이유에 모순이 있을 때'에 해당한다고 사료됩니다, 라고 함에 있다.

심안컨대 상소이유 제4점은 요컨대 원심 판결은 피고인 양수정의 종범으로서의 범의를 증거 없이 인정하였다는 데 귀착하는 바 차(此)는 전시 상소이유 제2 동 제3점에서 설시한 바와 여하므로 논지는 이유 없다 할 것이다.

〔9〕 1. 피고인 이상두에 대한 변호인 변호사 태윤기의 상소이유 제1점

원심 판결이 특수범죄처벌에 관한 특별법 제6조의 정당 사회단체의 해석에 있어서 사회단체라 함은 사회적 활동을 목적으로 하는 모든 인적 조직체를 의미한다는 광의의 견해를 취하는 것이 입법 취지에 적합하다 하였고 민족일보 역시 광의의 사회단체이므로 동법 제6조의 사회단체에 해당한다고 판단한 바,

(1) 근세 인류의 문명은 인간의 존엄성에서부터 출발하였고 형법상의 사조는 죄형천단주의로부터 죄형법정주의로 이행하여 왔음은 타언을 요치 않는 바로써 세계인권공동선언 제11조 제2항, 대한민국 헌법 제9조의 명문의 규정이 그것입니다. 따라서 형법 각조의 해석에 있어서는 확

장 해석이나 유추 해석을 못함은 상식화된 것으로써 해석에 의의가 있을 경우에는 피고인에게 유리한 방면으로 해석함이 민주주의 국가에 있어서의 대 철칙인 것입니다. 공산 소련형법 제16조에는 '만약 사회적으로 유해한 행위로써 이 법전에 규정이 없는 경우에는 그 행위는 그와 가장 유사한 범죄와 동일 근거에 의하여 동일한 정도의 형사 책임을 생(生)하는 것으로서 처벌되는 것이다'고 규정함으로써 죄형천단주의에 일보 가담하였고 비민주국가임을 알 수 있습니다. (데닝그 著 '법과 자유' 참조). 그럼에도 불구하고 원심 판결이 막연히 이렇다 할 근거 없이 자의로 동법 제6조의 사회단체의 해석을 광의로 하는 것이 입법 취지라고 판시하였음은 일종의 입법행위일망정 법해석으로서는 헌법 제9조의 죄형법정주의에 저촉됨으로써 혁명재판소 및 혁명검찰부조직법 제9조 제1항의 '헌법에 위반하였을 때'에 해당한다고 사료됩니다.

(2) 뿐만 아니라 대한민국은 비록 UN에 가맹한 국가는 아닐지라도 UN이 승인한 국가이므로 UN 헌장을 준수하여야 함은 타언을 요치 않는 바로써 헌법 제7조에 '비준 공포된 국제조약과 일반적으로 승인된 국제법규는 국내법과 동일한 효력을 가진다'고 규정되어 있으므로 전술한 바 세계인권공동선언 제11조 제2항 '누구든지 행위 시에 국내법이나 국제법에 의하여 형사상 범죄를 구성하지 않던 행위 또는 부작위로 인하여 형사범죄에 관하여 유죄를 판결 받는 일은 없다. 또한 행위의 당시 적용할 수 있는 형벌보다 중한 형벌을 과할 수 없다'고 규정된 명문은 국내법과 동등한 효력을 가지고 있다고 논하지 않을 수가 없습니다. 따라서 피고인에 대한 판시 사실은 행위 시에는 허용된 범위내의 사실로서 형사범죄로써 유죄로 판결할 수 없을 뿐더러 행위 시에 적용된 형벌보다 중한 형벌을 과할 수 없다는 문제에 봉착하게 됩니다. 그러므로 이 점을 간과한 원심 판결은 헌법 제7조에 저촉됨으로써 혁명재판소 및 혁명검찰부조직법 제9조 제1항 '헌법에 위반한 때'에 해당할 뿐더러 세계인권공동선언 나아가서 UN 헌장에 위배되는 판단이라고 사료됩니다. (田畑茂二郎 著 '세계인권선언' 참조). (독재 전범 재판에 있어서 국제형법이 죄형법

정주의의 원칙에 반하여 소급적 효력을 가진 데 대하여 반대론이 있었으나 소급적 형법의 금지는 형법전의 범위 내에서만이 타당하나 형법이 판례법으로써 국제재판소에 의하여 적용될 때에는 차한에 부재하다는 죄형법정주의에 대한 예외적 해석을 한 사실이 있었을 뿐입니다. (라드부루후 著 '법철학입문' 참조).

(3) 상술한 (1), (2)에서 지적된 점은 혁명재판소 및 혁명검찰부 조직법 제9조 제1항에 해당할 뿐더러 민족일보사를 광의의 사회단체라고 해석함으로써 특수범죄처벌에 관한 특별법 제6조를 적용 처단하였음은 동법 제9조 제2항, 형사소송법 제382조 제7항 '법령의 적용에 착오가 있어 판결에 영향을 미칠 때'에 해당하는 것으로 사료됩니다, 라고 함에 있다.

심안컨대 상소이유 제1점은 피고인 안신규에 대한 변호인 변호사 태윤기, 강대형의 상소 이유 제1점과 동일하여 동 설시와 여히 판단하므로 논지는 이유 없다 할 것이다.

2. 동상 이유 제2점

피고인은 민족일보가 판시 제1 사실 기재 내용과 여히 이북 괴뢰집단의 활동에 동조하고 있음을 충분히 지실하였다고 판단한 점인 바,

(1) 피고인이 북한 괴뢰집단과 내통하였다는 추측할 만한 증거조차 없음은 물론 민족일보가 동 집단의 활동에 동조하고 있음을 충분히 알고 있었다는 증거도 검찰관측의 전 증거로써 입증되어 있지 않을 뿐더러 피고인은 기히 사시가 결정되어 출판 중에 있는 민족일보사에 3월 초순경 소외 서상일씨의 추천으로 입사 불과 2개월 여 상임 논설위원의 직에 있었으나 사설, 논설의 게재여부는 전적으로 사장인 조용수 피고인에게 결정권이 있었고 더구나 자의로 가필할 수 있었음이 조용수 피고인의 증언에도 명백히 되었으며('사창은 빈곤의 부산물이다'라는 사설 역시 조 사장이 말미 부분을 가필하였음을 증언하였음),

(2) 민족일보에 게기된 (1)~(19)의 사설, 논설 등 판시 사실은 북한

괴뢰집단의 이익이 되기 위하여서 또는 그 활동을 고무, 동조하기 위한 것이 아니고 헌법이 보장하는 언론 출판의 자유 나아가서 비판의 자유인 국민의 기본권의 소행인 것으로 사료됩니다. 미합중국 수정헌법 제1조에는 언론 출판의 자유를 박탈하는 법률의 제정조차 금지하며 대한민국 헌법 제13조 역시 언론 출판의 자유를 보장하고 있으므로 당시 정부가 허용한 판시 사실은 합헌적 정당 행위에 속할망정 특수범죄처벌에 관한 특별법 제6조에 해당한다고 해석할 하등의 이유가 없는 것입니다.

(3) 미국 최고재판소의 판례에 의하면 폭동 또는 치안파괴를 선동하는 경우 외에 단순한 질서 혼란의 가능성만으로써 소추하는 것은 불충분하다. 급박하고 현실의 질서 파괴라는 명백한 사실 즉 '명백하고 현재의 위험'을 처벌하기 위한 성문법이 있는 경우에 한하여 유죄가 성립한다(연방판례집 제296권 310葉)고 판시하였고 제2차 대전 시 간첩법 위반으로써 기소된 사건에 있어서 역시 '명백하고 현재의 위험'이 있는 경우에 한하여 처벌하였습니다. (뉴우만 著 '미국에 있어서의 기본적 인권' 참조). 따라서 원심 판시 사실이 하등 구체적인 증거나 명백하고도 현재의 위험이 없음에 불구하고 막연히 신문의 자유 범위 내에 속하는 사설, 논설을 지칭하여 북한 괴뢰집단의 활동에 동조하였다고 판정하고 또 동조하는 사실을 충분히 인식하고 있다고 판단한 원심 판결은 헌법 제13조에 저촉함으로써 혁명재판소 및 혁명검찰부조직법 제9조 제1항 '헌법의 해석에 착오가 있을 때'에 해당할 뿐더러 형사소송법 제383조 제15항 '중대한 사실의 오인이 있어 판결에 영향을 미칠 때'에 해당한다고 사료됩니다, 라고 함에 있고,

3. 동상 이유 제3점

피고인이 상 피고인 조용수, 송지영, 안신규의 판시 범행을 적극 방조하였다는 점인 바,

(1) 피고인은 일건 기록을 통하여 전술 상 피고인 등과 이영근간의 관계 또는 민족일보와 자금 관계 등 중요 사항에 관하여 전연 부지(不知)

였으며 사장인 조용수 피고인이 조경규 전 국회부의장의 친척이며 교포 북송 반대에 가담한 일본 회목현 거류민단 부단장이라는 정도의 인식밖에 없음에도 불구하고 상 피고인 등의 판시 범행을 적극 방조하였다고 판단하였음은 채증 상 의심스러운 것은 피고인의 이익에 속한다는 원칙에 배치하며,

(2) 뿐만 아니라 종범은 정범의 행위를 방조한다는 인식이 있어야 함은 타언을 요하지 않는 바 원심 판시 사실에 대하여 정범인 상 피고인 등의 행위가 위법성을 가진 범죄행위라는 인식 또는 정범의 행위를 용이하게 하기 위하여 방조한다는 인식도 피고인은 가진 바 없고 직업인으로서의 직장에 대한 인식밖에 가지지 않았었음이 일건 기록을 통하여 명백합니다. 따라서 차를 간과한 원심 판결은 형사소송법 제383조 제15항 '중대한 사실의 오인이 있어 판결에 영향을 미칠 때'에 해당한다고 사료합니다, 라고 함에 있다.

심안컨대 상소이유 제2점과 동상 이유 제3점을 종합하면 결국 첫째, 민족일보 게재의 논설, 사설 등은 헌법이 보장하는 언론 출판과 비판의 자유 범위에 속하는 국민기본권의 행사이며 현재의 위험이 없는 소위에 대하여 특수범죄처벌에 관한 특별법 제6조를 적용하여 처단함은 헌법 제13조에 저촉하는 '헌법 해석에 착오가 있을 때'에 해당한다 함에 있고 둘째는 원 판결은 피고인에 대한 판시 사실을 증거에 의하지 아니하고 인정한 위법이 있다 함에 있다.

연이나 첫째, 헌법 해석에 착오가 있다는 점은 피고인 안신규에 대한 변호인 변호사 태윤기, 강대형의 상소이유 제2점에서 설시한 바와 동일하므로 이유 없다 할 것이고 다음 피고인에 대한 원 판결 거시의 증거를 기록에 의하여 정사컨대 피고인에 대한 원 판결 전 판시 사실을 인정하기에 족한 바 소론은 원심에서 조신(措信)치 아니하는 증거와 사실 인정에 소장이 없는 사항을 들어 원심의 전권 사항인 증거의 취사와 사실 인정을 비난함에 불과한 것이니 논지는 이유 없다 할 것이다.

4. 동상 이유 제4점

원심 판결의 무죄 부분에 대한 이유로써 이종률 등은 특수범죄처벌에 관한 특별법 제6조에서 말하는 사회단체의 주요 간부라는 신분 관계에 있어서 형식상의 간부이기는 하나 실질적 대내적 의사결정에 적극 참여한 자 등이 아니며 상 피고인 조용수, 송지영, 안신규 등과 공모 공동정범이나 방조범으로 인정되는 경우가 아니므로 무죄를 언도한다고 판단한 바 피고인 역시 상소 이유 제3점에서 주장한 바와 여히 주요 간부인 상 피고인 등과 공모, 공동 정범 관계에 있지 않았을 뿐더러 방조의 범의를 추단할 증거가 없음에도 불구하고 특수범죄처벌에 관한 특별법 제6조에서 말하는 사회단체의 주요 간부라고 단정하고 무죄된 이종률 등과 상이한 유죄 판단을 하였음은 형사소송법 제383조 제12항 '판결에 이유를 붙이지 아니하거나 이유에 모순이 있을 때'에 해당한다고 사료됩니다, 라고 함에 있다.

심안컨대 상소이유 제4점의 소론은 결국 원심 판결이 피고인 이상두의 종범으로서의 범의를 증거 없이 인정하였다는 사실 오인론에 귀착하는 바 차에 대하여는 전기 상소이유 제2 동 제3점에서 설시한 바와 여하므로 논지는 이유 없다 할 것이다.

〔10〕 피고인 이건호의 상소 이유

원심은 본 피고인이 민족일보가 이북 괴뢰집단의 활동에 동조하고 있음을 충분히 지실하였음에도 불구하고 1961년 2월 초순경 동 신문사에 '반공을 빙자한 새로운 파쇼 테러분자들의 파괴적 책동을 엄계한다'는 제목의 논설 외 2편을 기고, 게재케 하여 써 피고인 조용수, 송지영, 안신규의 판시 범행을 적극 방조하였다고 하나,

(1) 본 피고인이 민족일보의 원고 청탁에 응하여 기고한 것은 '기본적 인권의 제한'(200자 원고지 약 10매)이라고 하는 기명 논설 1편과 사설(200자원고지 약 10매) 2편인 바 그 중 사설 편은 본 피고인이 과연 썼는지 아니 썼는지 명확치 않으며, 따라서 그 세목, 내용 등에 관하여도 아

무런 기억이 없고 확실히 본 피고인이 집필한 기억이 있는 타 1편의 사설은 '민주정치와 법치주의'에 관한 문제이었습니다. 그런데 이것은 조용수 피고에 의하여 사시에 맞지 않는다는 이유로 제목과 문장내용이 원형을 알아볼 수 없을 정도로 가필 수정되었다는 것입니다. 그것이 소위 '반공을 빙자한 운운'의 사설입니다. 그런데 이상의 원고는 원심에서 판시한 바와 같이 2월 초순경에 집필된 것으로 본 피고인이 출간된 민족일보를 한번도 보기 전의 일입니다. 본 피고인이 비로소 민족일보를 보게 된 것은 2월 20일 내지 2월 25일간의 어떤 날 오전 종로 화신 가두에서였습니다. 즉 민족일보가 창간된 것은 공소장에 의하면 2월 14일이므로 본 피고인이 민족일보를 비로소 접한 것은 그것이 창간된 후 1주일 내지 10일 정도가 경과된 후입니다. 이것은 이미 원심 공판에서 본 피고인이 진술한 바와 같습니다. 이와 같이 동 신문이 눈에 뜨이지 않는 이유는 아마도 창간 초기가 되어서 그렇지 않았던가 합니다. 이와 같이 본 피고인이 원고를 집필한 것은 민족일보를 보기 전의 일이므로 민족일보가 이북 괴뢰집단의 활동에 동조하고 있는지 여부는 전연 이를 인식할 수 없었습니다. 또 조용수, 안신규 피고는 본 피고인과 약간의 지면이 있을 뿐 하등의 친분이 없었고 송지영 피고는 과거 4·5년래 한번도 상면조차 한 일이 없으므로 그들의 민족일보 발행 취지를 추측조차 할 수 없었습니다. 본 피고인은 과거 17년간 대학 교원으로서 법률학 강의를 담당하여 온 바 각 신문사, 잡지사 등으로부터 많은 원고 청탁을 받고 혹은 기명 논설 혹은 사설 등의 형식으로 이에 응한 경험이 있사온데 민족일보로부터 원고 청탁이 있었을 때도 그와 같은 일반적인 경우와 조금도 다른 인식이 없이 기고에 응했을 뿐입니다. 뿐만 아니라 사원도 아니며 논설위원도 아닌 단순한 외부의 일개 기고가로서 원고 청탁을 해온 신문, 잡지의 목적이나 편집방침 등을 자세히 검토할 필요도 느끼지 않았고 하등의 의구심을 갖지 않았던 것입니다. 다만 자기의 건전한 견해만 원고 내용으로 표시하면 고만이라고 생각하였던 것입니다. 즉 본 피고인이 민족일보에 기고한 것은 출간된 민족일보를 접하기 전이었으며 또 신문,

잡지사로부터 원고 청탁이 있을 때의 일반적인 통례에 의하여 아무런 의심이 없이 이에 응했을 뿐입니다. 그러므로 민족일보를 본 피고인이 비로소 보게 된 2월 20일 내지 2월 25일 이후 즉 그 신문이 출간된 지 1주일 내지 10일 이후는 그 신문이 비정상적이며 국가에 유해하다고 생각하였기 때문에 그때부터 즉시 단 일자도 원고 청탁에 응하지 않았던 것입니다. 이와 같은 사실에 의거하면 민족일보가 북한 괴뢰집단의 활동에 동조하고 있음을 충분히 지실하였음에도 불구하고 동 신문에 본 피고인이 기고하였다는 것은 중대한 사실의 오인이 있는 것으로 사료됩니다.

(2) 전술한 바와 같이 본 피고인이 확실히 집필한 기억이 있는 것은 '기본적 인권의 제한'이라는 200자 원고지 10매 정도의 기명 논설 1편과 민주정치와 법치주의에 관한 사설 1편입니다. '기본적 인권의 제한'이라는 기명 논설의 내용은 기본적 인권의 정의에 관하여 학설이 구구함을 제시하고 법률학적 견지에서 말한다면 예리넥크의 견해에 따라 이것을 참정권, 수익권, 자유권으로 분류할 수 있는 바 혹자는 그중의 어떤 것을 제한하려 하고 어떤 것을 강조하려 하나 우리나라에서는 삼자를 다 강조하는 것이 타당할 것이라는 결론이었습니다. 즉 그 내용은 일반적 원칙이며 헌법 교과서의 일부분을 발췌한 것 같은 것에 불과하였습니다. 또 민주정치와 법치주의에 관한 사설은 민주정치의 전제조건이 법치주의임을 강조하고 자유당 시대와 같은 법치정신의 결여는 민주정치의 발전을 저해한다는 것이었습니다. 그러나 다만 이 사설은 조용수 피고가 민족일보의 사시에 맞지 않는다는 이유로 제목도 포함하여 원형을 알아볼 수 없을 정도로 가필 수정하였다하므로 소위 '반공을 빙자한 운운'의 사설은 이미 본 피고인의 주견(主見)을 완전히 이탈한 것으로 이것을 본 피고인의 원고라고는 할 수 없으며 이에 대하여 책임을 질 수는 없습니다. 본 피고인의 원고는 일반적이며 원칙적인 것에 불과하였기 때문에 조용수 피고가 이를 사시에 맞지 않는다고 하여 대폭 수정하였다는 것은 지금 생각하면 수긍되는 것으로 이것은 본 피고인이 민족일보의 사시를 완전히 알지 못했기 때문입니다. 이와 같이 민족일보의 사시조차 인식하

지 못한 본 피고인이 그들을 방조하였다고 판시한 것은 그 자체가 모순이 아닐 수 없습니다. 본 피고인의 원고는 전술한 바와 같이 민족일보 간부들을 방조하는 성질의 내용이 아니고 어떤 신문, 잡지에라도 게재될 수 있는 평범한 것이었으며 추호도 무슨 방조의 의도가 있던 것이 아닙니다. 만약 방조의 의사가 있었다면 필연적으로 원고의 내용은 위험한 것이었을 것입니다. 즉 본 피고인은 일반 신문, 잡지에 기고할 때와 조금도 다름없는 태도로 민족일보에 기고했을 따름입니다. 더구나 동 신문이 창간된 지 1주일 내지 10일 정도가 경과된 후 즉 본 피고인이 동 신문을 비로소 보게 된 후로는 누차 원고 청탁이 있었음에도 불구하고 일자도 기고하지 않았으며 일절 그들을 상대하지 않았던 것입니다. 이상 사실에 의하면 본 피고인이 민족일보 간부들의 범행을 적극 방조하였다는 것은 중대한 사실의 오인이라고 사료됩니다.

2. 송지영 피고의 판결이유에 의하면 송 피고가 본 피고인을 민족일보사의 논설위원으로 추천했다는 구절이 있으나 본 피고인은 송 피고를 과거 4·5년래 상면한 일조차 없었으며 또 논설위원 운운은 본 피고인이 교섭조차 받은 일이 없으며 물론 승인한 일도 전무합니다. 이 점도 사실의 오인이 있는 것으로 사료됩니다, 라고 함에 있고,

〔11〕 피고인 이건호의 변호인 변호사 장후영, 동 박한상의 상소 이유

원 판결은 사실 오인 및 법률 해석을 그르친 위법이 있어 도저히 파기를 면치 못할 것입니다. 원 판결이 상 피고인에 대하여 인정한 범죄 사실은 대체로 양분할 수 있습니다. 그 첫째가 '피고인 이건호는 전시 민족일보가 전시 제1 사실 기재 내용과 여히 이북 괴뢰집단의 활동에 동조하고 있음을 충분히 지실하였음에도 불구하고…'라는 인정을 하고 있으나 차는 중대한 사실 오인인 동시에 증거 없이 사실 오인을 했다는 비난을 면치 못할 것입니다. 왜냐하면 원 판결 거시의 전 증거로써도 상기 사실을 인정하기에 충분치 못하고 단지 추측할 수 있다는 정도라고 사료됩니다. 그러나 그 추측은 진상에는 어긋나는 바 틀림없습니다. 상과 여

히 추측 받을 만한 연유로서는, 첫째, 피고인 이건호가 도일 당시 소 외 이영근과 접촉한 사실이 있다는 점, 둘째, 본건 아서원 회동에 참석했었다는 점, 셋째, 3회에 걸쳐 민족일보사에 투고했었다는 점을 들 수 있습니다. 또 그리고 그 외형 사실만은 동 피고인도 종시일관 인정하고 있는 바입니다. 그러나 피고인이 상 이영근과의 회담에 있어서 민족일보사 설립 및 그 성격에 관한 언설이 있었다는 증적(證迹)은 하나도 없고 단지 이영근의 형사 피고사건 위임에 관한 부기(附記)만 있었다는 것은 관계 각 증인의 진술조서에 비추어 명백한 바입니다. 그 당시부터 벌써 민족일보 건 이야기도 있었을 것이 아니냐 하는 추측이 판시 사실로써 인정되고 있는 바 차(此)는 확실히 오해임이 틀림없는 것이 진상입니다.

1. 상기 이영근이가 판시와 같은 대남간첩이라면 10여 년 만에 상봉한 중학 동창인 피고인에게 그렇게도 경솔하게 진의를 터놓고 대남공작에 협력할 것을 요청했을 리 만무합니다.

2. 대남간첩이 남한의 필요한 인사를 포섭할 때에는 종래 그들의 상투수단에 비추어서 어느 명목이로서든지 금전을 교부하여 그의 지령에 거역치 못하도록 만드는 법인데 본건에서는 금전수수의 흔적이 전혀 없습니다.

3. 피고인 이건호는 대한민국에서도 유수한 형법 학자로서 작춘(昨春) 법률박사의 학위까지 수여받고 그 전도는 자타가 촉망하고 있는 바 그가 진정한 공산당원(차점에 관하여서는 아무 증적이 없음)이 아닌 이상 하룻밤 온천 대접을 받음으로써 당장에 대남간첩의 앞잡이가 되어 버렸다고 건전한 상식으로서 도저히 수긍할 수 없는 바입니다.

이상 진술과 같이 대한민국 국제 대표로서 도일한 이건호가 10여 년 만에 만난 중학 동창으로부터 하룻밤의 온친대접으로써 그렇게 쉽사리 대남간첩의 앞잡이가 되어 버렸다고는 특별한 사유(가령 거대한 금전수수 같은)가 없는 한 도저히 수긍키 어렵습니다. 오히려 이건호 피고가 시종일관 진술하는 바와 같이 상기 국제회의가 끝나던 날 저녁 때 이영근이가 신문을 보고 찾아 왔었으나 파아티가 있어서 회담치 못하고 익일 거류민단장 이희광과 같이 이영근이가 와서 하루 소풍차 이희광의 차로써 이카호〔伊香保〕온천을 향하여 가던 중 아시카가〔足利〕시에 들렀을 때 여관에서 이희광이가 괘전(掛電)하여 조용수 피고인을 불러 합석하게 되었었고 그 길로 이카호온천에서 일박 후 익조(翌朝) 도쿄에 귀환하였다는 것입니다. 이건호 피고인의 진술에 의하면 상기 일박 여행 중 용담(用談)으로서는 이영근이가 자기의 형사피고 사건을 부탁하였을 뿐이라는 것입니다. 이 진술은 피고인 조용수의 진술에 비추어 믿을 수 있을 뿐만 아니라 사실상 자연스럽기도 합니다. 왜냐하면 결국 4인 합석한 데서 이영근은 10여 년 만에 만나 서먹서먹했을 것이요 이희광과 조용수 양자는 초면인데 그 자리에서 그렇게 중대한 비밀 회담을 주고받았다고 생각할 수 없습니다.

다음 이건호 피고가 일본국 출입국 관리 다카세 지로〔高瀨侍郎〕를 소개해 주었다는 사실은 보통 있을 수 있는 일이라 생각됩니다. 우연히 이야기 끝에 고뢰시랑이 동창인데 만났다는 이야기가 나오자 좀 소개해 달라고 부탁하는 것을 특별한 사유가 없는 한 거부할 도리는 없었을 것입니다. 그것이 또한 보통 상식이라 하겠습니다. 이 점에 관해서는 이건호, 조용수 양 피고의 진술을 고합(考合)해 보더라도 단지 고뢰시랑을 소개해 주었을 뿐이므로 너무 심각하게 생각할 자료는 못되는 것입니다.

다음은 아서원 회동 문제입니다. 안신규 피고의 증언을 보더라도 이건호 피고가 동 회동에 참석했던 시간은 불과 3·4분 가량입니다. 만약 이건호 피고가 조용수와 합심했었다고 할 것 같으면 더구나 도쿄서부터 그렇게 모의했었다고 할 것 같으면 동 피고인도 폐회까지 참석했을 것은 물론 조용수와 더불어 주최자측이 되었어야 마땅할 것입니다. 그런데 일건 기록을 통해 보건대 이건호 피고는 조용수로부터 학자들을 청했다고 해서 가보니까 학자라고는 2·3인 정도이고 전부가 혁신계 정치인이기 때문에 수분 내로 곧 퇴장하였다는 것이니 이 외형 사실 자체는 오히려 이 피고가 조용수하고 아무런 사정도 통해 있지 않다는 반증이라 아니할 수 없습니다.

이상 이유로써 이건호 피고가 판시 제1 사실의 정을 알고 있었다는 점에 관한 판단은 그것을 인정할 만한 증거도 없었을 뿐만 아니라 사리에도 맞지 않는 바라 아니할 수 없습니다.

그 둘째가 '반공을 빙자한 새로운 파쇼 테러분자들의 파괴적 책동을 엄계한다'라는 제목의 논설 외 2편을 기고, 게재하였다는 점입니다. 이 점에 있어서 위선 두 가지 점에 특별 유의하여야 하겠습니다. 첫째는 본건 이 피고의 투고가 제목이나 내용이나 그 원형을 알아볼 수 없을 정도로 조용수가 삭제 가필을 마음대로 했었다는 사실, 둘째, 민족일보 발간 전에 투고한 것이라는 사실인 것입니다. 조용수가 사시에 맞도록 자유자재로 수정했다는 사실은 조용수 피고가 자인하고 있을 뿐만 아니라 일건 기록을 통하여 명백한 바입니다. 그렇다면 원형을 알아볼 수 없을 만큼 수정된 논설에 대하여 이 피고가 그 책임을 질 수 없다는 것은 자명의 이(理)라 하겠습니다. 여기서 또 중요한 것은 이 피고가 투고한 것은 민족일보를 실제로 보기 전에 그 신문의 성격을 알지 못했을 때였으며 그 신문을 종로 거리에서 처음 사본 다음에는 한 자도 쓴 사실이 없다는 점입니다. 이 점에 관하여서는 이건호 피고 자신이 제출한 상소이유서를 아울러 참조해 주시기 바랍니다.

끝으로 판시 제1 사실의 정을 알고 있었다는 증거가 전무한 이상에는 논설만에 관하여서는 가사 조용수의 수정을 인정치 않는 경우라 하더라도 반국가적 행위로 판정할 수는 없습니다. 그것은 왜냐하면 가사 정부 방침에 배치되는 논설을 했다 할지라도 그것은 반정부적 행위일지언정 반국가적 행위에는 해당치 않는 것입니다. 반정부적 행위가 반국가적 행위까지 되려면 국가전복, 기타 국가를 위태롭게 하려는 범의가 첨가되어야 할 것입니다. 상례에 비추어 보면 이북 괴뢰나 그의 간첩과 내통한 경우일 것입니다. 그렇지 않는 한 반정부적 행위만으로써는 특수범죄처벌에 관한 특별법의 적용을 받을 리 없다고 사료합니다. 더구나 이건호 피고는 대한민국에서 온화한 학자 생활을 계속하고 있는 자로서 이북 괴뢰와 내통할 까닭이 전혀 없었을 뿐만 아니라 일건 기록을 통하여서 이를 인정할 만한 증좌는 하나도 없는 터이오니 상소심에서 그의 결백을 밝혀 주시기 바랍니다, 라고 함에 있다.

심안컨대 피고인 이건호 및 동 피고인에 대한 변호인 변호사 장후영의 각 상소이유 점을 종합한 요지는,

첫째, 피고인은 본건 범행에 대한 범의가 없었으며 민족일보에 투고한 논설은 상 피고인 조용수가 가필 수정한 것임에도 불구하고 원심은 이를 간과하였고 원심은 결국 피고인의 판시 사실을 증거에 의하지 아니하고 추측만으로 인정한 사실 오인의 위법이 있다 함에 있고,

둘째로는 피고인의 행위가 반국가적 행위가 되려면 국가전복, 기타 국가를 위태롭게 하기 위한 범의를 포지(抱持)하고 이북 괴뢰집단 또는 그 간첩과 내통하여야 하는 것이므로 원 판결은 이 점 특수범죄처벌에 관한 특별법 제6조의 해석을 그릇한 위법이 있다 함에 있다.

그러나 원 판결 거시의 증거를 검토하고 기록을 정사하니 피고인의 판시 범의는 물론 전 범죄 사실을 인정하기에 족하며 다소의 의아할 증거가 있다 하더라도 증거의 취사와 사실인정은 원심의 전권 사항이므로 이를 비의할 수 없는 것이니 소론은 이유 없다 할 것이고 다음 특수범죄처벌에 관한 특별법 제6조의 특수 반국가행위죄의 구성 요건은 반국가단체의 이익이 된다는 정을 알고서 그 단체 또는 구성원의 활동을 찬양, 고무, 동조함으로써 족한 것이고 소론과 여히 국가전복 내지 국가를 위태롭게 하기 위한 확신과 이북 괴뢰집단 또는 그 간첩과의 내통까지 요하는 것이 아닌 바 원 판결의 법령 적용은 정당하며 하등의 의율상 착오가 없은즉 소론은 독자적 견해에 불과하니 논지는 이유 없다 할 것이다.

직권으로 피고인 양수정, 이상두, 이건호에 대한 원 판결을 조사하건대 원 판결은 상기 각 피고인의 판시 소위는 특수범죄처벌에 관한 특별

법 제6조 형법 제32조, 동법 제33조에 해당하므로 각 피고인에 대하여 유기징역형을 선택하고 피고인 중 피고인 이상두는 전과가 있으므로 형법 제35조 제2항에 의하여 동법 제42조의 제한 내에서 누범가중하고 피고인 등은 모두 종범이므로 동법 제32조 제2항, 동법 제55조 제1항 제3호에 의하여 감경한 형기 범위 내에서 피고인 양수정, 이건호는 각 징역 10년을, 피고인 이상두는 징역 15년을 언도하였으나 원 판결 적용 법조에 의한 동 피고인 등의 형기 범위는 피고인 양수정, 이건호는 장기 7년 6월, 단기 5년, 피고인 이상두는 장기 12년 6월, 단기 5년임이 산수 상 명백함에도 불구하고 각 최고 형기를 초과하는 형을 각 언도한 원 판결은 전기 법령의 해석을 그릇한 위법이 있으며 이는 판결에 중대한 영향을 미쳤으니 각 피고인에 대한 원 판결은 도저히 파기를 면치 못할 것이다. 따라서 당 재판소는 형사소송법 제391조에 의하여 피고인 이종률, 양수정, 이상두, 이건호에 대한 원 판결을 파기하고 본건은 소송 기록과 원심에서 조사한 증거에 의하여 당 재판소에서 판결하기에 충분하다고 인정되므로 형사소송법 제396조에 의하여 직접 판결하기로 한다.

피고인 양수정, 이상두, 이건호에 대하여 당 심판부에서 인정할 각 범죄사실 전과 및 증거 관계는 각 원 판결 적시와 동일하므로 각 형사소송법 제399조, 동법 제369조를 적용하여 이를 각각 인용한다.

법률에 조감하건대 피고인 양수정, 이상두, 이건호의 각 판시 소위는 특수범죄처벌에 관한 특별법 제6조, 형법 제32조, 동법 제33조에 각 해당하는 바 각 피고인에 대하여는 소정 형 중 각 유기징역형을 선택하고 상 피고인 중 피고인 이상두는 판시 전과가 있으므로 형법 제35조 제2항에 의하여 동법 제42조의 제한 내에서 누범가중하고 상 피고인 등은 모두 종범이므로 동법 제32조 제2항, 동법 제55조 제1항 제3호에 의하여 감경한 형기 범위 내에서 피고인 양수정, 이건호를 각 징역 5년에, 피고인 이상두를 징역 10년에 각 처하고 형법 제57조에 의하여 원심 판결선고 전 구금 일수 중 피고인 양수정, 이상두에 대하여 각 100일을, 피고인 이건호에 대하여 70일을 각 상기 본형에 산입한다.

피고인 이종률에 대하여,

피고인 이종률은 서울 배재고등보통학교를 거쳐 일본 조도전대학 정경학부를 졸업한 후 1929년 3월 20일 서울지방법원에서 출판법 위반으로 징역 10월의 형을, 동 1936년 11월 21일 대구지방법원에서 치안유지법 위반으로 징역 6월의 형을 받고 집행을 종료하고 8·15해방 후 민주신보사 정치부장, 경제신문사 편집국장, 청구대학 부산대학 교수, 부산 국제신보사 편집고문 등을 전전 종사하다가 민족일보사 취체역, 동사 편집국장으로 근무한 자로서 1961년 1월 중순경 을지로 1가 소재 아서원에서 상 피고인 조용수, 송지영, 안신규 등과 평화통일을 위한 남북협상, 인사교류, 남북교역 등을 추진키 위한 혁신계 대변지인 민족일보사 창설을 모의하고 동년 1월 25일 동사가 창설되자 취체역에 취임, 동년 2월 13일 편집국장에 취임 이래 피고인은 원 판시 제1 사실(피고인 조용수에 대한 판시사실) 기재 내용과 여히 이북 괴뢰집단의 이익이 된다는 정을 알면서 동년 3월 하순경까지 매일 35,000부 가량의 신문을 발간함에 있어 동 신문에 원 판시 제1 사실 게기와 여한 사설, 논설, 기사 등을 편집 게재하여 이북 괴뢰집단의 활동을 고무, 동조한 것이다.

증거를 안컨대 피고인 이종률의 경력에 관한 부분은 피고인의 원심 공정에서의 공술에 의하여 인정하고 판시 범죄 사실은,

일. 피고인의 검찰관 면전에서의 "민족일보는 신문으로서 지나친 것이며 선전삐라와 같은 것이고 이북 괴뢰에서 주장하는 평화통일, 문화, 경제교류, 서신 교환, 남북 학생회담 같은 것을 보도하였고 이러한 주장은 이북 괴뢰에 이익이 된다"는 지의 진술.

일. 피고인의 검찰관 면전에서의 "1월 중순경 아서원에서 조용수, 안신규, 윤길중, 서상일, 최근우, 이건호 등과 회합하여 혁신계 대변지인 민족일보사를 창설할 것을 협의하고 동 민족일보사를 창립, 1월 중순경 동사 취체역 겸 편집국장으로 취임하여 3월 상순까지 편집국장으로 있었다"는 지의 진술.

일. 피고인의 검찰관 면전에서의 "혁신계 각 정당은 남북 평화통일,

남북협상, 남북교류 등을 주장하고 있다"는 지의 진술.

일. 피고인의 원심 공판정에서의 "민족일보에 공소 사실 중 게기한 바의 논설, 사설 등을 게기한 것을 알고 있으며 동사에서 1회 봉급을 받았고 민족일보는 남북 평화통일을 선전, 선동한 것이다"의 진술.

일. 피고인의 사법경찰관 면전에서의 "12월 하순 이후 조용수 등과 회합하여 민족일보사 설립에 참가하여 동사 취체역 겸 편집국장에 취임, 3월 하순경까지 약 40일간 편집국장으로 재직하고 현재까지 취체역으로 있다"는 지의 진술.

일. 피고인 조용수, 양수정, 이건호, 송지영, 안신규에 대한 공판조서 피의자신문조서 중 피고인 이건호의 판시 사실과 부합하는 진술 기재 부분.

일. 압수된 민족일보 철(검찰관측 증거 제30호) 중 판시 사실 관계 부분에 조응하는 기재부분 중 현존 사실 등을 종합하여 이를 인정할 수 있으므로 그 증명은 충분하다.

법률에 조감하건대 피고인 이종률의 판시 소위는 특수범죄처벌에 관한 특별법 제6조, 형법 제30조 제33조에 해당하는 바 소정 형 중 유기징역형을 선택하고 그 형기 범위 내에서 피고인을 징역 10년에 처하고 형법 제57조에 의하여 원심 판결선고 전 구금일수 중 90일을 피고인의 상 본형에 산입한다.

피고인 이종률에 대한 공소 사실 중 〔2〕의 사실에 대하여는 원심 판결 기재의 판단과 동일하므로 차를 전부 인용하고 형사소송법 제325조를 적용하여 무죄를 선고한다.

이상 이유로써 피고인 조용수, 송지영, 안신규, 양실근의 상소와 피고인 조규진, 양실근에 대한 검찰관의 상소에 대하여는 형사소송법 제390조를, 피고인 정규진에 대하여는 형사소송법 제390조, 형법 제57조를 적용하여 이에 주문과 같이 판결한다.

서기 1961년 10월 31일

혁명재판소 상소심판부 제1부

재판장 심판관 전우영 (全禹榮)

법무사 심판관 문석해 (文錫海)

심판관 선우주 (鮮于注)

심판관 정기순 (鄭琦淳)

심판관 양회경 (梁會卿)

심판관 이존웅 (李存雄)

심판관 계철순 (桂哲淳)

참고문헌 및 자료

▪ 자 료

《동아일보》 1961년 2월 13일~5월 19일.

《민족일보》 1961년 2월 13일~5월 19일.

《조선일보》 1961년 2월 13일~5월 19일.

《한국일보》 1961년 2월 13일~5월 19일.

한국신문협회(1982), 《한국신문협회 20년사》.

한국혁명재판사 편찬위원회의(1962), "민족일보 사건", 《한국혁명재판사》 3집, 동아출판사, pp. 191~268.

합동통신사(1964), 《합동연감》.

국회, 《민의원회의록》, 1961년 1월~5월.

County file: Korea, Box. 127, John F. Kennedy Library.

▪ 참고문헌(국내)

강광식(1999), "1960년대 남북관계와 통일정책", 《1960년대의 대외관계와 남북문제》, 백산서당.

강만길(1978), "유길준의 한반도 중립화론", 《분단시대의 역사인식》, 창작과비평사.

강만길(1995), 《고쳐 쓴 한국현대사》, 창작과비평사.

강 민(1977), "학습과정으로서의 통일정책의 전개", 《한국정치학보》 11집.

강종일 · 이재봉(2001), 《한반도의 중립화통일은 가능한가》, 들녘.

구영식(2005), "인터뷰: 조용수 민족일보 사장 친동생 조용준씨, 조용수 사건 배후는 박정희의 레드 콤플렉스", 《오마이뉴스》 2005년 7월 15일자.

김광식(1990), "4월혁명과 혁신세력의 등장과 활동", 《한국사회 변혁운동과 4월혁명》 1, 한길사.

김낙중 · 노중선 편(1989), 《현단계 제 통일방안》, 한백사.

김대환(1998), "1950년대 후반기의 경제상황과 경제정책", 한홍수 외, 《한국현대사의 재인식》, 오름.

김민하(1999), 《한국혁신정당론》, 중앙대 출판부.

김병국(1994), 《분단과 혁명의 동학》, 문학과 지성사.

김유원, "민족일보의 노선", 《관훈저널》, 2000년 겨울호.

김자동(1993), "언론운동으로서의 민족일보의 성격", 《한국사회 변혁운동과 4월혁명》, 한길사.

남궁영(2002), "남북 정상회담과 통일방안의 새로운 접근", 《한국정치학회보》 36(1).

노중선, "통일방안 논의의 변천과정과 현황", 김낙중 · 노중선 편(1989), 《현단계 제 통일방안》, 한백사.

박윤석, "현대사 인물 재조명-민족일보 사장 조용수", 《신동아》 1999년 2월호.

백영철(1995), 《제1공화국과 한국 민주주의》, 나남.

서중석, "4월혁명 운동기의 반미 통일운동과 민족해방론", 《역사비평》 14, 1991년 가을호.

______(1996), 《한국현대 민족운동 연구》 2, 역사비평사.

______(1999), 《조봉암과 1950년대》(상), 역사비평사.

소정훈(1985), "미 세계전략의 변화와 한일협정", 《해방40년의 재인식》 1, 돌베개.

손호철(2003), 《현대 한국정치: 이론과 역사 1945~2003》, 사회평론.

오명호(1999), 《한국현대 정치사의 이해》, 오름.

원희복, 《민족일보 사장 조용수 평전》, 전국언론노동조합연맹, 언노련총서 002, 1995년 2월호.

원희복(2004), 《조용수와 민족일보》, 새누리.

유병용 · 홍규덕 · 전택수 · 강광식 · 점규섭(1999), 《1960년대의 대외관계와 남북문제》, 백산서당.

유재일, "4월혁명 직후 민자통의 통일운동", 《사회와 사상》, 1989년 5월호, p. 305.

윤석인(1990), "한국현대사 인물 12: 형장이슬로 사라진 민족일보의 꿈", 《한겨레신문》 1990년 2월 2일자.

이봉산, "민주적 사회주의의 길", 《민족일보》 1961년 4월 16일, 22일, 17일자.

이병천 편(2003), 《개발독재와 박정희 시대》, 창비.
이상우, "민족일보 · 인혁당 사건의 전말", 《신동아》, 1985년 8월호.
이완범, "제1차 경제개발계획의 입안과 미국의 역할", 이완범 외(1999), 《1960년대의 정치사회변동》, 백산서당.
이주환, "혁명의 열정 청년의 패기, 민족일보 사장 조용수", 《노동사회》 2004년 1월호.
이호재(2000), 《한국 외교정책의 이상과 현실》, 법문사.
전득주 · 최의철 · 신현기(2000), 《남북한 통일정책 비교》, 숭실대학교 출판부.
전인영(1998), "장면 정권기의 남북관계와 통일정책", 《한국현대사의 재인식 5》, 오름.
정문화, "자주통일의 꿈, 민족일보와 조용수", 《말》, 1992년 2월호.
정윤재 · 심지연 · 김영수(2001), 《장면, 윤보선, 박정희》, 백산서당.
정진석, "민족일보와 혁신계언론 필화사건", 《신문연구》, 1990년 여름호.
정창현(1991), "4월 민중항쟁 직후 혁신정당운동과 민족자주통일 중앙협의회", 《한국현대사》 2, 풀빛.
조갑제(1998), 《내 무덤에 침을 뱉어라》 2, 조선일보사.
최장집(1989), 《한국현대정치의 구조와 변화》, 까치.
한국역사연구회 현대사연구반(1991), 《한국현대사》 2, 3, 풀빛.
황건(1993), "민통련과 민족통일운동", 《한국사회 변혁운동과 4월혁명》 2, 한길사.
황인관(2001), "미국의 1953년 한반도 중립화 제안", 강종일 · 이재봉, 《한반도 중립화통일은 가능한가》, 들녘.
Altschull, J. Herbert, 양승목 역(1993), 《현대언론사상사》, 나남출판.
Bix, Herbert P., "지역통합전략-미국의 아시아정책에서의 한국과 일본", 김성환 · 김정원 외 역(1984), 《1960년대》, 거름.
Galtung, Johan, "한반도 통일을 위한 중립화 모색", 강종일 · 이재봉 편(2001), 《한반도의 중립화통일은 가능한가》, 들녘.
MacDonald, Donald S., 한국역사연구회 1950년대반 옮김(2001), 《한미관계 20년사》, 한울아카데미.
Schlesinger, Arthur M., 정상준 · 황혜성 역(1993), 《미국 역사의 순환》, 을유문화사.

▪ 참고문헌 (외국)

Baldwin, Frank(1973), *Without Parallel—The American - Korean Relationship Since 1945*, Pantheon Books, A Division of Random House.

Glessing, Robert J. (1970), *The Underground Press in America*, Bloomington & London: Indiana Univ. Press.

Kessler, Lauren(1984), *The Dissident Press: Alternative Journalism in American History*, Beverly Hills: Sage Publications.

Leamer, Laurence(1972), "The Paper Revolutionaries", *The Rise of the Underground Press*, New York: Simon and Schuster.

Plotnik, Arthur(1982), *The Elements of Editing: A Modern Guide for Editors and Journalists*, New York: Macmillan.

Streitmatter, Rodger(2001), *Voice of Revolution: The Dissident Press in America*, New York: Columbia Univ. Press.

Westley, Bruce H. (1980), *News Editing*, Boston: Houghton Mifflin Company.

찾아보기

(용 어)

ㅌ·ㅍ·ㅎ

기타

찾아보기

(인 명)

ㅈ·ㅋ·ㅌ